Gefangen
in der Freiheit

# Gefangen in der Freiheit

Ana Lorena

tao.de

2., leicht überarbeitete, Auflage 2016

Ana Lorena: Gefangen in der Freiheit
Umschlaggestaltung und Satz: Wilfried Klei
Coverbild: Frank Pompe'
Printed in Germany

Verlag: tao.de in J. Kamphausen Mediengruppe GmbH, Bielefeld,
www.tao.de, eMail: info@tao.de

Bibliografische Information
der Deutschen Nationalbibliothek
Die Deutsche Nationalbibliothek verzeichnet diese
Publikation in der Deutschen Nationalbibliografie;
detaillierte bibliografische Daten sind im Internet
über **http://dnb.d-nb.de** abrufbar.

ISBN Paperback: 978-3-95802-814-2
ISBN Hardcover: 978-3-95802-815-9
ISBN E-Book: 978-3-95802-816-6

*Für*

*Alex*

# Vorwort

Da glauben wir, dass das jeder weiß: Die Weichen im Leben eines Menschen werden ganz früh gestellt. Wir wissen auch, dass es später Möglichkeiten gibt, die Weichen neu zu stellen, um dem Leben eine Wendung zu geben und um notwendige Entscheidungen zu treffen. Aber, akzeptiert das auch jeder? Was ist, wenn die anderen das nicht wissen und akzeptieren wollen? Dann nistet sich klammheimlich die Angst wie eine dunkle See in uns ein, und wir werden damit belastet und beschwert, sodass wir mitten im Leben innerlich sterben können.

Ana Lorena hat die Weichen rechtzeitig neu gestellt und so die notwendige Entscheidung getroffen, ohne die Angst zu leben. In ihrer Rückschau schreibt sie über die wesentlichen Fragen ihrer Wegkorrektur: Ist mein jetziges Leben gut für mich? Wenn nicht, wie entscheide ich mich neu? Was soll aus mir werden? Was will ich wirklich? Das Wichtigste, das es für sie zu begreifen galt, war dies: Wenn das Leben, das ich führe, mir nicht gefällt, dann liegt es an mir, das zu ändern. … Ich habe die Verantwortung, es so zu gestalten, dass es zu mir passt!

Wie schwer tun wir uns oft, endlich eine Entscheidung zu treffen? Wie viele Schmerzen ertragen wir, bis wir endlich zu der wohl wichtigsten Erkenntnis über den Sinn des eigenen Lebens kommen? Als Leser dieses Buches wünsche ich mir von Seite zu Seite sehnlich, dass die Autorin endlich diese Erkenntnis in ihr Leben umsetzt, um dann festzustellen und endlich zu erkennen, dass sie mit einer Nicht-Entscheidung nur sich selbst schadet und keinem anderen nützt. Von der Irritation zur Erkenntnis ist es jedoch ein langer Weg. Den Kairos – den richtigen Zeitpunkt – nicht zu verpassen, ist ein schmerzvoller Prozess, aber wohl der einzige Weg zu einer sinnvollen Änderung der eigenen Existenz. Das Leben ist ein Marathon. Es bleiben bei manchen Entscheidungen Menschen zurück, die als Begleiter wahrlich nicht zu brauchen sind: Eltern, Partner, „wohlwollende Zeugen“. Doch das Leben ist viel mehr als nur Angst und letztlich kein Gefängnis.

Beim Lesen dieses aufschlussreichen, spannenden Berichts habe ich mich gefragt: Warum ist ein so kluger und einfühlsamer Mensch wie Ana Lorena nicht in der Lage gewesen, das Gefängnis viel früher zu verlassen? Sie hat täglich und auch des Nachts gespürt, dass sie in ein Gefängnis gesperrt war. Vielleicht hat sie sogar gesehen, dass der Schlüssel für ihre Gefängnistür innen steckte? Hätte Sie also fliehen können? Ich erinnerte mich daran, dass junge Elefanten mit schweren Ketten daran gehindert werden, sich davonzumachen. Sie gewöhnen sich an die Ketten und rennen nicht in die Freiheit, auch wenn die Ketten später durch einen leicht zerreißbaren Strick ersetzt werden. Die Angst vor der Freiheit, vor dem Verlassen des Gefängnisses ist zu groß, und wir sind auf die Freiheit – auch auf die Liebe – nicht vorbereitet worden. Wir akzeptieren – oft genug grimmig –, wenn andere die Weichen stellen und Maßstäbe setzen für unser Leben. In der Kindheit mag das ja die Regel sein. Dann aber kommen später plötzlich wildfremde oder sogar verwandte Menschen und organisieren unser Leben einfach weiter. Wir akzeptieren dies, wenn es eine gewisse Zeit lang andauert, oder wenn wir es als sinnvoll oder sogar hilfreich erachten, bis wir irgendwann entdecken, dass diese Maßstäbe uns keine Vorteile bringen. Wir beginnen uns zu fragen: Woher wissen die anderen denn überhaupt, ob das, was sie lehren und verlangen, sinnvoll, hilfreich und für unser Leben förderlich ist?

Ana Lorena ermutigt uns mit ihrem Buch, nicht aufzuhören, diese Fragen zu stellen, nicht aufzugeben, selbst entscheiden zu wollen, und vorgefassten Meinungen anderer nicht zu trauen. Sie ruft uns zu Geduld, Skepsis und zu neuen Beschlüssen auf. Denn jeder Mensch hat das Recht, zu jedem Zeitpunkt in seinem Leben der zu werden und zu sein, der er sein will. Nur so wird das Leben wirklich zum eigenen Weg. Nicht selten geschieht dann tiefe Heilung, und aus Wunden werden Wunder, was auch bedeuten kann, sich von Menschen zu trennen, die uns blockieren oder sogar erniedrigen. Das schließt unter Umständen ein, sich nicht zu fragen, was andere wohl über diesen Entschluss denken mögen ...

Die Autorin glaubte ihr halbes Leben lang, dass die, welche ihr am nächsten standen – die Familie, die Gemeinschaft, die „seelsorgerische Instanz" – ihr Bestes wollten. Immerhin hat sie rechtzeitig erkannt, dass das Beste ihr selbst gehört und nicht einer religiösen Organisation. Sie ist buchstäblich einer Entmündigung entronnen, denn, das Gute zu wollen und das Gute tatsächlich zu erreichen, sind zweierlei. Aus ihrer Geschichte können wir etwas lernen, das von enormer Tragweite ist: Um der Liebe und des Gehorsams willen allen Wünschen – und Befehlen – anderer nachzufolgen, kann böse Folgen haben. Es kommt unbedingt darauf an, selbstständig zu denken, zu befinden und zu entscheiden, was das Beste für einen selbst ist und sein soll. Ana Lorena hat es geschafft, auch in den Zeiten, in denen ihr Böses widerfahren ist, an das Gute zu glauben. Sie konnte dadurch die eigenen Kräfte für existenzielle Entscheidungen mobilisieren. Sie wurde als eigene Person mit eigenen Ansichten und Lebensvorstellungen möglich und wirklich. Dem Begriff der Feindseligkeit gibt sie die wundervolle Bedeutung, „trotz oder gerade wegen der Feinde selig zu sein". Selig macht sie offensichtlich der im Buch geäußerte Gedanke, dass die Feinde ihre eigene Neuschöpfung erst ermöglicht haben. Es ist fast tragisch zu nennen, dass eine Zerstörung der eigenen Identität durch Vater und Mutter, vor allem durch die Doktrin einer radikalen religiösen Lehre, der diese ja letztlich selbst erliegen, Ana Lorena erst die Schöpfung ihres eigenen Ich ermöglichte. Dass die Zeugen Jehovas das anders sehen, ändert nichts an dieser Erkenntnis.

Selbst, wenn wir eine lange Zeit brauchen, um zu verstehen, wie die eigene Intuition mit Gelerntem verbunden werden kann, mag es uns gelingen, nach einer solch schwierigen Erfahrung echte liebevolle Beziehungen aufzubauen und frei zu leben. Das Buch ermutigt den betroffenen Leser, nicht zu lange zu warten, um für sich selbst zu entscheiden und Schöpferin oder Schöpfer des individuellen Lebens zu werden. Heute ist die Autorin fest davon überzeugt, dass alles andere nur eine billige Kopie ist, ein Konglomerat der „Schöpfungen" anderer Menschen. Dies fördert das Unglücklichsein und die Selbst-Entfremdung. Hierin liegt nach ihrer Ansicht ein tiefer Grund für den Mangel an Selbst-Wert und Selbst-Bewusstsein, den so viele Menschen verspüren.

*Prof. Dr. Dieter Strecker*

# Meine Geschichte

Schweigen hat seine Zeit, Reden hat seine Zeit. 15 Jahre nutzte ich nun zum Schweigen, zum Sortieren, zum Lernen und zum Heilwerden. Immer wieder in all den Jahren drängten mich Menschen, die meine Lebensgeschichte ein bisschen kennen: *„Du musst ein Buch schreiben."* Und kontinuierlich war meine Antwort darauf: *„Nein, ich kann nicht, ich will nicht einmal gedanklich erneut in diesen Wahnsinn einsteigen."* Nun aber macht es auf einmal Plopp, und in meiner Seele hat sich ein Hebel von OFF auf ON umgestellt, nun ist die Zeit zum Reden gekommen.

Im Rahmen meiner jetzigen Berufung treffe ich auf viele Menschen, die den Wunsch verspüren, an ihrer Lebenssituation ganz oder teilweise Veränderungen vorzunehmen, da sie mit den gegebenen Umständen nicht glücklich sind. Trotz intensiver Bemühung gelingt es vielen jedoch leider nicht, aus dem auszubrechen, was ihnen nicht guttut. Oft stehen dabei (meist unbewusst) tief verankerte, sehr starke und unbekannte Glaubenssätze im Weg. Viele davon stammen gar nicht von ihnen selbst, sondern aus ihrem familiären, gesellschaftlichen oder kulturellen Umfeld. Diese Überzeugungen wurden häufig schon in sehr frühen Lebensjahren fest in ihr Unterbewusstsein installiert und dann als „Wahrheit" übernommen.

Wir sind als Kinder nicht in der Lage, diese Zusammenhänge zu erkennen, schon gar nicht, das Muster totalitärer Systeme zu durchschauen. Wenn diese, wie häufig, aus unserem vertrauten Umfeld (meist dem Elternhaus) übermittelt werden, ist diese Programmierung besonders stabil, je jünger wir sind, desto größer die Gefahr, dass diese Ideologien ein Leben lang wirken. Totalitär – dieser Begriff ist durchaus nicht nur auf politische Systeme anzuwenden. Auch im aufgeklärten 21. Jahrhundert, in Deutschland, Europa und in der ganzen Welt sind sie oft getarnt überall zu finden.

Folgende Merkmale kennzeichnen ein totalitäres System: die Unterordnung des Einzelnen unter ein Kollektiv, das nicht angefochten werden darf, und der erzwungene Verzicht auf die individuelle Freiheit, nicht selten durch Strafen. Der freiwillige Verzicht auf die individuelle Freiheit ist meistens bedingt durch permanent wiederholte Manipulation, die das Denken und Fühlen beeinflusst und alle Lebensbereiche einschließt, auch und gerade die privaten. Öffentliche Medien und alles, was aufklären könnte, werden mit Zensur oder Verbot belegt. Kontrolle, Überwachung, Bespitzelung gehören selbstverständlich dazu. Es gibt keine Gewaltenteilung, denn alle Macht liegt bei einer Person oder Personengruppe. Ein starkes äußeres Feindbild wird erzeugt und kontinuierlich genährt.

In meinem Fall war es das Aufwachsen und Leben mit den Zeugen Jehovas. Doch diese Merkmale findet man durchaus auch in Familienstrukturen, Firmen (schauen Sie beispielsweise einmal auf Youtube die Arbeitsbedingungen indischer Näherinnen an), in religiösen und politischen Organisationen. Egal, wie das System eines Einzelnen ausgesehen hat oder noch auf ihn oder sie einwirkt, möchte ich jedem Betroffenen mit diesem Buch Mut machen. Mit aller Eindringlichkeit will ich Sie auffordern, egal wo Sie gerade noch feststecken, nicht aufzugeben. Jeder kann frei werden! Die Zeit der Orientierungslosigkeit, der Angst und des Vakuums gehen vorbei, danach sind Sie stärker denn je! Jeder Mensch hat mit seiner Geburt auch das Recht erworben, „selbst zu sein“. Jeder ist ein einmaliger Ausdruck des Göttlichen, des Universums, der Schöpfung. (Bitte verwenden Sie nur den Ausdruck der zu Ihnen passt.)

Mittlerweile bin ich der Überzeugung, dass alles, was ich erlebt habe, geschehen ist, um dadurch so stark, frei und glücklich zu werden, dass ich anderen Menschen helfen kann.

# Russisch Roulette

Es ist der 28. Mai 1999, unter mir weiße Wolken, um mich herum nur stahlblauer Himmel. Ich sitze am Fenster, das Flugzeug ist voll besetzt und es ist, obwohl es noch früh ist, für meinen Geschmack viel zu heiß in der Kabine. Ansonsten bekomme ich nichts mit, nicht einmal den sonst störenden Kerosingeruch. Die Turbulenzen in mir überdecken fast alles. Ich fühle so vieles gleichzeitig, Glück und Todesangst, Verwirrung und Stärke. Nein, ich leide keineswegs an Flugangst, der Airbus liegt nun auch vollständig ruhig in der Luft. Außen ist alles prima, doch innen, in mir drin, gibt es die gegenläufigen Strömungen all meiner durcheinander geratenen Gefühle. Noch vor einem Monat hätte ich diese Reise nach Mallorca nicht angetreten, schon gar nicht unter diesen Voraussetzungen. Ein Geschenk von meinem neuen Hausarzt, völlig absurd! Aber es gibt eben Wunder, kleine Dinge mit großer Wirkung. Ich glaube, erst vor drei Tagen hatte ich die letzte Seite der „Celestine" gelesen und mir dann das Versprechen gegeben, welches den langen Aufbruch in ein neues Leben einleiten sollte. Allerdings wusste ich noch nicht, auf was ich mich in Verbindung mit diesem Versprechen eingelassen hatte. Mein Beschluss lautete: *„Ab sofort mache ich nur noch das, was mein Bauch mir sagt. Egal, ob man es tut oder nicht, ob es verboten, verpönt oder sonst was ist. Egal, was Familie, Freunde, Ehemann, Nachbarn und all die Leute sagen, die meinen, in* *anderer Leute Leben mitreden zu dürfen. Ich werde mich an diesen Vorsatz halten, auch wenn ich es selbst nicht verstehe."* In meiner Lebenssituation und meinem Glaubenssystem riskierte ich damit eine echt starke Lippe. Zum besseren Verständnis für Sie: Gemäß der Ideologie, in der ich verhaftet war, gehörte das Buch „Die Prophezeiungen der Celestine" nicht in meine Hände und schon gar nicht in meinen Geist. Ich hätte mich auch nicht getraut, das Buch für mich zu kaufen. Ein Freund, der damals am Aussteigen war, ließ aber nicht locker, mir zu vermitteln: *„Ana, das brauchst Du, das musst Du lesen."* Ich bin ihm heute noch dankbar für sein Drängeln. Natürlich hatte ich es heimlich gelesen, fasziniert und beglückt, zusammen mit meinen inneren Stimmen, die pausenlos ihre Ermahnungen vor sich hin brummelten, hin- und hergerissen zwischen Wollen und Nicht-Dürfen. Ich erinnere mich gut an das Gefühl: Ich bin nicht alleine, ich bin nicht verrückt, von meiner Sorte gibt es noch mehr. Eine unglaubliche Erleichterung! Nach sehr, sehr langer Zeit fühlte ich mich von Unbekannten (!) verstanden. Hinzu kam die Aufforderung, bei allen wichtigen Entscheidungen nur auf die eigene innere Stimme zu hören, egal, was im Außen passiert. Eine unglaublich faszinierende Idee. Sie hätte gegensätzlicher nicht sein können in Bezug auf alles, was ich seit meinem sechsten Lebensjahr gehört, gelernt und trainiert hatte: Verleugne Dich selbst! Du bist nicht wichtig! Ich wollte von nun an alle Bauch-Entscheidungen akzeptieren, denn schlimmer konnte es nicht werden. Schon zwei Tage später bekam ich vom Leben einen Realtest vor die Füße gelegt, ganz nach dem Motto: Schauen wir doch mal, ob du das auch praktisch hinbekommst! Und das ging dann so:

Ganz vertieft zwischen Tausenden bunter Dahlienblüten unter traumhaft blauem Himmel konzentriere ich mich auf die passenden Farbkombinationen für die Blumensträuße, die ich gestalte. Bei einer

Geräuschkulisse zwischen Flugzeugen am Himmel, Hummeln, die sich um die dicksten Blüten rangeln, und fröhlichem Vogelgezwitscher dringt das leise Pling einer SMS zu meinem Bewusstsein durch. Es ist am späten Nachmittag des 27. Mai 1999, und auf die Nachricht bin ich neugierig. Also fische ich mein Mobiltelefon aus der Jeans, klicke die SMS an und traue meinen Augen nicht. Da steht: *„Hallo, bin in Mallorca, hast du Lust, herzukommen?"* Der Absender ist mein neuer Hausarzt! Muss ich das verstehen? Wir kennen uns erst seit Kurzem, ich bin seine Patientin und wir gehen in das gleiche Sportstudio. Ein dynamisch-sportlicher und sehr gepflegter Mann, der absolut an sich glaubt. Er weiß von meinem Wunsch, diese Insel einmal zu sehen. Aber das war nie Inhalt eines Gespräches zwischen uns, eher eine Art Nebensatz-Information, während wir im Studio nebeneinander trainierten. Er erwähnte, dass er dort ein Domizil habe. Ich empfinde diese Einladung als sehr irritierend. Macht man das so, da draußen in der Welt, die ich nicht wirklich kenne? Wieder schaue ich auf den Text, meine Gedanken und Gefühle purzeln wild durcheinander. Unverschämt! Hat das jemand gesehen? Ist Tim in der Nähe? Der spinnt ja wohl! Außerdem haben wir für morgen so viele Bestellungen, schließlich ist Hochsaison. Eine Weile stehe ich wie angewurzelt da, und dann kommen die heftigeren Gedanken: Das ist verboten! Was soll ich Tim, meinem Mann, sagen? Ich gerate total in Stress. Stopp! Plötzlich gelingt es mir, das wilde Gedankenkarussell anzuhalten, mich zwischen Adrenalin und Cortisol zu orientieren. Da ist sie wieder, ganz laut, die Erinnerung an mein Versprechen, nur noch nach innen zu hören. Was sagt mein Bauch? Prima Idee, mach' das! Der spinnt doch, mein Bauch! Ehe dieser wunderbare Wahnsinn verloren geht, tippe ich schnell ein *„Ja"* zurück. So, nun habe ich mich selbst festgenagelt, guter Plan. Noch bevor ich mich von meinem eigenen Mut erholen kann, kommt die nächste SMS: *„Meine Haushälterin bringt dir nachher ein Flugticket* *vorbei."* Oh Gott! Wann ist nachher? Und wie soll ich sie erkennen? Zwei Stunden später steht ein fröhlicher Blondschopf – etwas älter als ich – neben mir in unserem Hof. Sie stellt sich als Nadja vor, überreicht mir die Flugunterlagen und die Adresse für den Fall, dass wir uns am Airport verpassen. Was mich echt irritiert, ist die Tatsache, dass sie das mit absoluter Selbstverständlichkeit tut. Wie kommt man denn so schnell an ein Ticket? Das ist seine Haushälterin?

Ich konzentriere mich mehr als gewöhnlich auf das Gießen meiner unzähligen Blumenkübel. Ich beobachte besonders intensiv meine Katzen, die um mich herumwuseln, aber das sind alles Ablenkungsmanöver, um nicht wirklich registrieren zu müssen, auf was ich mich da eingelassen habe. Das Ticket ist ausgestellt auf den 28. Mai – mein Geburtstag. Mein Geburtstag? Den gibt es doch schon seit 37 Jahren nicht mehr. Ich weigere mich, an einen Zufall zu glauben! Meine Augen schweifen über unser Haus, den Hof, die Gärtnerei und rüber zu Tim, der zwischen all den duftenden Gewürzpflanzen arbeitet und nichts ahnt von der Verwandlung seiner Frau. Obwohl, dass es seit sieben Jahren in mir brodelt und ich in einem kriegsähnlichen Feldzug unterwegs bin, weiß er sehr wohl! Zumindest muss ich ihm mitteilen, dass ich morgen früh ab fünf Uhr nicht mehr zur Verfügung stehe und erst am Sonntagabend wieder zurück bin. Wie macht man so was? Erklären kann ich es ihm sowieso nicht, also muss ich ihm eine Mitteilung zukommen lassen. Ich werde mich auf keine Diskussion einlassen. Oh mann! Ich bin wirklich verrückt, und wenn Tim das glaubt, hat er wirklich recht! Ja, er wird es nur so einsortieren können. Er würde es schließlich genauso wenig verstehen wie ich selbst. Nach 25 Jahren kennt er mich gut genug, um zu wissen, dass nichts auf der Welt mich von meinen Vorsätzen abbringen kann, wenn ich sie einmal gefasst habe. Als ich es ihm sage, sind wir beide traurig und spüren die Schnittstelle in Unbekanntes. Überdies hinaus habe ich kein Bedürfnis, diese

Mitteilung an Schwager, Schwägerin und Schwiegermutter weiterzugeben. Wir leben alle in eigenen Häusern auf einem Hof, und die gemeinsame Arbeit in der Gärtnerei macht eine Mitteilung sehr wohl erforderlich, aber ich will nicht, dass mich eine Auseinandersetzung mit ihnen innerlich schwächt. Seitdem der Plan existiert, nur noch auf meine innere Stimme zu hören, habe ich mir eine „Flintenrohrwahrnehmung" angeeignet, dabei konzentriere ich mich zu 100 Prozent auf den kleinen Lichteinfall am Ende eines langen schwarzen Tunnels. Keine Ablenkung, keine Stimmen und Meinungen von außen, meine eigenen sind laut und stressig genug, nur nicht darauf hören! Nur Markus, meinem Neffen, und Randy, unserem Sohn, will ich es sagen. Wir drei sind schon lange eine feste Gemeinschaft und passen nicht so recht zum Rest der Familie.

Markus ist 27 und Randy 20 Jahre alt, sie sind wie Brüder zusammen aufgewachsen, verstehen sich blendend, und beide sind mir sehr wichtig! „Spinnst du, pass auf, der will was von Dir!", kommentiert Markus, als ich damit herauskomme, dass ich kurzfristig Urlaub mache. Randy meint: „Mum, du hast ein Scheiß-Timing!" Nun gut, dann muss es eben ohne die Unterstützung der zwei gehen, zumindest leiht mir Markus seine schöne Reisetasche und bricht zum ersten Mal die Regel, mir nichts zum Geburtstag schenken zu dürfen. Er überrascht mich mit einem wunderschönen Parfüm – „Red" von Gucci. Dieser Duft wird sich noch tief in mir verankern. Für mich riecht er nach der Freiheit! Außerdem riecht er nach Meer und Pinien, verbunden mit dem Geräusch der starken Brandung, wie ich es nun in wenigen Stunden schon erleben werde. Das Meer wird an seine Begrenzungen donnern und den Weg nach oben nehmen in die Luft, mit Ohren betäubendem Lärm wird es seinen Protest kundtun.

Es ist soweit, ich habe es tatsächlich getan! Es ist sieben Uhr morgens, ich fliege in etwa 10.000 Meter Höhe und führe gedankliche Selbstgespräche. Mein 42. Geburtstag, ein Flugticket als Geschenk von einem fast Fremden, der nicht einmal weiß, dass ich Geburtstag habe. Er hat keine Ahnung von meinem inneren Sturm, er kennt mich gar nicht, bis auf die aktuelle Krankengeschichte und dass ich mir vor ein paar Wochen das rechte Daumengelenk rausgerissen hatte, er musste für die Krankenhauseinweisung sorgen. Die gemeinsamen Interessen zum Thema Sport gehen zwar darüber hinaus, aber das war es auch schon, nicht gerade üppig. Ich kann ihm doch jetzt nicht sagen, dass ich komme, weil mein Bauch das will? Nein, dann hält er mich für verrückt. Schließlich ist er Arzt, die ticken sowieso komisch. Und überhaupt, kann ich denn wirklich alles hinschmeißen? Wenn ausgerechnet jetzt Harmagedon kommt, dann habe ich all die vielen Jahre umsonst die ganzen Opfer gebracht. Aber es könnte genauso gut noch ein oder zwei Jahre dauern, dann hätte ich noch Zeit, nur so zu leben, wie ich es will. Was für eine Vision, was für ein Gefühl! Ein paar Jahre Freiheit gegen ewige Vernichtung! Will ich das wirklich? Ich habe Angst.

Meine Eltern und Freunde werde ich sofort verlieren, die Firma und auch das Haus. Und die Trennung von Tim wird schwer werden. Kann ich das aushalten, eine Ausgestoßene zu sein? Komme ich zurecht ohne soziale Kontakte? Was wird aus Markus und Randy? Werden sie mit mir diesen Weg gehen? Ich werde schuld sein an ihrem Tod! Mein eigener Sohn – tot! Will ich das? STOPP! An dieser Stelle darf ich nicht weiterdenken! Ich weiß auch nicht, wie die Welt da draußen überhaupt „geht"? Wo kann ich denn wohnen? Was soll ich arbeiten? Ich verspreche mir in diesem Augenblick selbst – hier über den Wolken –, dass ich am 28. Juni meine Entscheidung getroffen haben werde. Entweder füge ich mich endlich brav und still ein in das System, oder ich akzeptiere meine Vernichtung. Das sind vier Wochen Bedenkzeit!

Beide Alternativen sind extrem unerfreulich für mich. Ich bin nicht gerade die Spitzenkandidatin für „still und brav", aber die Vernichtung steht ja wohl wirklich auf keines Menschen Wunschliste. Dennoch, es gibt nur diese beiden Vorstellungen, keinen Mittelweg. Ich stehe an einer Weggabelung und empfinde beide Wege als scheußlich. Na ja, der „Freiheitsweg" ist natürlich der, den ich ersehne, aber der Preis ist so verdammt hoch, dass es sich unerträglich anfühlt. Obwohl mein Lebensweg nicht selbst gewählt ist, bin ich ihn 37 Jahre lang so gegangen und nie davon abgewichen. Ich habe immer gehofft, irgendwann, wenn ich mir nur mehr Mühe gäbe, würde er mir gefallen. Dann, wenn ich endlich so sein würde wie meine Umgebung, dann, wenn ich meine innere Proteststimme endlich zum Schweigen gebracht hätte, wenn ich endlich die Freiheit fühlen könnte, von der die anderen sprachen: „Ihr werdet die Wahrheit erkennen, und die Wahrheit wird Euch frei machen."[1] So mühevoll und schwer es für mich ist, in dieser „Wahrheit" zu leben, so deutlich scheint die Freiheit immer nur zu den anderen zu kommen. Oder irre ich mich, wenn ich glaube, Freiheit ist Glücklichsein? Ich erinnere mich daran, dass ich als Jugendliche all meine zornigen Ohnmachtsgefühle in wilden, aggressiven, abstrakten Bildern untergebracht habe, die außer mir wirklich niemand mochte. Es war ein gutes Ventil für mich, denn ein Tagebuch wäre viel zu gefährlich gewesen. Hätte meine Mutter es in die Finger bekommen, hätte sie es natürlich sofort gelesen. Die Inhalte hätte sie umgehend den „Ältesten" vorgetragen, damit diese sich meiner vermeintlichen Verirrungen annähmen. Irgendetwas an dem Freiheitsversprechen funktionierte jedenfalls bei mir nicht. Und die Erklärung dafür war immer die gleiche: Es liegt an mir! Ich bin verrückt! Ich bin nicht demütig genug! Meine Gefühle sind falsch! FALSCHE GEFÜHLE, das war das Schlimmste. Da ich ständig so viel fühlte, fühlte ich auch rund um

1 Johannes Evangelium 8:32

die Uhr, dass es nicht zu dem passte, was mein Umfeld fühlte. Diese Gefühle permanent wegzudrücken, war ein enorm energieaufwendiger Prozess. Ich muss meine Augen schließen bei diesem Erinnerungsschwergewicht. Doch nun rutschen die inneren Bilder noch tiefer, in meine Kindheit zurück …

# Verschwundene Berge

Plötzlich waren alle Berge fort – unglaublich! Mit wachsendem Unbehagen beobachtete ich während der Fahrt, dass sie immer kleiner und weniger wurden, und dann waren sie ganz weg. Dass es Landschaften ohne Berge gibt, wusste ich gar nicht. Das hatte mir niemand gesagt, wahrscheinlich hatte es auch keinen interessiert. Aber hätte ich es mir vorstellen sollen, dann wäre ich erst recht dagegen gewesen. Schließlich aber war nur die Rede von einer größeren Wohnung und einem Kinderzimmer für meinen Bruder und mich. Doch selbst mit dem Versprechen eines Zimmers für mich ganz allein hätte ich diesen Deal nicht machen wollen. Nun, in den frühen Sechzigern war es nicht gerade an der Tagesordnung, Kinder in Familienentscheidungen mit einzubeziehen. Ich glaube, diese Idee galt damals generell noch als ausgesprochen abwegig, in meiner Familie auf jeden Fall. Wir fuhren in unserem ersten Auto, der ganze Stolz meines Vaters, auf der Autobahn Richtung Norden. Ich beobachtete alles. Meinen großen, schlanken Vater, der es irgendwie geschafft hatte, sich zusammenzuklappen, damit er in dieses Auto passte. Für meine Mutter, zwei Köpfe kleiner als er, war das Fahrzeug viel besser geeignet. Ich konnte sie natürlich nur von hinten sehen, aber wären sie erschrocken oder so beunruhigt gewesen wie ich, hätte zumindest meine Mutter dies aufgeregt kundgetan. Offensichtlich war dies wieder ein Gefühl, das es nur bei mir gab. Mein Bruder Rainer und ich saßen auf der Rückbank des Autos, einem Lloyd. Und da wir noch klein genug waren, sozusagen gut stapelbar, hockten wir dort oben auf dem Gepäck. Rainer war knapp zwei Jahre jünger als ich und nahm das Ganze ziemlich gelassen. Sein Autoquartett sorgte für die nötige Ruhe, verschwindende Berge zu beobachten, war wirklich nicht sein Ding. Überhaupt waren wir beide sehr unterschiedlich. Im Gegensatz zu mir lebte er gerne im Haus, mochte aber keine Spaziergänge im Wald. Letzteres löste bei ihm die gleichen tränenreichen Aktionen aus wie bei mir tote Tiere auf dem Esstisch. Er benötigte für seine Seelenruhe keinen Garten, liebte dafür jedoch kräftiges Essen. Überhaupt war er schlicht und ergreifend ein Stubenhocker. Es war einfach nicht zu verstehen, weshalb sich unsere Eltern den Stress machten, uns einander angleichen zu wollen. Hätten sie auf mich gehört, hätte mein Bruder zu Hause bleiben, spielen und essen dürfen, und ich wäre im Wald und Garten geblieben. Allen wäre es gut ergangen. Aber nein, sie hatten einen Gerechtigkeitstick! Wir beide mussten unbedingt gleich behandelt werden. Wie blöd ist das denn? Gibt man einem Seehund und einem Kolibri etwa das gleiche Futter? Diese Frage stellte ich mir häufig, ich besaß nämlich ein wunderschönes Buch über Tierkinder aus aller Welt, und da gab es riesige Unterschiede! Warum musste man ausgerechnet Menschenkinder gleichmachen? Doch das waren meine üblichen Standardgedanken, auf die es auch nur Standardantworten gab, meine Mutter pflegte in der Regel zu mir zu sagen: *„Mensch, nimm doch das Leben nicht so schwer und kompliziert!“*

Mein Unbehagen wurde immer größer, denn fehlende Berge in der Landschaft machten mir Angst. Diese Situation – ganz ohne Oma und Opa – mit einem unbekannten Ziel war ganz und gar nicht in Ordnung für mich. Den Abschied von meinen Großeltern, mit denen ich meine ersten sechs Lebensjahre verbracht hatte, empfand ich als sehr schmerzhaft. Früher lebten wir alle im gleichen Haus, allerdings in verschiedenen Wohnungen. Wir lebten nur eine Etage tiefer, und ich konnte die Großeltern jederzeit erreichen. Für mich war das optimal, für meine Mutter wohl eher schwierig, da sie und meine Oma nicht wirklich kompatibel genannt werden konnten. Beide Frauen erhoben Anspruch auf denselben Mann, meinen Vater. Sehr früh entwickelte ich dadurch eine tiefe Abneigung gegen Eifersucht. Nun war es mein größter Schmerz, dass mein Opa für mich nicht mehr greifbar war, er war nämlich mein unantastbarer Held. Er mochte fast alles, was mir wichtig war. Mit ihm war ich draußen in der Natur, wir werkelten im Garten, und auf langen Wanderungen im Schwarzwald beobachtete er mit mir die Tiere. Mein Opa liebte mich ohne Wenn und Aber. Ich musste nichts dafür tun, sondern für ihn durfte ich einfach nur SEIN. Den Rest der Familie zurückzulassen, die Freunde und meine erste Schulklasse, fand ich nicht so dramatisch, aber doch nicht meine Großeltern! Das fühlte sich scheußlich und schmerzhaft an. Es war zwar gemischt mit der Vorfreude und Neugier auf das Neue, aber kein besonders schönes Gefühl. Allerdings habe ich solche Querulanten-Gedanken meist nicht kommuniziert, denn es hätte unerquickliche Belehrungen zur Folge gehabt. Mitzuteilen, dass ich mich – im Gegensatz zu allen anderen – nicht freute, hätte mit Sicherheit wieder „eine überkandidelte Extrawurst“ aus mir gemacht. Das konnte ich schon singen. Sehr früh schon hatte sich mir eingeprägt, dass meine Empfindungen allem widersprachen, was andere fühlten. Es schien mir selbst, dass meine eigenen Gefühle meine Umwelt terrorisierten, und das machte mir große Sorgen. Denn grundsätzlich empfand ich es als unverschämt, dass andere Menschen glaubten, ich teile ihnen vermeintlich störende oder mindestens Aufregung erzeugende Gefühle mit. Nichtsdestoweniger wollte ich – nur noch umso dringender - endlich „richtig“ fühlen lernen. Andererseits konnte ich mir nur schwer von Erwachsenen etwas vorschreiben lassen, da ich immer das Gefühl hatte, nur körperlich kleiner, aber „in Wirklichkeit" viel älter als sie zu sein. Natürlich war ich schlau genug, dies nie auszusprechen, es machte dennoch viele Situationen schwierig. Das Zusammenleben mit meiner Familie empfand ich (außer mit Oma und Opa) als sehr anstrengend. Ich wollte dauernd draußen leben und nur zum Schlafen in die Wohnung zurückkommen, ich wollte nur essen, wenn ich Hunger hatte, und nicht nach einer blöden Uhr, die über mich bestimmte. Essen war überhaupt ein Dramen-Thema. Wieso sollte ich an einem Tisch essen, wenn ich doch alles im Garten fand und dabei nicht sitzen musste. Das wirklich Allerschlimmste aber waren die toten Tiere, die in Form von Wurst oder Fleisch auf meinem Teller landeten. Ich fand es widerlich und litt tränenreich darunter. Meine Oma erbarmte sich dann und gab mir alternativ Streichkäse und manchmal ein Ei. Bei dem hatte ich zwar den Verdacht, dass es ein unfertiges Tier war, hütete mich aber, das zu fragen, sonst hätte ich es mir bestimmt mit der Oma auch verdorben. Und das wäre keine gute Idee gewesen, denn Oma war zwar klein, aber energisch und willensstark, sie wäre mit jedem in den Ring gestiegen. Zum Thema Essen hatte sie zwar eine entspannte Haltung, aber ich wollte sie auch nicht reizen. Meine Mutter dagegen unterlag dem irrsinnigen Glauben, dass man zum Aufwachsen und Gesundbleiben Fleisch benötigt. Für diese Überzeugung kämpfte sie unermüdlich mit mir, bis ich 18 Jahre alt war. Sie hatte letztlich den Kampf gewonnen: Ich aß Fleisch und Fisch, verzichtete auf eine für meine Umwelt wahrnehmbare Pubertät, und vor allem war ich freundlich und pflegeleicht. Ihr Erziehungsprogramm war gelungen.

Den mühsamen Weg zu diesem grandiosen Erfolg kannte ich allerdings noch nicht, als die Berge hinter den Fensterscheiben unseres Lloyd verschwanden. Als wir an unserem Bestimmungsort ankamen, betrat ich das platteste Land, das ich je gesehen hatte. Es stresste mich auf Anhieb und auf ganz unerklärliche Weise. Es war ein Samstag, als wir die neue Wohnung in Besitz nahmen. Das große Kinderzimmer für Rainer und mich gab es wirklich. Hinter dem Haus, in dem noch fünf andere Familien lebten, lag ein Spielplatz. Herrlich, dahinter nur Wiesen und ein Bachlauf, das war wirklich vielversprechend. Mein erster beängstigender Eindruck verflog für ein Weilchen. Die nächsten dunklen Wolken zogen aber schon am Sonntag auf. Kisten auszuräumen und die Zimmer einzurichten, (das war wirklich nachvollziehbar wichtig) war nicht das Einzige, was mich interessierte, ich wollte es auch gerne gemütlich haben. Aber die Arbeit wurde plötzlich unterbrochen, und wir mussten uns „schön" anziehen, was bedeutete, einen unbequemen Rock zu tragen, und das ließ nichts Gutes ahnen. Wir gingen zu einer Veranstaltung, die sich „Versammlung" nannte und in der Altstadt von Bad Kreuznach stattfand. Schon aus Freiburg kannte ich das seit zwei Jahren, aber dort handelte es sich um einen sogenannten „Königreichsaal der Zeugen Jehovas", der viel größer war als hier. Es waren dort viel mehr Leute, und wir fielen nicht so auf, außerdem war Oma immer dabei. Die Bad Kreuznacher Altstadt gefiel mir wirklich gut, und die Erbsengasse, unsere Zieladresse, hätte ich gerne mehr erkundet. Aber das war natürlich nicht der Grund, weshalb wir dort waren. Der „Königreichsaal" lag hier in einem sehr kleinen Häuschen, man musste ihn über eine Art Hühnerleiter erreichen, was mich ein wenig an ein Baumhaus erinnerte. Ein Saal muss anders aussehen, dachte ich, das Schild war doch falsch! Es gab nur einen Raum, so etwas wie eine kleine Bühne mit einem Rednerpult, einem Tisch und zwei Stühlen. Ansonsten schmucklose, kahle Wände und vielleicht 30 alte Kinostühle, die laut schnappten, wenn man zu schnell aufstand. Das war alles. In der hinteren Ecke an einem Tisch wurden Bücher und Zeitschriften verkauft. Keine Bilder von Heiligen, keine Abbildungen von biblischen Geschichten, kein Kreuz, wie man es aus Kirchen kennt. Solche Darstellungen sind bei den Zeugen Jehovas verboten, sie zählen zum „abtrünnigen heidnischen Brauchtum". Das würde für die nächsten Jahre eine wichtige Formulierung werden, stets kombiniert mit der Bemerkung: „Das ist verboten!" Fast alles, was Spaß machte oder zu unserem Kulturkreis gehörte, war auf einmal ein heidnischer Brauch. Ob das Beten morgens in der Schule, das Singen eines Geburtstagsliedes für einen Mitschüler, der Religionsunterricht und vieles mehr, mit dem ich als Schülerin zwangsläufig dauernd in Berührung kam, all das musste ich meiden. Meinen Eltern erging es allerdings prima in dieser Versammlung. Sie wurden überschwänglich von den anderen 22 (!) Fremden begrüßt, denn als neu Zugezogene waren wir die ersehnte Unterstützung in einem sogenannten „Hilfe-Not-Gebiet". Das hieß, in dieser Gemeinschaft gab es zu wenig Leute, um in der Region zu predigen. Nun, mit meinen Eltern gab es jetzt zwei mehr.

Ich fühlte mich dagegen wie ein Regenschirm im Ständer nebenan. Es war bestimmt schlau, mich vorerst unauffällig zu verhalten. Ich sah auch auf den ersten Blick niemanden, den ich vertrauenswürdig und nett fand, obwohl alle sehr freundlich zu uns waren. Doch alle meine Sinne waren in Alarmbereitschaft, und das fühlte sich gar nicht gut an. Überhaupt war das für mich ein „Un-Ort". Es gab zwar noch drei oder vier andere Kinder, aber auch die waren wie Regenschirme. Spielen, Lachen, Reden, Sich-Bewegen auf den Stühlen, das war nicht erlaubt. Unendlich lange seltsame Reden musste ich mir anhören, danach fühlte ich mich schlecht und schuldig, wusste aber nicht, weshalb. Mein Bedarf war gleich beim ersten Mal gedeckt, das war absolut kein Ort für mich! Eine fantasievolle Siebenjährige mit den ausgeprägten Eigenschaften eines Zappelphilipp, Outdoor-Sehnsüchten und ohne Großeltern zum Ausgleich, wie sollte das gut gehen? Dabei war das nur die Ouvertüre für eine 37 Jahre lange Oper! Samstag Ankunft,

Sonntag Versammlung, und ein paar Tage später war meine Mutter im Predigtdienst verschwunden. Sie hatte eine Bibel und verschiedene Werbeheftchen in der Tasche und klingelte an fremden Haustüren, um für diesen Glauben zu missionieren – schrecklich! Wenn das hier so weiterging, hätte ich lieber kein Kinderzimmer und keinen Spielplatz hinter dem Haus gehabt, wenn ich nur wieder zurück gedurft hätte. Und es ging so weiter, und zwar täglich! Mein Vater ging ganz in seiner neuen Rolle als leitender Meister einer Druckerei auf, er liebte seinen Beruf und die damit verbundene Anerkennung. Meine Mutter ging auf in ihrer neuen Aufgabe, und sie verwandelte sich vor meinen Augen bis zur Unkenntlichkeit. Dabei muss ich zugeben, dass meine ersten Lebensjahre mit ihr wunderbar gewesen sind. Ich fand es fantastisch, eine so schöne und gepflegte Mutter zu haben. Oft verglich ich sie mit den anderen Frauen, die ich sah, und war sehr stolz auf sie. Für Rainer und mich erfand sie Geschichten von Hasen, Rehen und Sperbern, von Kindern, die in Trauerweiden lebten, und einige mehr. Obwohl wir den ständigen Zirkus um das Essen hatten und mein Wald- und Gartendrang ihr nicht passte, war ich einfach verliebt in sie. Das änderte sich nun gründlich. Nach meinem Gefühl hatte sie bei der Ankunft im Land ohne Berge ihre eigenen Kinder einfach weggeschmissen. Sie schien etwas viel Besseres gefunden zu haben und war glücklich damit. Mit Rainer und mir konnte sie nicht mehr viel anfangen. Wir waren für sie überhaupt nicht mehr in Ordnung und passten nicht in ihr neues Leben. Hatte mich mein erstes durchschattetes Gefühl im Königreichsaal am ersten Sonntag vielleicht doch nicht getrogen? Aber nein! Das richtige Gefühl hätte Glück und Dankbarkeit sein sollen! Immerhin gehörten wir jetzt zu den Auserkorenen, die als Einzige die Wahrheit dieser Welt kannten ... Es war eine grauenvolle Wahrheit! Und dann fing es an: Ich wollte tot sein!

# Vernichtung als Erziehungsprogramm

Orkanartige Böen und Nebel peitschten nun durch mein Seelenleben, der Himmel war nicht mehr blau, die Blumen nicht mehr bunt, zur Orientierung fehlten weitgehend alle bekannten Eckpunkte. Die neuen Regeln durch die Vorschriften der Versammlung, das veränderte Verhalten meiner Mutter, das Fehlen der Großeltern und der Schulwechsel mit anderen Vorzeichen, dies alles vollzog sich ohne Übergang oder Vorbereitung. In Freiburg war ich auf eine sehr gemütliche Mädchenschule gegangen, wir hatten nur Lehrerinnen, ich konnte mit allen Kindern sprechen, denn wir hatten eine gemeinsame Sprache – Badisch. Hier aber gab es nur gemischte Schulen, Jungs und Mädchen bunt durcheinander, dazu kam erschwerend, dass meine neue Klasse einen Klassenlehrer hatte. Zur Krönung des Ganzen war mein Banknachbar ein Junge. Eingeschüchtert, empört und hilflos erlebte ich diese Situation. Der Dialekt war die erste Zeit ein Problem für mich. Kurz nach meinem Eintritt in die Schule hatte ich zum Beispiel die Aufgabe, einen kleinen Aufsatz zu schreiben. Darauf freute ich mich, weil ich überzeugt davon war, dass ich das gut konnte, bis zu dem Tag, als die Hefte korrigiert ausgeteilt wurden. Mein Klassenlehrer hatte unter anderem diese Aussage im Text rot unterstrichen und als falsch markiert: „Danach haben wir uns mit dem Teppich zugedeckt.“ Ganz sicher, dass Teppich genau so geschrieben würde, nahm ich all meinen Mut zusammen, ging zu ihm an das Pult und machte ihn auf seinen „Fehler" aufmerksam. Leider wollte er das ganz und gar nicht einsehen und bestand darauf, dass man sich mit einer Decke zudecken würde. Blödsinn, dachte ich, der wollte mich ärgern! Das weiß doch jeder, dass eine Decke der obere Abschluss eines Raumes ist. Wir wurden uns nicht einig und die Klasse brüllte vor Lachen, weil die Menschen im Schwarzwald mit dem Teppich ins Bett gehen. Später konnte ich das zwar auch lustig finden, aber als Kind, in meiner Orientierungslosigkeit, waren solche Erlebnisse eine zusätzliche Belastung, zumal ich sie zu Hause nicht kommunizieren konnte. Jedenfalls war ich super vorsichtig geworden mit allem, was ich erzählte, denn alles konnte irgendwie mit den neuen Lebensregeln kollidieren. Unzählige neue Situationen entstanden, die ich noch nicht einsortieren konnte, aber es stand niemand zur Verfügung, dem ich mich anvertrauen konnte: Also lernte ich früh, meine Probleme selbst zu lösen.

Das Schulungsprogramm der Versammlung war darauf ausgelegt, uns abzutrainieren, uns irgendwie selbst wichtig zu nehmen. Jetzt, ohne das schützende Eingreifen der Großeltern, lag alle Macht bei diesen fremden Leuten, hauptsächlich aber bei den „Ältesten", welche über grundsätzlich alles bestimmten und keinen Widerspruch duldeten. Meine Mutter wurde zu einer sehr wichtigen Person in diesem Verein, da sie den Predigtdienst als ihre Tagesaufgabe und Berufung ansah. Durch ihre Vorbildfunktion musste aber vor allem auch der Nachwuchs ins Bild passen. Ich konnte anfänglich nicht einsehen, weshalb ich nach den merkwürdigen Ansichten meiner Eltern leben sollte. Mein Vater war für mich zwar kein Stressfaktor, denn er ging wenigstens arbeiten und machte etwas Sinnvolles, aber die „Tätigkeit" meiner Mutter war einfach fürchterlich! Aus irgendeinem Grund, den ich selbst nicht kenne, fand ich schon immer alle Frauen, die nicht berufstätig waren, unmöglich faul. Dabei waren in meiner Familie viele Tanten niemals berufstätig. Meine Mutter toppte das Ganze jedoch, indem sie weitgehend täglich mit der Bibel von Haus zu Haus ging, um fremden Menschen ihre „gute Botschaft“ zu predigen. Dafür schämte ich mich unglaublich. Noch unerträglicher wurde es für mich, als meine Eltern mir mitteilten, ich sei mit acht Jahren schon lange alt genug, um andere in diesem „Haus-zu-Haus-Dienst“ zu begleiten! Ich sollte daneben stehen und Traktate überreichen. Der Ungläubige sollte an seiner Wohnungstür dazu gebracht werden, sich für die einzige „Wahrheit“, die nur (!) wir hatten, zu interessieren. Und egal, wie dieser Mensch reagierte, es war unsere Pflicht, immer freundlich zu bleiben. Dabei ging es doch darum, ihm eine Vernichtungswarnung zu überbringen. Und das war der so schlimme, stressige Teil für mich. Manche Menschen sagten ganz lieb: *„Nein danke, das interessiert mich nicht.“* Einige haben uns einen schönen Tag gewünscht, dann dachte ich immer: Oh mann! Und nun muss er sterben, warum sagen sie das denn nicht, vielleicht würde er dann zuhören und nicht vernichtet werden? Jedenfalls hatte ich tagelang Bauchweh, sowohl dann, wenn ich wusste, ich muss „predigen“ gehen, als auch dann, wenn ich vom Predigen zurückkam. Natürlich war es klug, wenn ich den Stress nicht erhöhen wollte, diese unwürdige Anforderung ohne Protestaktion zu erfüllen. Dass ich keine Wertschätzung und Liebe zur „Wahrheit“ in mir trug, hatte ich inzwischen oft genug gehört, und dies „erkannte“ ich selbst als einen schweren Makel. Es muss hart für meine Eltern gewesen sein, ein so undankbares Kind zu haben.

Der Predigtdienst war für mich echt ein Grund zu beten, nämlich, dass bitte keiner zu Hause sein sollte, und dass alle meine Klassenkameraden im Schwimmbad oder beim Spielen sein mögen. Ich verspürte auch den starken Wunsch, eine kleine Maus sein zu dürfen, die wegrennen könnte. Doch, wegrennen wovor? Nach ein paar Wochen waren wir vollständig integriert in das „theokratische Programm". Es galt als extrem wichtig, dass wir gut geschult, gewarnt und beschützt waren vor der bösen Welt. Das wurde gewährleistet durch ein strammes Schulungssystem, das dreimal (!) in der Woche in der Versammlung erfolgte, natürlich immer abends, damit sich keiner aus Versehen mal entspannen konnte. Am Samstag und Sonntagvormittag war Zeit für den Predigtdienst reserviert, denn da waren die Leute meistens zu Hause. Und für jeden Tag gab es einen Tagestext, also eine Bibelstelle, die dann mit Erläuterungen und Warnungen ausgeschmückt war. Der Hintergrund dieser umfänglichen geistigen Versorgung ist die Überzeugung, dass kein Mensch allein die Bibel lesen und verstehen kann. Der heilige Geist Gottes gehörte nur wenigen Privilegierten – alles nur Männer im Übrigen, keinesfalls Frauen –, die die „Wahrheit" dem einfachen Volk erklärten. Mit Kindern gab man sich wirklich besondere Mühe, indem man ein kindgerechtes Buch herausbrachte, das die Eltern mit ihren Kindern „studieren" mussten, um sie „in der Wahrheit" zu erziehen. Meine Mutter machte das wirklich alles perfekt. Mittags, gleich nach der Schule, wenn draußen die Sonne vom Himmel lachte und die anderen Kinder spielten, hatten Rainer und ich das große Vorrecht, die 10.000 Gebote und Verbote mit ihren Strafen kennenzulernen. Das „Paradies-Buch" für Kinder war prima bebildert, sodass ich mir als fantasieloses Kind die Strafen auch gut vorstellen konnte. Da gab es große Gebäude, die einstürzten, vor allem Kirchen und andere Gotteshäuser wurden von Blitz und Donner in Trümmer gelegt. Menschen mit verdrehten Gliedmaßen sah ich auf den Straßen liegen, vernichtet vom gerechten Gottesurteil. Natürlich, weil sie der von uns verkündeten „Wahrheit" nicht glauben wollten. Auf einem anderen Bild war die Erde übersät von Leichen, und die Vögel des Himmels kamen, um sie aufzufressen, damit alle Treuen der einzigen Wahrheit auf einer „sauberen" paradiesischen Erde leben konnten. Durch dies und in tausenderlei anderer Beschreibung lernte ich, mich vor „Harmagedon“ zu fürchten, dem Tag Gottes, an dem er das große Strafgericht halten würde. Nur ganz wenige Menschen würden das überleben – und das waren wir! Das Ereignis konnte täglich geschehen, es galt also, jeden Tag hoch wachsam zu sein. … Mir hätte es vollkommen gereicht, ein einziges Mal davon zu hören. Ich brauche keine Bilder, denn ich denke nur (!) in Bildern. Erst Jahrzehnte später sollte es mir gelingen, nicht mehr von diesen horriblen Bildern zu träumen. Doch bis dahin würde ich sie einfach nicht aus meinem Kopf kriegen. Das Thema „Angst“ war also schnell implantiert – aber nicht vor dem Tod, nein, es ging um viel mehr, es ging um gnadenlose Vernichtung! Ein göttlicher Gewaltakt und das gerechte Gottesurteil. Vielleicht hatte das Thema „Tod“ deshalb auch für mich persönlich einen hohen Entspannungswert. Wann immer es eng wurde, flüchtete ich mich gedanklich in meinen Tod. Denn zu sterben, das hieß, in aller Ruhe nicht existieren zu müssen, und das war verbunden damit, nichts zu fühlen. Das verhieß mir Stille, Geborgenheit, Schmerzfreiheit.

Himmel und Hölle waren allerdings keine Lehrinhalte, da deren Existenz bestritten wurde. Da gemäß den Lehren der Zeugen Jehovas der Mensch KEINE Seele hat, gibt es auch nicht die Orte „Himmel“ oder „Hölle“, wo es irgendwie weitergehen könnte. Diese Lehre weicht in eine ferne bessere Zeit aus. Der Mensch IST eine Seele und kann jederzeit vernichtet werden. Dann ist er inexistent. Eine davon unabhängige Seele, die irgendwo weiterlebt, gibt es nicht. Schafft es der Mensch zu Lebzeiten, alles „richtig“ zu machen, und stirbt z. B. durch einen Unfall oder eine Krankheit, dann wird er später exakt so wieder erschaffen, wie er vorher war. Aber eben erst dann, wenn die Erde „gesäubert“ ist von allem Bösen, also von allen bösen Menschen, die dann getötet werden von Gott. Anschließend errichtet er das Paradies auf diesem Planeten neu, und die guten Toten kehren zurück. So klang das fantastische Drehbuch, in dem auch ich eine Rolle zu spielen hatte. Doch ich hatte das bestimmte Gefühl, dass tot zu sein, eine angenehme Alternative sein mochte. Bei all meinen Überlegungen schien mir die Variante der Nichtexistenz – also der Tod – das Beste von allem zu sein. Doch ich steckte tief in einem Dilemma …

Im Alter von etwa vier oder fünf Jahren hatte ich einmal ein Erlebnis, das ich nie mehr vergessen sollte. Ich lag auf einer richtig schönen, bunten Blumenwiese, mit Schmetterlingen, unter einem blauen Himmel mit strahlender Sonne, und in meiner Nähe war Opa. Beim intensiven träumerischen Beobachten der Wolken fühlte ich mich auf einmal mit allem um mich herum sehr tief verbunden. Alles Leben um mich herum war auch in mir spürbar, mein Körper war nicht getrennt von allem anderen. Ich hatte ein unglaubliches Glücksgefühl und spürte den Schöpfer und die Schöpfung sehr intensiv. Ich fühlte in diesem Moment eine innere Wahrheit, die besagte: Das alles ist Gott! Ich fühlte die Liebe. Dies war nichts Erlerntes, es kam nicht von außen, sondern es war ein Selbst-Erlebtes, für das die Sprache nicht die ausreichenden Worte hatte. Nun, dieses Phänomen hatte ich ganz für mich allein erlebt, ich konnte es nicht reflektieren, wusste nicht, ob es stimmte, oder ob das der Teil in mir war, den meine Eltern „verrückt" und „überkandidelt" nannten. Vorsichtshalber habe ich das auch nie erzählt, denn ich wollte nicht in Schwierigkeiten kommen. In meinem Umfeld gab es einfach sehr viel mehr Leute, die glaubten, dass Gott nur eine bestimmte Sorte Menschen liebte, alle anderen aber nicht. Diese Leute fanden das auch völlig in Ordnung, sie freuten sich tatsächlich darüber, dass Gott Millionen von Menschen vernichten wollte. Was genau in ihnen vorging, wusste ich allerdings nicht und konnte es auch nicht beurteilen. Als Kind verstand ich es einfach noch nicht. In der Versammlung wurden jedenfalls viele Lieder gespielt, in deren Text „das

Zermalmen der Feinde" durch Jesus Christus im Marschtakt besungen wurde. All das hinterließ in mir eine sehr irritierte Gefühlslandschaft. Nun hatte ich als Kind auch früh gelernt, dass Gott alles (!) sieht und erforscht, selbst unsere tiefsten Gedanken. Er überprüft Herz und Nieren andauernd, rund um die Uhr. Das hieß für mein Kinderverständnis, Gott wusste wirklich alles, einfach alles! Auch das, was ich dachte und fühlte! Ich spürte, dass ich vor ihm offen lag wie ein Buch, mit allem! Ständig! Das war die schlimmste Sackgasse. Ich erinnere mich noch gut an meine Kissenburgen im Bett. Alles, was ich fand, warf ich über mich, um mich darunter zu verstecken, um unbemerkt denken zu können. Dabei hatte ich ungeheure Angst, dass Gott durch das Deckbett und die vielen Kissen gerade so durchkommt wie durch den Körper an die Nieren. Einige Jahre lang war das mein größtes (!) Problem, zumal meine Gedanken geradezu blasphemisch waren. Nicht selten dachte ich unter schlimmsten Gewissensnöten, ich sei besser als er (Gott). Alle Menschen sind doch seine Kinder, seine Geschöpfe. Und jene, die nicht hundertprozentig jedes seiner vielen Gebote einhalten würden, sollten von ihm umgebracht werden. Das hieß dann Liebe, weil Gott für die Braven die Welt reinigen will – säubern von Menschen! Ich konnte es einfach nicht verstehen, egal wie oft ich diese Gedanken quer durch mein Hirn spülte, ich fand es ungeheuer fies und sah darin sogar einen Missbrauch von Stärke gegenüber den Kleineren. Dies passte absolut nicht zu meinem inneren Gottesverständnis. Ich dachte, wenn ich Kinder haben würde und sie ihr eigenes Leben führen wollten, würde ich sie nie und nimmer umbringen. Und deshalb fühlte ich mich besser und gerechter als Gott. Gleichzeitig hatte ich eine irre Angst, weil ich wusste, dass er genau diese Gedanken lesen konnte.

Jahr für Jahr wurde ich kränker, und meine Fehltage in der Schule häuften sich immer mehr. Im fünften Schuljahr standen mehr Fehl- als Unterrichtstage im Klassenbuch hinter meinem Namen. Ich hatte jeden

Tag Angst, dass gerade heute Harmagedon kommen würde, dass dann neben mir meine Klassenkameraden tot und verstümmelt rumlägen, Rainer und ich die einzigen Lebenden in dem großen Gebäude seien. Diese Vorstellung war grauenvoll! An unserer Schule gab es nur drei „bunte Hunde", mein Bruder, ich und ein Mädel, das neu-apostolisch war und auch alles meiden musste. Wir konnten uns zwar gegenseitig bedauern, dennoch blieb der jeweils andere „Feind", da er nicht in der alleinigen „Wahrheit" stand. Es gab jede Menge evangelische und katholische Kinder – und drei Irre. Ein kunterbuntes Religionsgemisch hätte mir zwar besser gefallen, doch das gab es zu dieser Zeit noch nicht. Der sofort erkennbare äußerliche Faktor meiner knielangen Röcke wäre sicher abgeschwächt worden durch die Kopftücher der Mädchen aus islamischen Familien. Die meisten Lehrer erschwerten unseren absoluten Außenseiter-Status noch, indem sie vor der Klasse über unsere Religion lästerten – und sogar über unsere Eltern. Denn leider gingen sie zu keinen Elternabenden, sie nahmen an nichts teil, wir durften keine Schulkameraden zu uns nach Hause mitbringen, feierten keinen Geburtstag und durften auch niemandem gratulieren, kein Weihnachten, kein Ostern, kein Fasching. Ein Lehrer sagte einmal laut in die Klasse, meine Eltern hätten kein Interesse an mir und seien einer schlimmen Sekte verfallen. Meine Mitschüler lachten, ich hätte ihn am liebsten erschossen. Er zeigte mir dadurch jedoch erst recht, dass ich absolut „unchristlich" war, denn er war mein Feind und ich hätte ihn jetzt lieben müssen. Ich konnte es nicht! Es war schrecklich. Damit bestärkte er in mir die Lehren von der bösen, gemeinen Welt, die uns verfolgt und es wert ist, dafür vernichtet zu werden. Mein inneres Feindbild wurde durch solche Dummheiten von außen nur noch weiter bestätigt. Auch das erzählte ich niemandem, denn in den Augen der Gläubigen war solch eine Situation eine irre gute „Steilvorlage" für „informelles Zeugnisgeben in der Schule". Es wurde auch von uns Kindern erwartet, dass wir die Schule zu unserem persönlichen Predigtdienstfeld machten. Da an die Kinder sonst keiner herankam, war es naheliegend, dass wir sie missionierten. Andererseits verhielt es sich auch so, dass wir uns von den anderen Kindern fernhalten sollten, denn sie gehörten ja zu der „bösen Welt". Daher standen wir eigentlich in so gut wie keiner Beziehung zu ihnen, ich wusste also gar nicht, mit wem ich hätte über Gott sprechen können. Da wir mit all diesen Dingen grundsätzlich allein gelassen wurden, konnten wir meistens nicht einmal ausreichend erklären, weshalb uns so viele Dinge verboten waren. Wenn jemand mich zu seinem Geburtstag einlud, sagte ich für gewöhnlich: *„Nein, ich darf das nicht."* Auf eine Frage nach dem Warum antwortete ich dann nüchtern und unbeteiligt: *„Weil das ein heidnischer Brauch ist."* Das hat natürlich kein Kind verstanden. Leider verstand ich es selbst nicht. Irgendwann fragte mein Bruder einmal in seinem Frust: *„Warum haben die Heiden lauter gute Feste erfunden und die Christen gar nichts?"* Er fand keine Antwort darauf. Wenn es also Festlichkeiten in der Schule gab, wie eine Weihnachtsfeier, an der ich nicht teilnehmen konnte, aber in der Klasse anwesend sein musste, löste ich das irgendwann darüber, dass ich schwänzte. Ich verließ das Haus, schlich mich zurück, versteckte mich fünf Stunden lang im Keller und betete, dass meine Mutter keine Kartoffel holen würde. Wenn ich Schritte hörte, kletterte ich in den Schrank zum Gerümpel.

In der sechsten Klasse verweigerte ich schließlich alles, außer Kunst und Sport. Bei einer Klassenarbeit nahm ich erst gar nicht den Stift in die Hand und gab leere Blätter ab. Die vielen Krankheitstage konnte ich nicht mehr aufholen. Ich gehörte nirgends hin, nicht zu meinen Eltern, nicht in die Versammlung und nicht in die Schule. Ich sprach mit fast niemandem mehr, gab nur knappe Antworten und erzählte fast nichts mehr freiwillig, wenn überhaupt nur sehr wohlüberlegt Belangloses. Mittlerweile glaubte ich, dass nichts an mir in Ordnung sei, dass ich nicht einmal richtig fühlen könne, da ich keine Freude für die „Wahrheit" empfand, sondern vor allem von einem Gefühl des Gefangenseins erfüllt war. Natürlich war dieses Gefühl „falsch", da ich selbst ja auch „nicht richtig" war. An einem sehr heißen Sonntagnachmittag in der Versammlung wurde mir plötzlich wirklich hundeübel. Ich stand auf, um auf die Toilette zu gehen. Im Vorraum saß ein „Wächter", also ein „Ältester". Als er mich sah, fragte er: *„Warum gehst du während der Zusammenkunft raus?"* Ich sagte wahrheitsgemäß: *„Weil mir schlecht ist."* Doch er antwortete kühl: *„Nein, du lügst, dir ist es nicht schlecht, du BIST schlecht!"* Leider habe ich ihm das geglaubt. Meine Eltern hätten nie für uns Partei ergriffen, die Glaubensbrüder hatten immer Vorrang. Damals – ich war gerade 13 Jahre alt – beschloss ich Folgendes: „Nie im Leben will ich Kinder haben! Das ist die Pest, das Schrecklichste, was einem Ehepaar passieren kann … Meine Eltern sind echt unglücklich mit mir."

Es gab aber auch wunderbare Highlights, beispielsweise wenn wir in den Sommerferien nach Hause in den Schwarzwald fahren durften. Meine Oma war zwar im gleichen Club, aber mit all den Vorschriften auf eine bessere Art tiefenentspannt. Mein Opa machte das Ganze gar nicht mit. So hatten wir bei den Großeltern auch viele Wochen frei von allen Versammlungen! Den Urlaub mit den Eltern verbrachten wir meist mit dem Zelt am Gardasee. Auch dort hatten wir das persönliche Bibelstudium zu absolvieren und die Tagestexte zu lesen, aber sonst nichts. Die dort ansässige Versammlung konnten wir wegen der Sprachbarriere nicht besuchen. Diese Wochen waren sehr viel entspannter für uns Kinder, zumal wir dabei zwangsläufig im Freien lebten. Das war wunderbar! Davon abgesehen bedrückte meine Mutter manchmal das schlechte Gewissen, wenn wir einen Urlaub machten, nachdem wir einen der mehrtägigen Kongresse besucht hatten, die dreimal jährlich stattfanden. Dazu wurden große Stadien gemietet: das Olympiastadion in München c die Messe in Frankfurt. Vom Morgen bis zum späten Abend gab es a Vorträge, etwa 8-10 Stunden Marathon auf Holzbänken, anschlie in der Zeltstadt schlafen. Selbst meine Eltern waren danach fix ertig. Zumindest meine Mutter hatte aber eine tiefe Wertschätzung o viel „geistige Nahrung". Ich hingegen fühlte mich total überfress ind erschlagen, da war keine Energie mehr für Wertschätzung. A dem floss ein sehr großer Energieaufwand in meine Tarnung, denn ollte keiner merken, wie ich mich fühlte, um die ganze Situation nic och schwieriger zu gestalten. Umso erstaunlicher war es für mich nn meine Eltern überhaupt mit uns in den Urlaub fuhren, denn g le in diesen Kongressen wurde intensiv vermittelt, dass es in der it des Endes" nicht angebracht sei, Urlaub zu machen oder Ferien haben. Diese freie Zeit sollte vollständig (!) dem Predigtdienst gew et werden. Doch zu meinem großen Erstaunen hatten sie bei dies nsage scheinbar immer einen Hörschaden. Allerdings hatte meine itter bald eine Idee, wie man das Versäumte aufholen und somit au ichen könnte. Wenn Rainer und ich mit der Schule fertig wären, w en mein Vater und er arbeiten gehen, damit sie und ich gemeinsa n den sogenannten „Pionierdienst" starten könnten. „Pionier" z ein, das hieß, von morgens bis abends von Haus zu Haus zu gehe auf der Straße mit Werbeheften zu stehen und „Bibelstudien" mit In essierten durchzuführen. Natürlich hatte sie sich das nicht alleine sgedacht, das war gemäß der „Wahrheit" – und den Ältesten – die w blichen Menschen z dachte Rolle.

Das waren grau volle Aussichten, ich brütete auf Lösungen rum. In meiner Ver eiflung beschlo ch: „Ich werde einfach keine Frau!" Die Rolle d Frau in diese aden war sowieso die allerblödeste. Jedes kleine ännliche K natte größeren Wert! Die Frau hatte sich in jedem Fal nterzuor n und war eigentlich nur zum Dienen geboren. Mein K per sp e mit, und bis zum 16. Lebensjahr bekam ich keine Periode. Meine geringe Nahrungsaufnahme – es gab immer noch tote Tiere zu essen und immer einen Riesenstress am Tisch, denn da wurden all unsere Schandtaten besprochen –, die Schlafstörungen, der viele Hausarrest und meine ständigen Erkrankungen taten ihren Teil, um diese Verzögerung zu verursachen. Als die Biologie dann aber doch ihren natürlichen Lauf nahm, war meine Mutter sehr erleichtert. Sie spürte aber genau, dass die Idee, als Pionier leben zu müssen, für mich der absolute Horror war. Glücklicherweise führten zwei wichtige Ereignisse dazu, dass eine Wende in Bezug auf meine schulischen Leistungen eintrat. Der absteigende Ast meiner Zensuren, auf dem ich aus den bereits angedeuteten Gründen saß, brach zunächst irgendwann ab und ich flog aus der Klasse. Ich wurde einem anderen Klassenlehrer zugeteilt – sein Schwerpunkt war Kunsterziehung. Dieser Lehrer verstand ziemlich gut, wie ich tickte, unterstützte mich und unterließ alle Angriffe auf die Religion meiner Eltern. Er ignorierte meinen Hintergrund und förderte nur meine Stärken, vor allem nahm er meine Empfindsamkeit sehr ernst. Ich musste durch seine Zuwendung plötzlich nicht mehr an zwei Fronten kämpfen. Er wurde zu meinem zweiten Helden – gleich nach Opa. Das einzig dann noch bestehende Problem war die Mathematik, da wir bereits tief in der Algebra steckten und mir der ganze Anfang fehlte. Mein Vater vermittelte mir durch eine Arbeitskollegin eine mathematisch hochbegabte Frau, die mir Nachhilfeunterricht gab. Wir brauchten nur fünf Stunden, in denen sie mit mir lernte, dann war alles klar. Mein verhasstestes Fach wurde zu meinem Liebling erkoren, es kam jetzt gleich nach der Kunst, und fortan schrieb ich nur noch Einsen in Mathe. Inzwischen zählte ich in der Schule zu den Klassenbesten und hatte viel Freude am Lernen. Jetzt zeigten meine Eltern echten Mut. Ich durfte zwar nicht das von meinen Lehrern empfohlene Abi und Kunststudium machen, aber die Mittlere Reife auf einer weiterführenden Schule. Ich wusste, dass ihnen diese

Erlaubnis für meine Schulausbildung in der Versammlung viele Minuspunkte einbrachte. Viele Paare, mit denen sie befreundet waren, hatten selbst keine Kinder. Dafür waren ihre Vorstellungen umso konkreter, wie man mit Kindern umzugehen hätte. Eine Ausbildung brauchte aus deren Sicht niemand mehr, da wir ja in der „Zeit des Endes" lebten. Dafür war der Predigtdienst umso wichtiger. In ihren Augen waren mein Bruder und ich so ziemlich das Letzte und meine Eltern die entsprechenden Versager. Ich habe diese Menschen zutiefst verachtet, da war in mir kein bisschen Liebe, aber ein weiterer Grund für ein noch schlechteres Gewissen. Aber meine Eltern setzten sich darüber hinweg, besser gesagt, sie hörten darüber hinweg, und ermöglichten mir die Fortsetzung meiner Schulzeit. Aus Dankbarkeit für dieses Geschenk und Ereignis beschloss ich, von jetzt an alles richtig gut zu machen. Ich wollte ein richtig brauchbares Mitglied der Versammlung werden und meinen Eltern auch eine Freude machen.

Am Ende meines 16. Lebensjahres war ich bereit, mich taufen zu lassen und die Prüfungen durch einen Ältesten über mich ergehen zu lassen. Dabei wurde an mehreren Wochenenden in Einzelgesprächen kontrolliert, ob ich alle Lehren verstanden hatte und auch ausführen würde. Die Gespräche zu bestehen, entsprach der eigentlichen „Hingabe an das System", unter das Wasser zu tauchen, war nur noch ein obligatorisches Symbol. Das komplette Untertauchen des Körpers zeigte das völlige Sterben des alten „falschen" Lebens an, und das Auftauchen bedeutete die Auferstehung in ein Gott gefälliges, nur ihm gehörendes Leben. Nun ja, Gott hatte natürlich seine irdischen Vertreter, welche berechtigt waren, sämtliche Anordnungen an die Mitglieder der Versammlung weiterzugeben. Da Gott nur (!) mit diesen kommunizierte, mussten wir dieses „Sprachrohr" der göttlichen Wahrheit wohl oder übel akzeptieren. Meine Mutter freute sich auf jeden Fall über meine Taufe, bei meinem Vater war ich mir da gar nicht sicher. In meiner

Wahrnehmung war auch er in dem Verein nie wirklich an seinem richtigen Platz. Es gab einmal einen Vorfall, der dazu führte, dass mein Vater etwas wirklich für mich Unvorstellbares tat: Er trat von seinem Amt als Ältester aus Gewissensgründen zurück. Ich kenne wirklich niemanden, der das jemals gemacht hat außer ihm. Meine Freude darüber war riesig, wenn auch unsichtbar. Ganz im Stillen übergab ich mal wieder einen Heldenorden, dieses Mal an meinen Vater. Für meine Mutter war das schlimm, vor allem ein Grund zum Schämen. Definitiv war es im Verein ein gesellschaftlicher Abstieg, auch wenn es keiner (für meine Ohren) aussprach. Da es aber das Ziel eines jeden Mannes sein sollte, das Amt eines Ältesten einzunehmen, war solch ein Verhalten ein Beleg für mangelnde Wertschätzung. Aufgabe des Amtes eines „Ältesten" ist es, Vorträge zu halten, alle Aufgaben zu übernehmen, die mit der „Belehrung der Versammlungsmitglieder" zu tun haben, den Predigtdienst zu organisieren und Gericht zu sitzen über „Brüder und Schwestern", die sich falsch verhalten, diese dann gegebenenfalls zu exkommunizieren, wenn sie sich nicht zur echten Reue entschließen. In solch eine Ältesten-Besprechung war mein Vater einbezogen, als man beschloss, einem jungen Mädchen, die einen schwarzen Freund aus der Welt hatte, „die Gemeinschaft zu entziehen". Obwohl sie beteuerte (Schwören ist verboten), sie habe nie mit ihm geschlafen und sich an alle Regeln gehalten, wurde sie exkommuniziert. Mein Vater war dagegen und wollte dieses (Fehl-) Urteil nicht mittragen. Das Mädchen war erst 17 Jahre alt und seit ihrer Geburt im System, sie kannte sich – wie alle anderen auch – in dieser Situation draußen in der Welt nicht aus. Von ihren Familienmitgliedern wurde nun erwartet, dass sie mit ihr sofort jeden Kontakt abbrachen. Eine Ausnahme dieser Regel bilden nur Kinder, die noch unter 18 sind und in der Hausgemeinschaft leben. In diesem Fall wird weiterhin für deren leibliches Wohl gesorgt. Über geistige Inhalte darf kein Wort mit ihnen gewechselt werden! Kein Gruß! Nichts!

# Metamorphose

Ich hatte also alle guten Vorsätze gefasst und wollte nun endlich „funktionieren", da lief mir Thomas über den Weg. Er war der Bruder einer Klassenkameradin, die mir regelmäßig beim Klamotten Verstecken half. Wir sollten gemäß der Lehre in unserer äußeren Erscheinung bescheiden, sittsam und möglichst unauffällig sein. Das war aus mir unerfindlichen Gründen damit verbunden, stets knielange Röcke oder Kleider tragen zu müssen, niemals kürzere! „Draußen" war gerade die Zeit der Armee-Parkas, der Minis und der engen Jeans, die Zeit der Beatles, Rolling Stones, Santana, Pink Floyd – dämonisch bis in die letzten Ecken der Musik- und Modewelt. Aber ich hasste Röcke! Meine Oma kaufte mir, als ich einmal bei ihr in Freiburg war, eine blaue Cordhose, zur Jeans hat es auch bei ihr nicht gereicht. Diese Hose war ab sofort mein Heiligtum, auch wenn sie das nicht sein durfte. Ich deponierte sie bei einer Schulfreundin und ging jeden Morgen vor der Schule zu ihr, um meine prüden Röcke gegen diese Wohlfühlhose einzutauschen. Passende Oberteile lieh ich mir häufig von ihr dazu. Und ich trieb es weiter auf die Spitze: Ich strich mir obendrein feierlich den streng verbotenen Lidschatten auf die Augen, und fertig war das „abtrünnige" Styling. Ich fühlte mich gut damit, aber es bedeutete auch, mit Argusaugen den restlichen Schulweg zu meistern, denn es wäre eine Katastrophe gewesen, hätten mich Glaubensbrüder oder -schwestern so gesehen. Ich kannte bald jedes einzelne inoffizielle Gestrüpp, hinter dem ich „sicher" blieb auf meinem Weg bis zum Schulhof. Nach der Schule musste ich mich zurück verkleiden und abschminken. Bei einer solchen Aktion traf ich Thomas, der höchst amüsiert war über solch einen Blödsinn. Er war viel älter, ein super lieber, spannender, aber auch heroinabhängiger junger Mann. Groß, schlaksig und unangepasst, die halbe Welt verurteilend. Nun, das mit dem Verurteilen kannte ich auch, aber unangepasst zu sein, gehörte bei mir leider ins Reich der Träume. Für meinen ersten Freund brachte er wirklich alles mit, was zu 100 Prozent daneben lag. Vor allem war er ein „Weltmensch", und das war ein absolutes No-Go! Ich war 16, er 24 Jahre alt, wenn er high war, unterschieden sich unsere Welten gar nicht so sehr, denn sie fanden beide nicht auf diesem Planeten statt. Natürlich konnten wir uns nur heimlich treffen. Wegen meiner guten Noten fiel es nicht auf, wenn ich einmal zwei Stunden nicht in Physik oder Chemie anwesend war. Es bedeutete für mich eine unerträgliche Anspannung, ein Doppelleben zu führen, für das ich eigentlich nicht die stärksten Nerven hatte. Also beschloss ich, ihn zu „retten", und stellte ihn meinen Eltern vor, damit mein Vater mit ihm ein Bibelstudium durchführen konnte. Über diesen Weg hätte ich später die Chance gehabt, offiziell mit ihm zusammen zu sein. Bei einer Verbindung mit einem „Weltmenschen" zählte für uns stets das Gebot: „Freundschaft mit der Welt bedeutet Feindschaft mit Gott." Es war wirklich unglaublich, dass ich ihn überhaupt mit nach Hause nehmen durfte und mein Vater mit ihm ein Gespräch im Wohnzimmer führte. Meine Mutter und ich mussten nebenan in der Küche warten. Das Gespräch entwickelte sich in wenigen Minuten zu einem Geschrei. Wobei sie sich gegenseitig darin überboten, den jeweils anderen „bescheuert" zu schimpfen. Es dauerte nicht lange, da kam Thomas stinkwütend über so viel Schwachsinn aus dem Zimmer, knallte die Tür zu und war weg. Keine Verabschiedung, keine

Entschuldigung – oh man, das sah nicht gut aus! Wir waren alle fix und fertig. Meine Eltern, weil ich so einen Kerl angeschleppt hatte, und ich, weil ich Geschrei nicht vertrug und nicht wusste, was Thomas nun in seiner Wut machen würde. Seine Schwester hatte mir erzählt, dass er, seit er mich kannte, kaum noch Drogen nahm. Auch hat er mich niemals aufgefordert, welche zu probieren. Da auch Zigaretten streng verboten waren und Rauchen mit Gemeinschaftsentzug bestraft wurde, dachte ich nicht eine Sekunde daran, das zu probieren. Am Abend kam mein Vater noch einmal zu mir ins Zimmer und brachte das Durcheinander auf den Punkt: *„Du kannst nur einen haben, entweder Jehova oder Thomas, von einem musst du dich jetzt trennen."* Kurz, knackig, treffend, mein Vater war noch nie ein Fan von langen Vorträgen. Eine Entscheidung zugunsten von Thomas hätte nun all die Strafmaßnahmen aktiviert, die ich seit Jahren zu vermeiden suchte. Dann die Vernichtung und Harmagedon – ich fand diese Strafe immer noch furchterregend. Auch die Trennung von meinen Eltern konnte ich mir noch nicht vorstellen. Also trennte ich mich unter vielen Tränen von Thomas. Außerdem war es kurz nach meiner Taufe, und ich hatte doch gerade erst beschlossen, endlich „richtig" zu werden.

# Endlich bin ich „normal“

Endlich „richtig“ zu werden, war zwar mein tiefster Wunsch, allerdings hatte ich als Jugendliche keine Erklärung dafür, warum meine Wahrnehmung, meine Gefühle mit denen meines sozialen Umfeldes so überhaupt nicht zusammenpassten. Und es waren zahlenmäßig viele, die sich darin einig waren, sodass ich ihre Wahrnehmung für die richtige hielt. Es gab für mich kein Sowohl-als-auch, sondern nur ein Entweder-oder. Wahrscheinlich wurde die innere Überzeugung, nicht richtig zu sein, schon vor dem radikalen Wechsel meiner Eltern in diese Gemeinschaft gelegt. Sie waren durch mich mit einem Kind konfrontiert, das mit vier Jahren schon sehr eigene Vorstellungen hatte, wie das Leben sein soll. Neben den bereits beschriebenen Eigenarten war meine extreme Geräuschempfindlichkeit eine große Herausforderung für sie. Ich behauptete beispielsweise, keine Nahrung schlucken zu können, wenn das Radio lief, weil ich dann das Gefühl hatte, ich würde alle Wörter, die ich hörte, mit runterschlucken. Das alles machte mir Stress und Bauchweh, aber es fiel ihnen schwer, mir das zu glauben. Außer dem Wald und dem Garten galt meine Liebe den Farben und dem Malen. Es gab in dem jungen Alter jedoch nur eine (!) Musik, die ich mochte: die „Moldau“ von Smetana. Alles sonst mochten meine Ohren nicht. Und so ging es mit vielen Dingen. Irgendwann wurde den beiden das zu kompliziert, sie nannten meine Forderungen Allüren und erzählten mir, sie seien gar nicht meine richtigen Eltern, sondern hätten mich bei den Zigeunern aufgelesen. Ich war etwa vier oder fünf Jahre alt und konnte mit dieser Erklärung ganz gut leben. Zwar war ich traurig, dass sie nicht meine echte Mama und mein echter Papa waren, aber es machte alles andere leichter. In meinen Augen waren nämlich all die anderen Menschen komisch. Wenn ich nun in Wahrheit ein Zigeunerkind war, erklärte das alles. Ab sofort trällerte ich mit Begeisterung: *„Lustig ist das Zigeunerleben, Faria, Faria, ho ...“* Nun hatte ich eine Alternative zur Moldau und träumte vom Leben in Pferdekutschen im Wald. Endlich war mir klar, weshalb ich nicht in ein Haus gehörte.

Diese Erklärung, verbunden mit dem Eintritt meiner Eltern in ein totalitäres System, verankerten in mir die tiefe Überzeugung, „nicht richtig“ zu sein. Ab einem bestimmten Alter lässt es sich einfacher Leben, wenn man normal ist, der Norm entsprechend angepasst. Der Kampf gegen sich selbst – zumal gekoppelt an einen Kampf gegen das Außen – ist unglaublich energiezehrend. Nachdem ich nun getauft war und mein Versprechen an die mächtigste Instanz im Universum abgegeben hatte, versuchte ich wirklich alles, um diesem Vorsatz auch gerecht zu werden. Mein erster Erfolg war das „Nein“ zu Thomas. Meine Mittlere Reife beendete ich mit prima Noten, sodass ich damit in der Schule endlich ein korrektes, wenn auch indirektes Zeugnis für die „Wahrheit“ ablegen konnte. Dies war überhaupt der Grund, weshalb ich eine vorbildliche Schülerin sein sollte, damit das Licht positiv auf unsere Religion fiel. Unterstützung gab es bei der Umsetzung allerdings keine. Die guten Noten waren auf einer schwierigen Plattform gewachsen. Mittlerweile war unser Wohnsitz noch tiefer in die ländliche Region gerutscht. Mit der Eisenbahn fuhr ich gut einundeinhalb Stunden zur Schule. Wir hatten an den Nachmittagen Unterricht, sodass ich den Anschluss zurück erst gegen Abend nehmen konnte. Während der Wintermonate ging ich im Dunkeln um sieben Uhr aus dem Haus und kehrte gegen 18 Uhr im Dunkeln zurück. Es fühlte sich für mich so an, als lebte ich ein halbes Jahr lang im Dunkeln. Zweimal pro Woche saß ich ab 19 Uhr in der Versammlung (Pflicht), dann war ich frühestens gegen 22 Uhr zu Hause. Ab dann konnte ich mich erst meinen Hausaufgaben widmen. Also gab es weder einen freien Tag in der Woche, noch bekam ich ausreichend Schlaf. All das stellte eine echte Herausforderung für mich dar, zumal die Wochenenden für andere sogenannte christliche Aktivitäten eingeplant waren. Da Schule zu den sogenannten zweitrangigen „weltlichen Aktivitäten" zählte, konnte ich dem keinen Vorrang geben, jedenfalls wäre es sehr unpassend gewesen und hätte in keinerlei gutem Verhältnis gestanden zu den damit verbundenen stressigen Konfrontationen. Dann wollte ich lieber bis spät in die Nacht über den Büchern sitzen. Ich lernte, wirklich viel Leistung in einen einzigen Tag zu legen, Erschöpfung zu ignorieren und stets mehrere Sachen gleichzeitig zu erledigen. Dafür konnte ich aber nur schwer entspannen. Das sollte mir später noch Jahrzehnte so gehen.

Durch diesen Umgang mit mir selbst verfügte ich schon früh über ein wirklich großes Erfahrungsspektrum aller möglichen und unmöglichen Erkrankungen. Der Begriff „high-sensitiv" war zu dieser Zeit noch nicht geprägt, ob das Wissen darüber etwas an meiner Situation geändert hätte, kann ich nicht sagen – wohl eher nicht. Eine künstlerische Laufbahn kam für mich leider nicht in Frage, denn das wäre gleichzusetzen gewesen mit Protestaktionen, Drogen und Intellektualität, wiederum aktive Teilhabe am gegenspielerischen „satanischen System", und das war der Feind! Das war wirklich sonnenklar. Ich steckte keinerlei Energie in diesen Traum. Vollkommen sinnlos. Alternativ wollte ich Beschäftigungstherapeutin für geistig-körperlich behinderte Kinder werden. Allerdings war dieser Plan ohne den Arzt gemacht, der dafür sein OK geben musste. Er behauptete prompt: *„Sie sind absolut* *ungeeignet, viel zu sensibel, psychisch nicht belastbar und schneller selbst behandlungsbedürftig als sie anderen helfen können. Von mir bekommen sie keine Tauglichkeitsbescheinigung."* Meine Reaktion mit „empört" zu beschreiben, wäre sehr untertrieben. Für mich war das einer, der echt gar keine Ahnung hatte. Ich – nicht belastbar? Dabei leistete ich dreimal so viel wie meine Klassenkameraden und hatte kein Wochenende frei, um mich zu erholen. Ich war total enttäuscht. Später erkannte ich, dass dieser Arzt ein sehr kluger, weiser alter Mann war. Er hatte schnell erkannt, dass ich bereits mit 16 Jahren im „Non-Stop-Dauer-Turbo" lief. Und so fand ich mich einige Tage später in einem völlig anderen Ausbildungsberuf – als Augenoptikerin – wieder. Mein Chef wurde zu meinem dritten persönlichen Helden im Leben. Er hatte die gleiche Begabung wie mein Kunstlehrer, nämlich alles zu fördern, was ich gut konnte. Er war unangepasst und lehnte Autoritäten ab, das war überhaupt das Größte! Dieser Arbeitsplatz war einfach wundervoll! Da das Thema „Brille" von Mode nicht zu trennen ist, fand ich dort ein Ventil für meine Kreativität. Mathematik und Physik waren ebenfalls wichtig, alles war gut. Ich interpretierte mein neues Glück dahingehend, dass ich endlich gehorsam geworden war. Ja, ich war auf dem besten Weg, ohne Motzen und mit immer weniger Zweifeln an „der Wahrheit" immer perfekter zu werden.

Allerdings nagte mein schlechtes Gewissen auch täglich an mir, da ich zu meinem persönlichen Vorteil, Ehrgeiz und Eigenwillen einen Beruf erlernte, statt meine Zeit dem lebenswichtigen Predigtwerk zu widmen. Mit der Bibel von Haus zu Haus zu gehen, war schließlich dazu da, die vielen „Weltmenschen", die alle in der falschen Religion herumsaßen, zu retten. Da alle, die nicht in der (!) „Wahrheit" waren, vernichtet werden, musste ihnen diese „Wahrheit" nahegebracht werden, damit sie bereuen und umkehren konnten. Würde dieser Auftrag von den „Wissenden" nicht ausgeführt, so machten sie sich mitschuldig, sie waren schuld an der Vernichtung dieser „Weltmenschen“ durch Gott. Also kam nun unabwendbar hinzu, dass ich meine geliebte Arbeit und den Predigtdienst zeitlich unter einen Hut bekommen musste. Da die Geschäftszeiten bis in den Abend reichten und sowieso schon mit den Versammlungszeiten kollidierten, strich ich kurzerhand meine Mittagspause und ging wenigstens für eineinhalb Stunden in den Predigtdienst.

Etwa zeitgleich lernte ich auf einem der jährlichen Kongresse meinen späteren Mann kennen. Nun, mit fast 17 Jahren jemanden kennenzulernen, sollte nicht gleich in einer Ehe enden. Davon wurde eher abgeraten. Ideal wäre es dagegen, bis in die „reiferen Jahre“ zu warten, um eine gewisse Lebenszeit in den „Gottesdienst“ zu stellen und in späteren Jahren bei der Partnerwahl überlegter vorgehen zu können. Für alles (!) gab es klare Anweisungen und Gebote. Zwei Menschen verschiedenen Geschlechts sollten nicht miteinander alleine sein, nicht Händchen halten, sich nicht küssen, keine sexuellen Spielereien miteinander riskieren. Sex vor bzw. außerhalb der Ehe ist ein Grund für sofortige Exkommunikation. Dieses Thema wurde in den Zusammenkünften und in der Bibel-Literatur bis zur Vergasung besprochen. Als Begründung hörte ich unzählige Geschichten aus der Bibel, in denen Menschen, die Unzucht trieben, von Gottes Zorn gestraft wurden, von Menschen gesteinigt, mit dem Speer durchbohrt und sonstige Grausamkeiten. Ich fragte mich oft, warum wir keinen Fernseher haben durften. Klar, wir sollten keine Gewalt- und Sexsendungen sehen. Aber, bekam ich sie nicht ständig in den Versammlungen zu hören ... Die Bibel, der „wahre“ Thriller? Jedenfalls troff dieses Buch vor blutigen Gewaltgeschichten. Der viel schlimmere Aspekt daran war der, dass es im Namen der göttlichen Gerechtigkeit wichtig war, diese Gräueltaten gut zu finden. Dies gelang mir jedoch nur, indem ich meine eigenen

Gefühle vergewaltigte und als „falsch“ ansah. Außerdem: Wollte ich nicht alle entbehrungsreichen Jahre und Aktivitäten in den Sand setzen, musste ich meine Hormonexplosion unbedingt im Griff haben. In diesem Jahr zog ich zu Hause aus, um meiner super heiligen Mutter zu entkommen. Ich fand eine kleine Einzimmerwohnung bei einer alten Frau, die ihr Haus nicht allein bewohnen wollte, und wartete es ab …, volljährig zu werden.

# Torschlusspanik

Es war das Jahr 1974. In einer Millionenauflage gab es die Sonderausgabe der Zeitung „Erwachet“ mit dem Titel: „Es ist später, als du denkst!“ Darauf war ein Zug abgebildet, der mit einer Affengeschwindigkeit auf einen Abgrund zuraste. Die Aussage des Bildes war unmissverständlich: Wer immer noch in dem Zug sitzt, überlebt den Absturz nicht. Inhaltlich wurde eine biblische Hochrechnung vorgelegt, nach der 6.000 Jahre (nein, kein Schreibfehler!) Menschheitsgeschichte im Oktober 1975 abgelaufen sein würden. Die messianische Regierung sollte nach der Ansicht der Zeugen Jehovas eingesetzt werden, nachdem alle „Feinde“ Gottes zuvor vernichtet worden sein würden – in der großen Schlacht Gottes – „Harmagedon“. Unter mindestens fünf Millionen Leuten brach eine Massenhysterie aus. Gehorsam, Predigtdienst, alles geriet in ein Chaos. Viele kündigten ihre Renten- und Lebensversicherungen ... Der darauffolgende Kongress, den ich besuchte, eignete sich für aufpeitschende Vorträge. Ich würde auch 40 Jahre später nicht vergessen haben, was ich da hörte: *„... nur noch eine kurze verbleibende Zeit, bis der Krieg Gottes gegen die Menschen ..., im neuen System ist es nicht wichtig, wie oft ihr im Urlaub wart, wie oft ihr im Mittelmeer gebadet habt ...“* Wir waren aber gerade auf dem Weg in den Urlaub! Ich hatte Riesenstress und Angst. *„Meint ihr, Jehova schenkt dem Teufel auch nur ein Jahr ...? ... Monate, ...*

*Tage, … Stunden, … Minuten, …?"* Der Mann wurde immer lauter. *„Meint ihr, er schenkt dem Teufel auch nur eine Sekunde???"*–, brüllte er dermaßen ins Mikro, dass die ganze Frankfurter Messehalle bebte. Keiner im Saal wagte zu atmen, ich war fix und alle, nicht nur wegen der lauten Stimme.

Tim war natürlich auch auf dem Frankfurter Kongress, uns beiden war klar: Jetzt darf nichts schiefgehen. Im Mai wurde ich 18, er war 21, und im August gab es nur noch eine einzige Woche, für die ich beim Optiker Urlaub anmelden konnte. Das war unsere Zeitlücke zum Heiraten! Vielleicht würde ein Unbeteiligter uns ganz charmant als „dauergeil" bezeichnet haben, aber für mich stand vor allem eine Todesangst (!) dahinter. Der Gefühlsmix in mir war intensiv, zum Zerreißen angespannt und ziemlich heavy. Ich stand völlig neben mir, und dafür brauchte ich weder Drogen noch Alkohol.

# Ich darf heiraten!

So hatte ich mir das nicht vorgestellt: Meine Mutter träumte von einer richtigen Hochzeit, mit allen Freunden und großem Essen. Welche Freunde eigentlich? Waren das nicht alles die Freunde meiner Eltern? Auch Oma und Opa würden zur Hochzeit kommen, darauf freute ich mich sehr. Tim's Eltern, seine Schwester mit Schwager und Kind, all das konnte ich auch einsehen, gefreut habe ich mich aber nicht darauf, ich kannte sie ja kaum. Ein Teil der Familie arbeitete in dem eigenen Gartenbauunternehmen, in dem auch Tim angestellt war. Doch es war mehr als das, sie selbst waren (!) das Unternehmen und gingen vollständig darin auf. Das war mir zunächst sehr suspekt, schließlich sollte doch die „Wahrheit", das Ausüben der Religion, an erster Stelle im Leben stehen, oder nicht? Der Mann von Tim's Schwester arbeitete in einer Bank, er gehörte schon von daher nicht wirklich in die Sippe. Er, die Schwiegermutter und ich waren die „Eingeplaggten". Wir hatten keinen landwirtschaftlichen Hintergrund mit einer diesbezüglich langen Familientradition und wurden damit nicht wirklich als vollwertig angesehen. Jemand, der einen anderen Beruf ausübte, besonders jemand, der mit sauberen Händen von der Arbeit nach Hause kam, hieß in meiner neuen Familie „Faulenzer"! Nicht hinter vorgehaltener Hand, nein. Ganz klar, laut und deutlich. Aus mir unerfindlichen Gründen wurde ich nicht mit diesem Prädikat belegt, zumindest nie so, dass ich es hörte. Allerdings hatte ich mich auch schon sehr wehrhaft und unbequem gezeigt, vielleicht hatte das etwas eingeschüchtert. Erst sehr viel später konnte ich verstehen, weshalb Tim lange nicht wollte, dass ich seine Familie kennenlernte. Ungefähr zehn Monate vor unserer Hochzeit bin ich dann aber doch – gegen seinen Willen – nach Wiesbaden gefahren. Zuvor hatte ich mich mit seiner Mutter telefonisch verabredet, denn mir war es wichtig, seine Familie kennenzulernen. Schließlich kannte ich nur die Geschichten, die Tim mir erzählte – und die waren nicht schön, vor allem aber unverständlich für mich. Verbote gab es schließlich schon genug in meinem Leben, und ich hatte nicht vor, meinem zukünftigen Mann zu erlauben, dieses Feld zu erweitern.

So kam es, dass ich eines Tages einfach auf dem Firmenhof stand und den Eingang zum Wohnhaus suchte, um mich mit Renate, seiner Mutter, zu treffen. Mein zukünftiger Schwiegervater, ein schlanker, muskulöser grauhaariger Mann, begegnete mir zuerst, nur wusste ich nicht, dass er Tim's Vater war. Auch er kannte mich nicht. Er war gerade dabei, den Lieferwagen zu entladen, auf dem unzählige Holzkisten gestapelt waren. *„Guten Tag!", sagte ich. „Ich bin Tim's Freundin."* Doch er grüßte nicht zurück, sondern sagte nur: *„Räum mal die Pladdons da weg."* Hilflos und empört schaute ich mich um. Pladdons? Wieso grüßte der nicht erst einmal? Wer war das überhaupt? In diesem Moment kam eine blonde, lebhafte und gut aussehende Mittvierzigerin aus dem hinteren der beiden Häuser, die nur durch diesen wilden Kistenhof getrennt waren. Sie stellte sich als Tim's Mutter vor, nahm mich sehr freundlich in Empfang und begann sofort, mir ihren Mann als ungehobelten Klotz zu erklären. Und sie übersetzte mir das Wort „Pladdons", das sind Kisten. Er wollte also, dass ich den Hof freiräume, damit er schneller mit dem Auto raus kann. Aha! Renate wollte wissen, ob Tim Bescheid wüsste, dass ich da war. Als ich das verneinte, sagte sie nur: *„Der ist genauso unmöglich wie sein Vater, komm, wir gehen zu ihm. Er ist hinten auf dem Feld."* Sie führte mich durch den Hof, dann durch ein Treibhaus dahinter auf freie Felder, durch Blumen und Gemüse, vorbei an einer hübschen jungen Blondine, die missmutig zu mir rüberschaute und nur widerwillig mein *„Hallo, guten Tag!"* über sich ergehen ließ. Mein irritierter Blick veranlasste Renate, eine nächste Aufklärung zu geben: *„Das ist Bettina, meine Tochter, die ist auch wie ihr Vater und noch schlimmer als Tim."* Na, das konnte ja noch heiter werden. Wir erreichten Tim, der tief versunken in einer Pflanzarbeit steckte. Er schien nicht nur überrascht, er war auch erschrocken. Ich erzählte ihm, dass ich mir extra einen Tag Urlaub genommen hätte, um ihn und seine Familie zu besuchen. Vielleicht mochte er mir ein bisschen Wiesbaden und die Gärtnerei zeigen? Tim war verärgert: *„Ich habe dir ganz klar gesagt, du sollst nie hierher kommen!"*, fuhr er mich an. Und an seine Mutter gewandt, sagte er mit sehr scharfem Tonfall: *„Hast du das mal wieder eingefädelt? Misch' dich nicht in meine Angelegenheiten. Na, dann kannst du ihr ja alles zeigen und erklären, das hast du doch bestimmt auch schon gemacht, lasst mich in Ruhe!"* Dann drehte er sich wieder zu mir und sagte grimmig: *„Und du kannst wieder nach Hause fahren, ich muss hier arbeiten."*

Schockiert und traurig ging ich mit Renate ins Haus, wir tranken Kaffee, und sie begann mich aufzuklären über diese unmögliche Familie. Wie konnte das sein? Sie war doch der einzige „Weltmensch" hier, oder nein, es gab ja noch einen drei Jahre jüngeren Bruder von Tim, der gehörte auch nicht zu den Zeugen. Ich war in einem „geteilten Haus" gelandet, wie wir es nannten. Ein Teil der Familie war in „der Wahrheit", der andere Teil gehörte zu den „Weltmenschen". Solche Konstellationen ergaben sich eigentlich nur dann, wenn einer der Partner nach der Heirat konvertierte und sich taufen ließ, der andere aber nicht. Der „Gläubige" hatte dann die Aufgabe, die Kinder „in der

Wahrheit“ zu erziehen, auch gegen den Willen seines Partners. Das kannte ich so nicht aus meiner Familie, denn als meine Oma sich den Zeugen Jehovas anschloss, hatte das für sie eher politische Gründe und ihre Kinder waren schon aus dem Haus. Auch ging Sie ziemlich gelassen um mit all den Auflagen und versuchte, meinem Opa damit keinen Stress zu machen, denn er wollte sich dieser Organisation nicht anschließen. Von daher waren mir die internen Konfliktpunkte, die sich hier gerade vor meinen Augen abgespielt hatten, eher unbekannt. Nur, was ich hier erlebte, verhielt sich genau seitenverkehrt zu dem, was zu erwarten gewesen wäre. Meine „Mitbrüder und Mitschwestern“ – in dem Fall Bettina, mein Schwiegervater Max und auch Tim – hätten mich freundlich aufnehmen müssen. Renate aber gehörte doch ins „Feindeslager“, allerdings war sie diejenige, die freundlich und zugewandt war. Wieder zu Hause, in einem Zustand der Empörung, gemischt mit Liebeskummer, schien mir die Beziehung mit Tim schon vor der Hochzeit beendet. Was für ein Irrenhaus! Deshalb sollte ich seine Familie nicht kennenlernen? Nach ein paar Tagen Funkstille meldete er sich jedoch wieder, und wir versöhnten uns – von meiner Seite allerdings mit vielen offenen Fragen. Doch viel konnte ich nicht in Erfahrung bringen. Tim gehörte nicht wirklich zur Familie, dort wollte ihn keiner. Er gehörte nur zu seinem Opa, und der verstarb, als Tim ein kleiner Junge war. Die Schwester Bettina gehörte ganz und gar zu Max, beide wie aus einem Guss. Tim‘s jüngerer Bruder Jens war ganz und gar Mama‘s Liebling, nur er – Tim – war das ungewollte Rad am Wagen. Dass Jens und Renate sich gegen den gläubigen Familienrest zusammentaten, konnte ich nachvollziehen, entsprach nun also doch der Lehrmeinung eines Feindbildes.

Dass Tim so alleine war und niemanden hatte, mit dem er verbunden war, fühlte sich schlimm und traurig an für mich. Meine angeborene hohe Empathie, verbunden mit der mangelnden Fähigkeit, mich abzugrenzen, machte seinen Kummer und sein Leid zu meinem eigenen Gefühl. Ab sofort würde ich für ihn da sein! Wir würden zusammenbleiben und unbeschadet Harmagedon überstehen, egal was der Rest dieser merkwürdigen Familie machte. Dieses und viele weitere Erlebnisse mit Tim's Familie ließen mich mein Elternhaus vollkommen neu sehen und in den besten Farben erscheinen. Mein Vater und Tim verstanden sich prima, und auch Rainer kam gut mit ihm aus. Dennoch waren sowohl meine Mutter als auch mein Vater der Meinung, ich und Tim würden nicht zueinander passen. Ich sah das natürlich ganz anders. Verliebt, wie ich war, konnte ich unsere großen charakterlichen Unterschiede nicht wahrnehmen. Dazu kam mein „Welt-Rettungs-Bedürfnis" für alle armen und unverstandenen Menschen, und da gehörte Tim eindeutig dazu. Weil Tim, genauso wie meine Mutter, eine Feier zur Hochzeit wollte, hatten die beiden den Streit darum bald gewonnen. Das war ganz und gar nicht in meinem Sinn! Noch nie war ich ein Fan von Feiern gewesen, und schon gar nicht bei meiner eigenen Hochzeit. „Man macht es eben so", war das Argument, das ich hasste wie die Pest! Waren die standesamtliche Trauung und der „Hochzeitsvortrag", den ein Ältester in der Versammlung für uns halten würde, nicht schon Budenzauber genug? Meine Mutter wollte im Grunde nur die Hochzeitsfeier nachholen, die sie selbst nicht gehabt hatte.

Bis zum Standesamt hatten wir zweimal unsere Ringe verloren, über Zufälle und Zeichen gab es in meiner damaligen Welt aber keine Kenntnisse, daher stutzte ich auch nicht. Vor Ort schaute ich immer wieder zur Tür mit dem inneren Impuls, einfach wegzurennen. Meine innere Stimme war ausgerechnet an diesem Tag hochaktiv und wollte mir mit Mahnungen und unguten Gefühlen den Tag verderben. So gut es eben ging, drückte ich meine intensiven Gefühle weg, wie immer. Meine Mutter hatte tagelang in der Küche gestanden, gebacken, gekocht, dekoriert und sich viel Mühe gegeben für etwas, das ich gar nicht wollte. Die Wohnung meiner Eltern war nicht wiederzuerkennen: ein einziger Festraum, bevölkert von Leuten, die mir nicht wichtig waren. Tim's dreijähriger Neffe, der mir 25 Jahre später seine Reisetasche auslieh, um nach Mallorca fliegen zu können, hing ohne Unterlass an meinem Angetrauten. Markus und Tim waren damals sehr eng verbunden. Die halbe Versammlung war anwesend, ein Freund von Tim, den ich nicht mochte, die neue Familie, meine Großeltern und Eltern. Ich schaute in die Runde und fragte mich innerlich, was ich hier zu suchen hatte. Nichts! Sollten Sie doch alle ihre Fressorgie – wie ich das heimlich nannte – genießen. Mich würde keiner vermissen, es wurde Zeit, dass ich verschwand und tat, was mir Freude machte.

Ohne mich abzumelden, ging ich auf den Friedhof. Das war einer meiner Lieblingsplätze. Und da ich kein weißes Kleid und keinen Schleier trug, würde ich dort auch niemanden erschrecken. Wie eine Braut sah ich wirklich nicht aus, und genau das wollte ich auch nicht. Da mir alles Konservative wirklich zuwider war, suchte ich jede Lücke, die das System hergab, um so etwas wie Autonomie zu behalten. In einem kleinen Indien-Laden, den es in Bad Kreuznach gab, hatte ich ein lilafarbenes Batik-Kleid entdeckt und für meine Hochzeit gekauft, es war bodenlang. Dazu trug ich den Silberschmuck, den Tim mir zur Hochzeit geschenkt hatte. Mit meinen fast taillenlangen dunklen Haaren sah ich eher wie eine Hippiebraut aus. Man konnte gegen diesen Aufzug nicht wirklich begründet etwas sagen, denn es gibt keine Bibelstelle, die gegen die Farbe Lila spricht. Und schließlich war mein Kleid auch lang genug, damit es „schicklich" war. Im Laufe der langen Zugehörigkeit in diesem einschränkenden Lebenskonzept wurde ich zu einer Meisterin im Lücken-Finden. Wenn es schon Rügen hageln würde wegen meiner äußeren Erscheinung, dann sollten sie für die Begründung keine einzige Stelle in der Bibel finden! Falls es Äußerungen zu meinem lila Batik-Kleid gegeben haben sollte, so konnte ich auf dem Friedhof nichts davon mitbekommen. Keine Todessehnsucht trieb mich an meinem Hochzeitstag an diesen Ort – nein, ich fand es einfach schön dort. Keine Leute, die durcheinander reden und blöde Witze reißen, keine lärmende Musik, kein Essen, das sich in Gängen wiederholt, als wären wir am Verhungern. Ich konnte sie nie ausstehen, diese Essgelage. Wenn so wahnsinnig viel verboten ist, kann man natürlich im Essen und Trinken eine Ersatzbefriedigung finden. Da eines der Wunder Jesu die Verwandlung von Wasser zu Wein bei einem Hochzeitsfest war, fiel Alkohol nicht unter Verbot. Das war nicht einfach zu verstehen, nachdem wir keine Ritter-Sport oder Sarotti-Schokolade essen durften, keine Waffeln oder Negerküsse, da all das Eiweiß enthielt, das man aus Blut hätte herstellen können. Blut zu essen, war strengstens verboten! Glücklicherweise fielen auch viele Frischwurstsorten unter diese Quarantäne. Irgendwann, nachdem ich alle Blumen auf den Gräbern begutachtet, mich am Gesang der Vögel erfreut, alle Bäume begrüßt und bewundert hatte, ging ich wieder auf meine Hochzeit zurück. Alles war unverändert, die Leute waren beschäftigt mit Essen und Reden.

Tim und ich wollten die paar Tage, die wir freihatten, im Schwarzwald verbringen. Mit einem Zwei-Personen-Hauszelt machten wir uns auf den Weg, um endlich alleine zu sein. Unser erstes Ziel – ein Zeltplatz am Titisee – verwandelte sich über Nacht in ein Schlammloch. Der Himmel hatte beschlossen, in Strömen zu weinen. Laut Wetterbericht, den wir im Autoradio hörten, würde es die nächsten Tage auch nicht aufhören zu regnen. So beschlossen wir, diesem Dreckswetter einfach davonzufahren und unsere Reise und Freiheit zu genießen. Dieses Ausweichmanöver brachte uns nach Saint-Tropez. Immer noch mit nassen Klamotten, nassem Zelt, nur mit Sommerkleidung und dauerfrierend, kamen wir auf die Idee, uns abends mit einer Flasche Wermut aufzuwärmen. Eine warme Decke zu kaufen oder in einem

Hotel einzuchecken, fiel uns allerdings nicht ein. Ich kam aus einer sehr sparsamen Familie, und Tim's Einstellung zum Geld kannte ich damals noch nicht. Obwohl diese Hochzeitsreise wirklich keinem üblichen Klischee entsprach und wir nicht einmal Essen gingen oder ein Andenken kauften, vermisste ich nichts. Ich war einfach glücklich, mit Tim alleine zu sein.

# Mein kobaltblaues Schloss

Vor unserer Heirat waren Tim und ich eine Abmachung eingegangen, die mir sehr wichtig war. Diese besagte, dass wir niemals nach Wiesbaden ziehen wollten, an den Platz, an dem seine Familie lebte. Niemals sollte es einen Fernseher in der Wohnung geben, da ich der Überzeugung war, dies sei ein Instrument der Volksverdummung – eine Wahrnehmung, mit der ich alleine stand in unseren Familien, doch Tim stimmte netterweise zu. Das dritte Versprechen lautete: Keine Kinder! Wir hatten beide das Empfinden, dass Kinder etwas ganz Schlimmes und Störendes sind. Unabhängig voneinander kamen wir in unserer Kindheit zu derselben Überzeugung in der Sache. Nun zog Tim zu mir in die kleine Ein-Zimmer-Wohnung nach Bad Kreuznach. Mein Arbeitsplatz war nach wie vor hier, da meine Ausbildung beim Augenoptiker noch nicht beendet war. Außerdem gefiel mir meine erste eigene Wohnung außerordentlich gut. Die Wände hatte ich komplett in einem dunklen Kobaltblau gestrichen, der alte Holztisch mit den beiden Stühlen – vom Dachboden meiner Großeltern – erstrahlte in blau-schwarz-weißen geometrischen Ornamenten, und die selbst gebastelte Lampe aus einem alten Ofenrohr in Waldgrün-Kobaltblau mit einer matten Weißglaskugel war mein ganzer Stolz. Beim Bett hatten wir die Füße abmontiert, sodass es eher einem Matratzenlager glich, geschmückt mit meiner selbst genähten Patchworkdecke, in der alle Stoffe verarbeitet waren, die irgendetwas mit Blau zu tun hatten.

Diese Wohnung hatte ich noch vor unserer Hochzeit alleine gesucht, gefunden und eingerichtet, außer den Materialkosten hatte ich kein Geld gebraucht. Das Bett für 300 Mark hatte Tim bezahlt, und den Schrank schenkten uns meine Eltern zur Hochzeit. Ein kleines Bad und die Küche waren vorhanden, das Geschirr war ein Geschenk von meinem Chef. Ich fühlte mich wie eine Königin in der schönsten Wohnung des ganzen Ortes. Voller Stolz zeigte ich sie dann der alten Dame, die mir diese Ecke ihres Hauses vermietet hatte. Sie stand erst einmal wie gelähmt in meinem Traumzimmer. Offensichtlich hatte sie noch nie so viel Powerfarbe in einem Raum erlebt, das wirkte sich eine ganze Weile lang auf ihr Sprachzentrum aus. Danach war sie sehr tapfer und fragte nach, ob ich sicher sei, dass ich das bei einem Auszug auch wieder in Weiß hinbekommen würde ...

Gerne denke ich an diese Zeit im blauen Zimmer zurück, die leider nur eineinhalb Jahre dauerte. Unter der Woche ging ich zur Arbeit, in der Mittagspause in den Predigtdienst, nach Feierabend gegen halb sieben in die Versammlung bis neun Uhr, danach richtete ich das Essen für Tim und mich her. An den versammlungsfreien Tagen machte ich abends meine Hausaufgaben für die Berufsschule und kochte danach. Da Tim morgens schon um sechs Uhr aus dem Haus ging, um nach Wiesbaden in die Gärtnerei zu fahren, und in der Regel nicht vor sieben Uhr am Abend nach Hause kam, sodass er gerade noch in die Versammlung stürzen konnte, hatten wir nicht viel Freizeit. Mindestens jeder zweite Samstag war auch ein Arbeitstag für mich, die Samstagvormittage verbrachte Tim meist mit meinem Bruder im Predigtdienst, denn irgendwo musste er das noch unterbringen. So blieb uns meist der Samstagnachmittag für Motorradtouren oder auch für das Hockenheim-Motorradrennen. Oft war an diesen Tagen Rainer dabei. Überhaupt verbrachten wir meist das Wochenende mit ihm und einem guten Freund von Tim, der auch zur Bad Kreuznacher Versammlung gehörte. Am Sonntagnachmittag schließlich gingen wir wieder in die Versammlung, aber den Predigtdienst am Morgen ..., den schwänzten wir!

Irgendwann stank es mir gewaltig, dass jedes Wochenende vier oder sogar fünf Leute in unserer Wohnung lebten, zumal sich niemand für das Kochen und Aufräumen zuständig fühlte. Ich hatte 270 Mark Ausbildungshilfe, davon brauchte ich 170 Mark für Miete und Strom. Telefon, Internet, Radio und Fernseher hatten wir nicht. Blieben also 100 Mark für meine Schulkosten, Fahrten, Kleidung und Essen. Von Tim bekam ich 50 Mark in der Woche für Lebensmittel, Putz- und Waschmittel, das waren also 300 Mark im Monat, um alles zu bestreiten. Tim bekam 1.000 Mark Gehalt von seinem Vater und zahlte die Auto- und Motorradversicherung sowie den Sprit, sodass er die restlichen 500 Mark monatlich (!) sparen konnte. Wir hatten getrennte Kassen, und so floss das Ersparte auf sein Konto. Doch es störte mich überhaupt nicht. Meine Eltern fanden das zwar unmöglich, aber ich verteidigte Tim. Außerdem glaubte ich, dass es nichts gab, was ich nicht händeln könnte, und mit wenig Geld auszukommen, war ja nun wirklich kein Weltuntergang. Es machte mich überhaupt irrsinnig wütend, wenn irgendjemand an Tim herumnörgelte oder Kritik übte. Für mich war er ein einsames, schlecht behandeltes Kind seiner Familie, und ich wollte das alles wiedergutmachen. Um noch mehr sparen zu können, entschied er sich irgendwann dafür, grundsätzlich mit dem Motorrad morgens nach Wiesbaden zu fahren – ein Wahnsinn, bei Wind, Sturm und dem Nebel, der von Oktober bis März herrschte. Immer wieder erinnerte ich ihn an sein Versprechen, sich eine andere Arbeit zu suchen und wegzugehen von seinem Elternhaus, wo er sich als Arbeitskraft ausgebeutet fühlte. Aus seinen Erzählungen wusste ich, dass er bereits vor der Schulzeit mit „auf den Acker" musste und nur die Hauptschule besuchen durfte, da die weiterführenden Schulen zu viel Zeit in Anspruch genommen hätten, in der er als Arbeitskraft nicht zur Verfügung stünde. Wie überaus fies ich das alles fand. Ich war stinksauer auf diesen Laden, in erster Linie auf Max, seinen Vater. Und das war mein Glaubensbruder? Wo war denn da die Liebe?

Dies wurde bald zum Konfliktthema zwischen Tim und mir. Seine Schilderungen passten für mich nicht zu seinen Handlungen. Wenn er das schon alles klar erkannte, musste er es doch auch ändern! Er hatte es mir versprochen! Es hat tatsächlich Jahre gedauert, bis ich begriffen hatte, dass bei Tim Sagen und Tun nicht zwangsläufig zusammengehörten. Das Ja-Sagen hatte den Zweck, keine Diskussionen führen zu müssen und darauf zu vertrauen, dass der andere unter Demenz litt. Das allerdings ist meinerseits nie ein Schwachpunkt gewesen. Dank meines hervorragenden Gedächtnisses konnte ich mir schon immer wortwörtlich ganze Sätze – mit Ort und Tageszeit – merken. Ich wusste stets, wer dabei war, was die Leute anhatten usw. Ungünstige Voraussetzung für die Standard-Taktik, die Tim anzuwenden pflegte. Nach etwa 15 Monaten hatte ich kapiert, dass er nie bei seinem Vater kündigen würde, und dass es da irgendein mir unverständliches Abhängigkeits-verhältnis gab. Da ich nicht weiter die Angst aushalten wollte, dass ihm gerade im Winter mit dem Motorrad etwas zustieß, kam der Vorschlag, nach Wiesbaden zu ziehen, dann doch tatsächlich von mir selbst, ungeheuerlich! Dabei hatte ich regelrecht Panik vor dieser irren Familie, die ich nicht nachvollziehen konnte. Meine Berufsschule befand sich praktischerweise in Wiesbaden, und mit meinem Chef konnte ich einen freien Samstag aushandeln, wofür ich ausgleichend die Mittagspausen durcharbeiten würde. Nach wie vor hatte ich ein sehr schönes freundschaftliches Verhältnis mit ihm und viel Freude bei meiner Arbeit. War er schon sehr besorgt über mein frühes Heiraten, so gefiel ihm mein Umzug nach Wiesbaden nun gar nicht. Er kannte die Geschichten über Tim‘s Familie und war der Meinung, dass ich dort auf gar keinen Fall wohnen sollte.

# Ein Albtraum wird wahr

Auf dem Grundstück meiner Schwiegereltern gab es zwei Wohnhäuser, die durch einen Hof, meist voll mit Kisten, wie ich sie bei meinem ersten Besuch gesehen hatte, getrennt waren. Im hinteren Haus lebten Renate, Max und Jens, der gerade eine kaufmännische Ausbildung absolvierte. Jens machte weitgehend nur das, was er wollte, und lebte nach eigenen Regeln. Max hatte keinerlei Handhabe mehr gegen ihn – obwohl er der Jüngste war –, denn Renate stand wie eine Mauer zwischen den beiden. Wie konnte das aber sein? Tim und Bettina waren voll und ganz in die Firma integriert und hatten gemäß meinem Empfinden nicht wirklich ein Mitspracherecht in ihrem Leben. Jens erzählte mir einmal, wie es dazu kam, dass sein Vater über ihn keine Macht mehr ausüben konnte. Es war eine traurige Geschichte:

Jens musste, wie die beiden anderen Kinder, von klein auf in der Gärtnerei mit anpacken. Er war 12 oder 13 Jahre alt, als er von Max den Auftrag bekam, ein Feld mit der Hackfräse umzupflügen. Renate war dagegen, weil sie ihn für zu jung hielt, um dieses schwere Gerät durch den harten Ackerboden zu treiben. Allerdings wurde ihr Einwand nicht beachtet, die Arbeit musste gemacht werden, Schluss aus! Tim war auf einem anderen Feldabschnitt und sah irgendwann seinen Bruder nicht mehr. Irritiert ging er ihn suchen und fand ihn dann bewusstlos in einer großen Blutlache liegen. Die Fräse hatte sich in sein ganzes Bein gewickelt ... Eine sehr lange Notoperation war die Erstmaßnahme. Renate erzählte mir bestimmt hundertmal in der Zeit unseres Zusammenlebens, dass ihr Mann die dringend nötige Bluttransfusion für Jens abgelehnt hatte, sie mit der Bahn ins Krankenhaus gefahren war und die Ärzte dazu aufgefordert hatte, ihrem Kind wann immer nötig Blut zu geben. Sie war davon überzeugt, dass ihr Sohn diesen schweren Unfall, der ihn Monate im Krankenhaus hielt und unzählige Operationen erforderlich gemacht hatte, ansonsten nicht überlebt hätte. Natürlich gab Max seine Zustimmung dazu nicht gemäß seinem Glaubensbekenntnis, nicht aus Bosheit. Es ist einem Zeugen Jehovas nicht nur streng verboten, Blut zu essen, sondern auch, Blut in jedweder Form zu verwenden. Die körperliche Aufnahme von Blut – ob eigenes, fremdes oder Fraktionen davon, wie es bei Impfstoffen der Fall ist – war untersagt und hätte eine sofortige Exkommunikation bedeutet ...

Wie dem auch sei, hätte Tim an diesem Tag seinen Bruder nicht vermisst, wäre er nur einige Zeit später verblutet gewesen. Unter den Auswirkungen dieses Unfalls sollte Jens ein Leben lang leiden, und das trennte ihn und seinen Vater für immer voneinander. Allerdings hatte es auch Einfluss auf das Leben der Geschwister untereinander. Da Jens nun als Arbeitskraft nicht mehr zur Verfügung stand und auch sonst keinerlei Anweisungen und Vorgaben seines Vaters mehr ausführte, Bettina und Tim das aber auffangen mussten, wurde das schon schlechte Verhältnis zwischen Jens und Bettina noch schlimmer und das von Tim und seinem Bruder war sehr wechselhaft, für mich nicht nachvollziehbar. Die beiden Geschwister nannten Jens fortan meist nur noch „den Prinzen“, da er sich allem widersetzte und nur tat, was er wollte. Die Versammlung und den Glauben seines Vaters mied er fortan wie der Teufel das Weihwasser. Auf der einen Seite faszinierte mich der strikte Widerstand, den Jens in dieser Familie lebte, sehr.

Andererseits war ich auch oft sauer, weil Tim die Arbeiten für seinen Bruder mit übernehmen musste. Hätte ich damals schon mehr Klarheit gehabt, wäre mir bewusst gewesen, dass ich in Wirklichkeit wütend auf Tim war, der das nicht lebte, was sein Bruder konnte: sich radikal zur Wehr zu setzen. Da ich aber in dem Modus dachte, Tim vor allem und jedem zu beschützen, projizierte ich diese Wut auf Jens – zu unrecht!

Zurück zum Kistenhof. Das Haus auf der anderen Seite des Hofes, das an die Straße grenzte, war dreigeschossig, und die Wohnung unter dem Dach war zurzeit nicht vermietet. Im Parterre wohnte ein „Pionier"-Ehepaar der Versammlung, denen mein Schwiegervater die Wohnung überließ. „Pioniere" waren in dieser Glaubensgemeinschaft hoch angesehene Leute. Sie verzichteten auf die Ausübung einer Arbeit und gingen stattdessen den ganzen Tag von Haus zu Haus mit der Bibel, führten Bibelstudien durch und übernahmen viele Vorträge in der Versammlung. Dass Max diese Leute unterstützte, obwohl sie auch nicht mit schmutzigen Händen von der „Arbeit" nach Hause kamen, war höchst verwunderlich. Da solche „Vollzeitdiener" sich nie um wirtschaftliche Dinge kümmerten, lag die Verantwortung für deren Verpflegung und Unterstützung immer in der Hand der Versammlungsmitglieder. Was sie taten, wurde als das Wertvollste angesehen, und man durfte sich glücklich schätzen, das Vorrecht zu haben, für sie zu arbeiten, um sie finanziell zu versorgen. In der mittleren Etage wohnte Bettina, der kleine Markus und Bettinas Mann Armin, den Tim und sein Vater meist nur den „Faulenzer" nannten, obwohl er nach seiner Arbeit in der Bank auch noch in der Gärtnerei mithalf. Ich mochte Armin von Anfang an, er war ein sanftmütiger und freundlicher Mensch. Das Dachgeschoss sollte nun für Tim und mich bestimmt sein. Die Wohnung war in einem gruseligen Zustand: ein steinernes Waschbecken, kein Bad, keine Toilette, keine Heizung, eine uralte, vergilbte Tapete an den Wänden. Beim Druck gegen eine Wand rieselte der Putz, und in jedem der vier kleinen Zimmer gab es jeweils nur eine Steckdose. OK, dafür war sie mietfrei, was mir allerdings nicht so viel bringen würde, da ich bestimmt 100 Mark im Monat für den Sprit benötigen würde, um zu meinem Arbeitsplatz zu fahren. Ich fragte Bettina, wie sie ohne Bad und Toilette leben würde. *„Toiletten gibt es im Hof und duschen kann man drüben im Bad der Eltern"*, war ihre nüchterne Antwort. Verwirrt fragte ich weiter: *„Und wie machst du das nachts?"* Sie schaute mich an und sagte irritiert: *„Nachts gehe ich nicht auf's Klo, nachts schlafe ich."* Nun, das würde Verhandlungen geben, das kam doch nicht in Frage, eine Wohnung ohne Toilette, Dusche und Waschmaschine! Dann würden wir das Bad eben einbauen. Tim sagte „Ja", und ich teilte Max mit, dass wir diese baulichen Veränderungen vornehmen müssten. Er war amüsiert und sagte mir, dass es dafür weder Zu- noch Ableitungen gebe. Es sei kein Kanal vorhanden, das Hinterhaus sei an eine Sickergrube angeschlossen. *„Dann schließen wir das Vorderhaus eben auch an die Grube an!"*, schlug ich vor. … Wir wechselten einige Argumente hin und her, Max war belustigt darüber, eine so weltfremde 20-Jährige vor sich zu haben, die mit ihm in den Ring stieg. Gut, dachte ich, dann lernte ich eben wieder was Neues. Andere Menschen bauten schließlich auch ihre Häuser um, und ich würde auch herausfinden können, wie das geht. Die Vorstellung, jede Nacht drei Etagentreppen runterzusteigen, über den Hof in das Haus der Schwiegereltern zu laufen, in dessen eiskaltem Flur drei Toiletten für das Vorderhaus untergebracht waren, aktivierte mich sehr. Im Winter stellte ich mir das besonders unattraktiv vor … Wir heizten mit zwei kleinen Kohleöfen, die noch aus grauer Vorzeit in dieser Wohnung standen. In der Regel war das Feuer aus, wenn ich nachts wach wurde. Im Winter hatten wir dann morgens in unserem wärmsten Raum 17 Grad, aber ich gewöhnte mich daran.

Es vergingen Monate, in denen wir arbeiteten, den Umbau stemmten und zur Versammlung gingen. Meine Kräfte schwanden zunehmend unter der Belastung, und es gab immer mehr Tage, an denen ich krank war. Ich wollte Handwerker! Für Tim kam das nicht infrage, er wollte keine Arbeiter in seiner Wohnung haben, die er hätte bezahlen müssen. Seiner Meinung nach konnten wir langsamer arbeiten, denn die Wohnung musste doch nicht nach einem Jahr fertig sein. Doch meine Wut steigerte sich. Wir lebten auf einer Baustelle, ich hasste Unordnung und Dreck, mein Gewissen bedrückte mich, da ich keine Kapazität mehr für den Predigtdienst hatte, ganz zu schweigen von den anderen Aktivitäten, die wir auch hätten erfüllen sollen. Ich konnte und wollte nicht einsehen, dass Tim jeden Samstag und auch an Feiertagen arbeiten musste, und außer Renate und mir fanden das alle (!) in Ordnung. An Feiertagen auszuruhen oder die eigene Hausarbeit zu erledigen, war scheinbar für alle auf diesem Hof eine exotische Idee. Tim und ich bekamen immer öfter Streit, weil ich das Gefühl hatte, er sei der Sklave seines Vaters. Weil er sich nicht dagegen wehrte, verschob sich ja letztlich extrem viel zusätzliche Arbeit auf mich. Im Gegensatz zu mir benötigte er keine Ordnung, er fühlte sich daher auch nicht dafür zuständig. Meinen Beruf liebte ich nach wie vor, und es belastete mich sehr, immer öfter wegen Krankheit zu fehlen. Ich bekam häufig hohes Fieber und war sehr schwach, doch mich plagte zusätzlich noch der Gedanke, es sei sehr unfair, dass meine Kollegen und mein netter Chef meine ständige Überforderung mit ausbaden müssten. Mittlerweile hatte ich nicht nur Wut auf Tim und Max, sondern auch auf Bettina, die Kraft hatte wie ein Bär und 14 Stunden Arbeitszeit locker aushielt, die ihr Kind jeden Morgen bei Renate entsorgte und deren Mann viel im Haushalt half. Sie musste nicht nebenbei eine Wohnung umbauen, einkaufen und kochen, denn sie aßen alle bei Renate, obwohl zwischen Bettina und ihr ein Dauerkrieg herrschte, der auch immer lautstark ausgetragen wurde. Keiner der beiden würde je ein Magengeschwür wegen unausgedrückter Emotionen bekommen, es war hier einfach üblich, mehr zu schreien als in normaler Lautstärke zu sprechen. Ich war super gestresst in dieser mir fremden Welt, daher versuchte ich, mehr Informationen zu bekommen, um diese merkwürdigen Menschen besser verstehen zu können. Ich glaubte, dadurch käme ich vielleicht entspannter mit allem zurecht. Mit Armin kam ich gut aus, aber er tat mir auch leid, weil er von allen wie ein fauler Volltrottel behandelt wurde. Dabei war er der Einzige, der in meinen Augen die christlichen Grundsätze mit ins Tagesgeschäft integrierte. Allerdings gab es von ihm keine Erklärungen darüber, weshalb hier Menschen zusammenlebten, deren Hobby es war, sich gegenseitig fertigzumachen. Renate blieb mir gegenüber immer sehr nett, allerdings um den Preis, dass sie mich vollkommen vereinnahmen wollte und schlecht über wirklich alle und jeden redete. Irgendwann kam ich schließlich mit Jens ins Gespräch, der mich in dieser Familiengeschichte aufzuklären versuchte, doch je tiefer ich in diesen Krisenpfuhl hineinblickte, desto bedrohlicher wurde das Ganze für mich …

Im Folgenden durchlebte ich eine Zeit, in der es mir niemals gelang, die tieferen Schichten dieser Familiendynamik zu durchdringen. Versuche, mir darüber Klarheiten zu verschaffen, die ich für mein Wohlbefinden benötigt hätte, scheiterten nicht nur an der Ignoranz der Beteiligten, sondern auch daran, dass ich sozusagen ein Fremdling war, dem der Zugang dazu explizit verweigert wurde. Tim war nicht gewillt, mir dabei zu helfen, mich darin zurechtzufinden. Es verfestigten sich zwar verschiedene Aversionen, so zum Beispiel gegenüber Max oder Bettina, aber am Schlimmsten war, dass das Drama dieser Familie zwischen Tim und mir stand und Tim sich nicht darum bemühte, es aus der Welt zu schaffen. Mit der Zeit zermürbte mich die Situation, und es ging mit meinen Widerstandskräften immer weiter bergab. Nachdem meine Ausbildung beendet war und ich nun besser verdienen konnte, machte mein Körper nicht mehr mit. Es war wieder wie in meiner

Schulzeit: Es gab mehr Krankheitstage als Tage, an denen ich zur Arbeit ging. Das wollte ich meinem Chef nicht länger zumuten. Schweren Herzens und mit einem tränenreichen Abschied verließ ich meinen geliebten Arbeitsplatz. Auch in diesem Fall gefiel meinem Chef meine Entscheidung ganz und gar nicht, er gab mir mit auf den Weg, dass ich mich – egal, was geschehe – immer an ihn wenden könne. Was für ein fantastischer Mensch! Ich hatte ihn von Herzen gern. Zur gleichen Zeit erkrankte mein geliebter Opa an Krebs. Also besuchte ich meine Großeltern, auch um meine Oma etwas zu entlasten. Es war absehbar, dass er nicht mehr lange zu leben hätte, und das bedrückte auch Tim, der meine Großeltern sehr gerne hatte. Merkwürdigerweise waren auch sie von Anfang an der Meinung, dass wir nicht zusammenpassten, nahmen ihn aber sehr liebevoll an. Dann kam mein Opa eines Tages wieder einmal in die Klinik, deshalb fuhren Tim und ich am folgenden Wochenende in den Schwarzwald, um ihn zu besuchen. Als ich ihn sah, wusste ich, er würde innerhalb der nächsten Stunden sterben – ein Abschied für immer. So lange wie möglich blieben Tim, Oma und ich bei ihm, bis meine Oma uns zu sich nach Hause schickte. Auf dem Weg zur Wohnung spürte ich deutlich den Moment, in dem er starb. Seit diesem Tag spüre ich meistens, wann jemand aus meinem Umfeld stirbt, auch wenn diese Menschen weit weg sind. Viele Jahre lang empfand ich das als sehr belastend. Diese Fähigkeit sollte jedoch später für meine angeheiratete Familie von großem Nutzen sein.

# Ich habe einen Schutzengel

Trixi, ein rot-weißes Katzenmädchen, war bald mein ganzes Glück. Tim hatte endlich zugestimmt, dass ich mir eine Katze aus dem Tierheim holte. Ein Lebewesen, das nicht verrückt war und mich wortlos verstand, ein kleiner Ausgleich für den aufgegebenen Arbeitsplatz. Da ich den Zustand, nicht zu arbeiten, nie kennengelernt hatte – außer im kranken Zustand –, half ich in der Gärtnerei aus und renovierte unsere Wohnung weiter. Durch das ganztägige Zusammensein mit Tim's Familie empfand ich unser Leben als noch schwieriger: der raue Umgangston, das ewige Geschrei, die strenge Sicht, dass nur die Arbeit auf dem Acker wirklich etwas zählte. Kombiniert mit den sehr hohen Anforderungen der Religionsgemeinschaft nagte das alles an meinen Nerven. Die Beziehung zu Tim bot mir da keinen Hafen für meine bedrückten Gefühle. Nun, da mein Opa tot war, mein Chef nicht mehr für sortierende Gespräche zur Verfügung stand, lebte ich nur noch in diesem „Irrenhaus". Dann geschah das Schlimmste: Trixi verschwand. Tagelang suchte ich sie erfolglos, und ich konnte nicht aufhören zu heulen. Ich hatte das Gefühl, dass es für Tim nicht wichtig war, ob es mich gab oder nicht, denn alle Anforderungen der Gärtnerei hatten Vorrang. Mit meinen Eltern wollte ich nicht reden, denn sie hatten mich ausführlich gewarnt. Die Worte meines Vaters hatten sich erfüllt: *„Tim wird wie sein Vater, der kann gar nicht anders."* Diese ganze

Situation aktivierte erneut die tiefe Todessehnsucht, die ich bereits als Kind entwickelt hatte, nachdem meine Eltern konvertiert waren. Meine Sehnsucht, nichts mehr fühlen zu müssen und einfach nur für immer zu schlafen, setze ich in praktische Schritte um, indem ich mir unter Vorwänden in verschiedenen Apotheken Schlafmittel kaufte, bis ich meinte, die Menge würde für den ewigen Tiefschlaf reichen. Ich wollte nie wieder wach werden. Eines Tages, als Tim wieder bis spät in den Abend hinein auf den Feldern stand, die weit außerhalb unseres Wohnbereiches lagen, war es dann soweit. Ich war mir sicher, dass acht bis zehn Stunden reichen sollten, um zu sterben. Gedanken an einen Abschiedsbrief hatte ich nicht. Es interessierte mich auch nicht, wie es den anderen damit gehen würde. Ich hatte nur den tiefen Wunsch, nie wieder irgendetwas zu fühlen. Doch es kam anders ... Gleich am frühen Morgen hatte ich alle gesammelten Pillen geschluckt, und irgendwann war ich in einem Zustand, den ich nur vernebelt in Erinnerung habe. Aber ich starb nicht. Als Tim heimkehrte, schüttelte er mich unablässig durch und schrie mich an. Ich fror, musste erbrechen, schlief wieder, hörte sein Schreien … Irgendwann brachte er mich in die Klinik. Später erzählte mir Tim, dass er am Nachmittag überraschend nach Hause gekommen war, weil er mit einem Saatgut-Vertreter verabredet war, aber vergessen hatte, mir das zu sagen.

Die ersten Tage war ich keineswegs glücklich über meine „Rettung“. Im Gegenteil, ich dachte sofort darüber nach, wie ich es beim nächsten Mal besser machen konnte. Tim hatte sich währenddessen damit rumzuschlagen, dass er erneut erleben musste, wie es war, jemanden vor dem Tod zu bewahren, erst Jens, dann mich. Mit erst Anfang 20 war das sicher eine enorme Belastung für ihn. Dafür sollte ich ihm sehr viel später, allerdings auf einer sehr tiefen Herzebene dankbar sein. Doch im Moment sah es anders aus: Einige Tage lang war ich sehr schwach und konnte mich nicht lange auf den Beinen halten. Tim wollte, dass ich in der Wohnung blieb und es mir gemütlich machte. Das war eine Idee, mit der ich nichts anfangen konnte, da ich es nie gelernt hatte. Ich wusste nicht, wie es war, nichts zu tun. Auch er kannte das nicht. Einmal kam er spontan mit einem Bastel-Set nach Hause, das er für mich gekauft hatte: Draht und Tauchlack, aus denen man Blumen basteln konnte. Mein tief vergrabener Herzenswunsch war das Malen, auch wenn mir das zu diesem Zeitpunkt nicht bewusst war. Mit Tauchlack zu gestalten, kam dieser Sehnsucht schon etwas nahe und zündete wohl einen Funken. In dieser Situation hatte Tim einen wunderbaren Instinkt, ich selbst hätte nicht gewusst, was ich brauchte, um aus diesem „Loch" rauszukommen. Ich verließ immer noch nicht die Wohnung, hatte also keinen Kontakt mit der verrückten Familie und durfte endlich die Wohnung auch mal von innen abschließen, sodass Renate nicht ständig einfach ungefragt neben mir stand. Und ich musste nicht mehr mit den anderen essen. Diese „günstigen" Umstände und das Basteln stabilisierten mich ein wenig, obwohl ich immer wieder tränenreiche Momente durchlebte. Tim hat seiner Familie nie etwas von diesem Selbstmordversuch erzählt, er sagte einfach, ich sei krank.

Durch das Blumenbasteln entstand in mir der Gedanke, dass ich mit den echten Blumen der Gärtnerei ebenso arbeiten könnte, um auch etwas Geld zu verdienen, es würde mir sicher auch etwas Freude ins Leben bringen. Und ja, so war es auch. Das Gestalten von Blumensträußen hatte mir schon in Opas Garten immer gut gefallen. Irgendwie hatte ich das Gefühl, diesen Teil der Arbeit in der verrückten Familien-Gärtnerei annehmen zu können. Ohne es konkret zu planen oder mir zu wünschen, erarbeitete ich mir mit der Zeit und wachsendem Erfolg durch die Gestaltung der für Max gut verkäuflichen Blumensträuße plötzlich seinen Respekt. Er begann, mit mir zu sprechen, behandelte mich mit Achtung und lobte mich vor anderen – Vorrechte, die seine Kinder kaum hatten. Obwohl ich immer selbst bestimmte, wann und wie lange ich arbeitete, bekam ich von ihm mit fünf Mark pro Stunde den höchsten Lohn von allen. Es zählte zwar nur die reine Arbeitszeit, keine Pausen, keine freien Tage, kein Urlaub oder Krankheit, aber dennoch hatte ich bald das meiste Geld, denn ich konnte immerhin bei zehn Stunden reiner Arbeitszeit auf 50 Mark pro Tag kommen. Da wir noch sehr viel in der Wohnung zu renovieren hatten, brauchte ich jede Mark, und Tim fühlte sich ja eher für das Sparen zuständig. Auch wenn ich immer noch meine Arbeit beim Optiker vermisste, gefiel es mir, früh am Morgen bei Sonnenaufgang den Tau auf den Blumen zu sehen, die bei kühleren Temperaturen geerntet werden mussten, da sie in der Mittagshitze zu sehr litten. Auch das Pikieren der Jungpflanzen, das Versorgen der Balkonblumen oder das Einpflanzen und Pflegen der Kräuter betrieb ich nun mit Freude. Bettina wurde durch diese überraschende Entwicklung freundlicher zu mir, und die für mich nach wie vor als stressig empfundene Kommunikation in diesem Unternehmen umging ich – soweit möglich –, indem ich mir vorzugsweise Felder aussuchte, auf denen ich allein sein konnte. Ich begann allmählich, mich den sehr langen Arbeitstagen der Gärtnerei anzupassen. Im Frühjahr und Sommer arbeiteten wir, solange es eben hell war. Das bedeutete, dass Tim und ich immer häufiger die Versammlung „schwänzten". Zwar nagte ständig mein schlechtes Gewissen, aber es hatte noch eine andere Nebenwirkung. Ich war nicht mehr der täglichen Gehirnwäsche und den Anforderungen der „Unterweisungen" ausgesetzt, und genau das schenkte mir Raum zum Nachsinnen. Während meiner stundenlangen Feldarbeit begann ich wieder kritischer über all die Lehren nachzudenken und kam auf ähnlich ketzerische Gedanken wie schon in meiner Kindheit. Konnte es wirklich wahr sein, dass die Zeugen Jehovas die einzig gültige Wahrheit kannten? Und wieder grübelte ich über einen Gott, der Millionen von Menschen töten wollte, weil sie in einem falschen Land geboren wurden, als Hindu oder Buddhist. Weder mit meiner eigenen noch mit der angeheirateten Familie oder Tim war darüber zu reden. Auch meine neuen Freunde in der Wiesbadener Versammlung waren nicht geeignet, denn sie hätten sich bestenfalls Sorgen gemacht, dass ich vom „Glauben abfallen" könnte. Wahrscheinlich hätte das für mich schwierige Gespräche mit den Ältesten zur Folge gehabt. Auch Tim, der laut Gemeinschaftsregel als Ehemann „mein Haupt" zu sein hatte, würde sich vor ihnen rechtfertigen müssen, warum er es nicht fertigbrachte, seine Frau auf Kurs zu halten. Es wurde also für mich wieder sehr ungemütlich, ich musste wieder an zwei Fronten kämpfen, außerdem hatte ich ja mit meinen eigenen Zweifeln schon genug Schwierigkeiten.

Die etwas entspanntere Situation mit Max und Bettina brachte mir gar auf der anderen Seite den nächsten Ärger ein: Renate empfand es so, als hätte ich das Lager gewechselt, weshalb ich nun ihre Feindin war. In einer aggressiv zu nennenden Lautstärke warf sie mir sämtliche ihr bekannte Schimpfworte an den Kopf. Die Zeit, in der ich bei der Feldarbeit meine Ruhe hatte, war vorbei, denn sie folgte mir, wo immer ich hinging, um ihrem Zorn Luft zu machen. Tim musste sich von ihr nun ebenfalls die Geschichten von mir als einem „unverschämten Dreckstück" anhören, er wies sie aber auch nicht in ihre Schranken. Im Gegenteil, er überließ es mir, weiter mit Renate zu kommunizieren, damit er seine Ruhe hatte. Keine Sekunde dachte ich daran, dieses verrückte Spiel mitzumachen, und beschloss, sie nicht mehr zu beachten, auf nichts zu antworten und auf absolut nichts zu reagieren. Da Renate solch eine Reaktion nicht kannte, war sie außer sich vor Zorn. Nun mussten es alle ausbaden! Sie schrie den ganzen Tag lang. Tim, Bettina und Max schrien zurück. Nach ein paar Wochen lagen meine Nerven blank, zumal mich alle bedrängten, endlich mein Schweigen zu brechen, doch ich blieb dabei. Es war das Einzige, mit dem ich mich zur Wehr setzen konnte, zumal sie inzwischen auch versuchte, mich zu schlagen. Es gelang mir zwar immer, ihr auszuweichen, und ich verstand auch, dass es ein Versuch war, mich zum Reden zu bringen, aber ich wollte partout nicht auf dieses Niveau! Nein, ich würde mich diesem Unter-der-Gürtellinie niemals anpassen!

Eines Nachts jedoch passierte es: Mein langes Schweigen und die ganze runtergeschluckte Wut führte zu einer schweren Gallenkolik, ich musste sofort in die Klinik. Später würde mir klar werden, dass hartnäckig unterdrückte Wut sich wirklich sehr schmerzhaft den Weg nach „draußen" bahnen muss. Viele Tage lang hatte ich mich ständig übergeben. Mittlerweile wog ich bei meiner Körpergröße von 175 Zentimetern nur noch knappe 55 Kilo, kaum ein Essen konnte ich bei mir behalten. Zu irgendeinem Zeitpunkt musste ich die Pille mit erbrochen haben, ohne dass ich es gemerkt hatte. Ich war bereits im vierten Monat schwanger. Auch das noch!

# Mutter sein – wie geht das?

Schock! Ich und schwanger? Das ging doch gar nicht! Nichts von meinem Lebensplan war in Erfüllung gegangen. Kein Klavierunterricht, kein Ballett, keine Malerei. Jahrelange Angst vor Vernichtung, nun lebte ich in einem Irrenhaus und war schwanger. Aufgewühlt und erneut von Panik erfüllt, konnte ich mich über die Glückwünsche des Arztes nicht freuen. Dann hatte ich auf einmal die Hoffnung, dass diese veränderte Situation ausreichen würde, um Tim endlich zu bewegen, mit mir woanders zu leben, sich – wie versprochen – einen anderen Arbeitsplatz zu suchen. Als ich ihm von meiner Schwangerschaft erzählte, drehte er sich um und ging weg. Er redete einige Tage kein Wort mehr mit mir. Dabei hatte ich mir gerade von ihm moralische Unterstützung erhofft. Mein Erbrechen ging weiter, ich hatte höchstes noch Kraft für fünf Stunden Arbeit in der Gärtnerei, das waren dann gerade mal 25 Mark pro Tag, aber ich brauchte mehr Geld, wenn ich ein Kinderzimmer und die Ausstattung für das Kind berechnete. Ich teilte meinen Eltern und Tim's Familie die Schwangerschaft mit. Renate wurde vorläufig friedlich, Max glaubte mir nicht, da er noch nie so eine dürre Schwangere gesehen hatte. Meine Mutter wollte mit 42 Jahren noch keine Oma werden, mein Vater war über das Irrenhaus besorgt, und Tim hatte mit der ganzen „Angelegenheit" nichts zu tun, er war nicht schwanger. Mittlerweile ging es auf den Winter zu, die Situation auf dem Hof spitzte sich weiter zu, sodass ich ernsthaft um mein Kind fürchten musste. Mein Arzt riet mir, dringend etwas zu unternehmen, um Ruhe zu bekommen. Auch wenn niemand, schon gar nicht Tim, mich unterstützte, fiel es mir nicht leicht, eine Entscheidung für mich und das Kind zu treffen. Schließlich aber packte ich meine Nähmaschine ein und fuhr zu meiner Oma in den Schwarzwald. Dort würde ich den Verdienstausfall einigermaßen ausgleichen, indem ich Bettwäsche und anderes für mein Kind nähte. Wütend, traurig und körperlich erschöpft kam ich bei meiner geliebten Oma an, die gerade eine neue Wohnung bezogen hatte. Ich tapezierte ihr die Wohnung – froh darüber, mit ihr, meiner Tante und meinem Onkel in der Nachbarschaft wieder friedliche Menschen um mich zu haben, die sich alle mit mir auf das Baby freuten. Die Haltung von Tim konnte niemand nachvollziehen, sodass ich allmählich wieder dazu übergehen konnte, nicht alle Fehler nur bei mir selbst zu suchen. Das beruhigte mich etwas.

Obwohl die drei auch „in der Wahrheit" waren und wussten, dass noch nicht einmal auch nur daran zu denken war, den Ehemann zu verlassen, boten sie mir an, so lange zu bleiben, bis das Kind geboren sei. Auch sie hofften, dass sich Tim bis dahin vielleicht wieder sortiert hätte. Ich ging also nicht nach Wiesbaden zurück. Zu wissen, dass Tim mich und unser gemeinsames Kind nicht unterstützt hatte, musste ich erst einmal verarbeiten. Ich brauchte Zeit und einen guten Plan, wie ich nun arbeitstechnisch, finanziell und nervlich über die Runden kommen könnte. Erschwerend kam hinzu, dass es mir während der Schwangerschaft körperlich nur schlecht ging. Von wegen, Schwangerschaft – eine wundervolle Zeit! Wer hatte diesen Blödsinn in die Welt gesetzt? Meine Idee, mich aus dieser Sekte Stück für Stück auszuschleichen, um mehr Luft zu bekommen, war unter den neuen Vorzeichen nicht mehr umsetzbar. Alle meine ketzerischen Gedanken verschwanden erneut, was blieb, war die Angst, dass ich nun die Vernichtung meines Kindes zu verantworten hätte, wenn ich „die Wahrheit" verließ. Immer noch lebten wir in der „Zeit des Endes", in der täglich Harmagedon kommen konnte. Ich glaubte das ja tatsächlich, und zwar die ganze Zeit! Ganz dringend musste ich endlich tief greifend die Kurve kriegen und funktionieren, ansonsten müsste mein Kind dafür sterben, dass ich nicht gehorsam war! Ich war nicht in der Lage, darüber hinwegzuhören: „Wehe den Schwangeren und denen, die ein Kleinkind stillen …" Diese tausendfach gehörte biblische Warnung verließ mich nun Tag und Nacht nicht mehr.

Ich las wieder täglich den Tagestext, ging mit meiner Oma in die Versammlung und einverleibte mir wieder alle Wachturm-Zeitschriften und Bücher, die zu unserer „geistigen Gesundung" geschrieben wurden, und durchgearbeitet werden sollten. Auch, wenn ich diesen Gott immer noch nicht verstand, war die Angst zu groß, dass „sie" recht haben könnten. Meine eigene Vernichtung konnte ich verantworten, aber nicht die meines Kindes. Auf einen Versuch konnte ich es ja nicht ankommen lassen. Inzwischen war es schon Januar, der Geburtstermin stand für Mitte bis Ende März bevor, mir blieben also nur noch drei Monate, um zu arbeiten und das Kinderzimmer vorzubereiten. Ich schrieb Tim einen Brief, in dem ich ihn bat, seine Einstellung zu dem Kind zu ändern, denn es könne nichts dafür, dass wir einmal beschlossen hatten, keine Kinder in die Welt zu setzen. Dann konnte ich nur noch loslassen und hoffen, doch er antwortete nicht. Ich glaubte, seine Angst vor der Vaterrolle war sehr groß, doch wir sprachen nie darüber, und auch später habe ich nie erfahren, was damals in ihm vorging. Immer hatte er sich die Anerkennung seines Vaters gewünscht – und bis zu dessen Tod nicht erhalten. Er konnte sich nirgends abschauen, wie ein Vater zu sein hat. Niemals wollte er, als Randy geboren war, von seinem Kind mit „Papa", sondern nur mit dem Vornamen angesprochen werden. Ich wusste nie, was das alles wirklich bedeutete, psychologische Erkenntnisse fehlten mir damals mit 22 Jahren. Ich war einfach nur unglaublich traurig darüber und fühlte mich alleingelassen mit einer viel zu großen Bürde, schließlich wusste ich auch nicht, was meine Rolle als Mutter alles bedeuten würde.

Im Februar kehrte ich aus dem Schwarzwald zurück und begann wieder in der Gärtnerei zu arbeiten. Ich hatte immer noch nur die 50 Mark pro Woche von Tim für unseren Lebensunterhalt zur Verfügung, das reichte hinten und vorne nicht. Die verlorenen Arbeitswochen galt es nun aufzuholen, alle Versammlungsaktivitäten – einschließlich Predigtdienst – nahm ich wieder auf. Das Kinderzimmer musste tapeziert und eingerichtet werden. Und natürlich hatte ich bald Randy's Rundumversorgung sicherzustellen. Tim baute glücklicherweise einen Schrank für das Zimmer und Renate lieh mir das alte Kinderbett, in dem schon Bettina und Tim geschlafen hatten, als sie Säuglinge waren. Aufatmen! Ärmel hochkrempeln! Nicht unterkriegen lassen! Theoretisch wusste ich nichts über Selbstmotivation, dennoch nutzte ich genau dieses Prinzip … oder wenigstens die Kraft meines Selbsterhaltungstriebs. Von meiner Schwangerschaft wusste außer den Familien nach wie vor niemand etwas. Es registrierte auch niemand, da ich bis zum achten Monat brauchte, um überhaupt wieder auf mein Ursprungsgewicht zu kommen. Schwangerschaftskleidung benötigte ich zum Glück nicht, es genügte, den Knopf offenzulassen und einen Pullover darüberzuhängen, fertig. Eines Abends, Ende Februar, ich arbeitete noch spät im Treibhaus, kam Jens unverhofft vorbei, um mich zu begrüßen. Er wohnte seit einiger Zeit allein in einer anderen Stadt, besuchte aber regelmäßig Renate. Durch sie hatte er erfahren, dass er Onkel werden würde. Er war sehr herzlich und ermahnte mich, besser auf mich aufzupassen und endlich mit der Arbeit aufzuhören, als er seinen Bruder Tim erblickte und sofort wütend über ihn herfiel: *„Was fällt dir ein, deine hochschwangere Frau hier arbeiten zu lassen? Siehst du nicht, welche*

*Kisten sie schleppt? Weißt du nicht mehr, wie es unserer Mutter in den Schwangerschaften hier erging?"* Dann ließ er eine Schimpftriade auf Tim niederprasseln, die sich gewaschen hatte. Sprachlos registrierte ich zum ersten Mal, dass er alles aussprach, was ich die ganze Zeit unterdrückt hatte und mir nicht eingestand. Ich habe es ihm nie gesagt, aber ich war ihm wirklich dankbar, denn ich fühlte mich in diesem Moment nicht mehr schlecht vor lauter Angst, jemand könnte mir vorwerfen, ich sei zu anspruchsvoll oder faul. Leider dachte ich das sehr schnell und oft, da nicht nur in der Versammlung extreme Höchstleistung gefordert wurde, sondern auch in dieser Familie. Die Kluft zwischen den beiden Brüdern hätte gerade tiefer nicht sein können und ließ sich auch nie wieder schließen. Später, als Jens selbst Vater wurde, waren Renate und ich die Einzigen aus der Familie, die das Neugeborene und seine Mutter besuchten ... Nichtsdestotrotz: Bis die Wehen kamen, setzte ich meine Arbeit in der Gärtnerei fort. Dabei ergab sich einige Wochen vor dem Geburtstermin die Situation, dass ich immer müder wurde, aber nicht mehr schlafen konnte. Mein Arzt war der Meinung, dass ich in dem schwachen Zustand die Geburt des Kindes gar nicht bewältigen könnte und legte mich eine Woche kontrolliert mit Valium schlafen. Dies war vielleicht nicht optimal, aber es hatte mir wieder neue Kraft geschenkt, sodass ich bis zu Randys Geburt arbeiten konnte.

Die Geburt verlief genauso schwierig wie die ganze Schwangerschaft, aber ich hatte ein gesundes Kind, und dafür war ich von Herzen dankbar. Ich hatte in den neun Monaten fast alle Komplikationen durchgestanden, die ich mir ausdenken konnte. Es war die Zeit, als man in Kliniken auf Wunsch Rooming-In einführte – das Baby konnte neben der Mutter in einem Bettchen bleiben. Ich schaute meinen Kleinen immer wieder an und dachte, ich müsste nun irgendetwas fühlen, aber da war nichts als Leere in meinem Herzen. In meinem Hirn lief ein Spruch in einer endlosen Schleife ab: „Ich kann das nicht, ich kann das nicht ..." Wegen sehr großem Blutverlust musste ich in Eiswürfel gepackt liegen bleiben und durfte auch nicht ohne Krankenschwester aufstehen, da ich immer wieder umfiel. Ab dem dritten Tag kam – wie ich erst später verstand – der Babyblues dazu. Ich heulte, wie ich glaubte, grundlos den ganzen Tag. Der Druck, der sich in mir aufbaute, weil ich nicht wusste, dass es diese Art Depression überhaupt gab, und sich einfach keine Freude einstellen wollte, machte alles noch schlimmer. Da ich glaubte, meine ausbleibenden Gefühle seien bedingt durch die Umgebung eines Krankenhauses, entließ ich mich am fünften Tag nach der Entbindung auf eigene Gefahr und ging mit Randy nach Hause.

Markus, der inzwischen sieben Jahre alt und ein Einzelkind war, freute sich riesig über den Neuankömmling und verbrachte täglich Zeit mit Randy. Sie wuchsen wie Brüder zusammen auf und waren lange Zeit unzertrennlich. Tim reagierte einigermaßen freundlich auf sein Kind, was für mich eine unglaubliche Erleichterung war. Gleich am ersten Tag packte ich mein Kind in einen Wäschekorb, den ich gemütlich ausgepolstert hatte, und ging mit ihm ins Treibhaus, um meine Arbeit wieder aufzunehmen. Das Geld, das ich von Tim für unsere gemeinsamen Ausgaben bekam, reichte einfach nicht aus, und Mutterschutz gab es nicht. Da Randy natürlich nachts gefüttert werden musste, war an einen halbwegs normalen Schlaf nicht zu denken. Die Arbeit in der Gärtnerei, der Haushalt, das Kochen, alle Versammlungsaktivitäten, die etwa 15 Stunden jede Woche verschlangen, und die freiwillige Hilfe für alte alleinstehende Glaubensbrüder oder -schwestern forderten nicht nur all meine Kraft, sondern auch eine minutengenaue Planung. Ich lernte, mich noch besser (!) zu strukturieren und zu organisieren. Ich erweiterte das ohnehin schon ausgeprägte Repertoire meiner praktischen Erfahrungen, wie ich grundsätzlich mehrere Dinge gleichzeitig tun konnte. Wenn ich beispielsweise mittags kochte und den Tisch deckte, machte ich nebenbei ein paar Gläser Marmelade, die ja die gleiche Garzeit benötigte wie das Gemüse. Für kurze Minutenleerlaufmomente hatte ich mir Wolle in einer Tüte um die Taille gebunden, um zwei oder drei Reihen zu stricken, bis das Wasser kochte oder das Geschirr abgetropft war. Es war unglaublich, was ich in sechzig Minuten alles schaffte, weil ich jede Stunde, die ich nicht in der Gärtnerei arbeitete, fünf Mark weniger verdiente. Wir heizten nur mit Holz, täglich waren die Aschekästen zu leeren, das Bad war nach wie vor bei den Schwiegereltern im anderen Haus, und Renate wollte ständig ihren kleinen Enkel sehen, weshalb sie bei mir in der Wohnung ein- und ausging, wie es ihr gefiel. Tim erlaubte nicht, dass ich unsere Wohnung abschloss, weil er befürchtete, seine Mutter würde wieder ihre Tobsuchtsanfälle bekommen, und das galt es unbedingt zu vermeiden. Ich hätte liebend gern unsere Haustür von innen zugeschlossen, damit ich etwas Ruhe finden konnte, doch Renate stand ununterbrochen neben mir und hielt mich in Schach. Randy schaffte es glücklicherweise sehr schnell, mein Herz zu erobern, sodass sich alle Sorgen, die ich mir zuvor bezüglich meiner Mutterqualitäten gemacht hatte, in Luft auflösten. Mit ihm konnte ich nach Herzenslust lachen – etwas, das es in dieser Großfamilie nicht häufig gab.

# Das Leben dreht sich im Kreis

Renate schaffte es irgendwie immer, mich abzupassen, wann immer ich das Haus verließ, um ihrer Wut Luft zu machen und mich zu beschimpfen. Ich jedoch fügte mich weder in ihre undurchschaubare intrigante Art, mich zu attackieren, noch in das von allen Familienmitgliedern stillschweigend akzeptierte diktatorische Firmensystem, dem ich allerdings meine ganze Arbeitskraft schenkte. Mit dem engen religiösen Rahmenprogramm war ich ohnehin schon an meiner Grenze, weitere Schwierigkeiten wollte ich nicht kampflos übernehmen. Dabei verstand ich den Grund ihrer Wut sowieso nicht. Durch die enge Verbindung zwischen Randy und Markus waren auch Bettina, Armin und ich etwas enger zusammengerückt. Renate musste das als Lagerwechsel empfunden haben. Durch die Arbeit in der Gärtnerei bedingt, wechselten auch Max und ich immer mal wieder einige Worte, auch das musste sie als Verrat empfunden haben. Zu allem Überfluss begann Max seinerseits, mir Dinge von Renate zu erzählen, die ich wohl besser nicht hätte wissen sollen. Ich bekam Angst, bei all dem verrückt zu werden, irgendwann lagen wieder einmal meine Nerven blank, und die unzähligen Aufgaben wuchsen mir schier über den Kopf. Als es nicht mehr ging, rief ich meinen ehemaligen Chef an und bat um einen Termin: *„Ich muss dringend hier weg!“*, sagte ich ihm, und er nahm meine Wahrnehmungen ernst, gab mir das Gefühl, verstanden zu werden, und nahm mich wieder in sein Unternehmen auf. Hurra! Zwei Tage in der Woche würde ich wieder in der Augenoptik arbeiten. Noch vor Arbeitsbeginn fuhr ich bei meinen Eltern vorbei, um Randy bei ihnen zu lassen. Wenn das Wetter schön war und Tim an diesen Tagen eine geeignete Aufgabe zu erledigen hatte, konnte ich Randy bei seinem Vater lassen. Und solange Randy klein war, verstanden die beiden sich auch prächtig. Die anderen Tage gestalteten sich wie zuvor: Gärtnerei, Versammlung, Predigtdienst, für alte Glaubensbrüder einkaufen oder putzen …, natürlich unser eigener Haushalt ..., daneben regelmäßige Unterbrechungen durch Fieber, Nebenhöhlenvereiterungen und Migräneattacken ..., und: Randy! Nichtsdestotrotz, durch die Arbeit in meiner geliebten ersten Firma fühlte ich mich sehr schnell wieder besser. Inzwischen war auch die Tochter meines Chefs – Silvia – im Unternehmen beschäftigt, und wir verstanden uns auf Anhieb sehr gut. Sie wollte nur einige Monate beim Vater aushelfen, ihren Meisterbrief fertig machen und dann zurückgehen in die USA, wo sie mit ihrem Mann Roman und den gemeinsamen drei kleinen Kindern lebte.

Meine neuen amerikanischen Freunde luden mich für den Sommer zu sich nach Colorado ein, die Kinder hatten ein ähnliches Alter, und für mich war jede Gelegenheit, meiner Umgebung zu entkommen, mehr als erfreulich. Zweimal im Jahr konnte ich mit Randy zu meiner Oma in den Schwarzwald fahren, Tim hatte nichts dagegen, weil er bemerkte, dass mir diese kleinen Auszeiten, weg von der häuslichen Umgebung, halfen. Ich war dann nicht so oft krank und ertrug die Schwierigkeiten in seinem Familienunternehmen für eine Weile wieder etwas leichter. Doch für ihn war die Idee, gemeinsam Urlaub zu machen – zu fliegen (!) –, mehr als verrückt. Urlaub oder Pause zu machen, hatte er nicht wirklich gelernt, obwohl Max und Bettina durchaus mit ihren „Familien“ eine (!) Woche Urlaub im Jahr machten.

Für Tim kam das jedoch nicht infrage, schon gar nicht vier (!) Wochen. Ich war inzwischen solche Hartherzigkeiten mehr als nur gewöhnt und litt nicht lange darunter. Ich ging pragmatisch heran: Hier zeigte sich nun der Vorteil unserer getrennten Kassen. Ich profitierte auch davon, immer für ein eigenes Einkommen gesorgt zu haben, unabhängig davon, wie es mir gesundheitlich ging. Die in jungen Jahren ständig gehörten Aufforderungen „Stell' dich nicht so an, nimm dich nicht so wichtig!" halfen mir, die Zähne zusammenzubeißen und meinen Gefühlen von Müdigkeit und Erschöpfung nicht zu glauben. Damit hatte ich wenigstens ein bisschen das Gefühl freier Entscheidungen gewonnen, da ich selbst etwas bezahlen konnte. Das würde ich auf jeden Fall beibehalten. Für mein gesamtes soziales Umfeld war meine Handlungsweise schlichtweg „unmöglich", auch für Tim war das nicht einfach, denn es wurden vonseiten der Versammlung immer wieder Ermahnungen an ihn herangetragen, seine Aufgabe als „mein Haupt" besser auszuführen. Er ging recht gut um damit, für ihn mussten die Dinge so rund wie möglich laufen, sein Leben war schon anstrengend genug. Da er es nur sehr selten auf eine Konfrontation ankommen ließ und meistens einfach zuhörte und „Ja" sagte, kam er mit dieser Taktik recht gut durch. Ich setzte es also durch, selbst – ohne ihn und nur mit Randy – in die USA zu reisen.

Die Auszeit in Colorado war wundervoll, ich war frei von allem – außer Randy –, was sonst zu meinem Leben gehörte. Vier Wochen hatte ich keinerlei Kontakt mit irgendjemandem meiner Glaubensgemeinschaft (obwohl es die natürlich auch in den USA gibt) oder auch nur Gedanken an religiöse Aktivitäten. Ich war mit Leuten zusammen, die nicht nur die dunkelgraue Seite dieser Welt sahen und die nichts (!) an mir auszusetzen hatten. Im Gegenteil, sie hörten mir zu und bestärkten mich, aus der Gärtnerei ganz wegzugehen. Sie mochten Tim, aber nicht das Leben, das wir führten. Silvia und Roman konnten Menschen von deren Situationen trennen und hatten nicht das Bedürfnis, über alles nur schlecht zu reden – Labsal für meine Seele. In den vielen Gesprächen mit ihnen krochen die alten blasphemischen Gedanken aus meiner Schulzeit wieder in mir hoch. „Solche liebenswürdigen Menschen sind der Vernichtung geweiht und Gott nicht wohlgefällig?“ Ich konnte das nicht glauben. Ich spürte bei ihnen viel Toleranz und fühlte mich mehr angenommen als von meinen eigenen „Glaubens-Geschwistern“. Aber es mischte sich auch gleich wieder die Hirnwäsche ein: Toleranz war ja gerade das, was schlecht ist. Es gibt nur gut oder böse, nichts dazwischen. Wieso nur lief mein inneres Betriebssystem andersherum? In schwachen Momenten glaubte ich selbst, ich müsste meine neuen Freunde, die so großzügig zu mir waren und mich so akzeptierten, wie ich war, für die „Wahrheit“ gewinnen, es waren doch meine Freunde! Sie durften einfach nicht vernichtet werden! Gerade fühlten sie sich aber in ihrem Leben glücklich und frei, wie sollte ich ihnen da erklären, dass sie es lieben lernen mussten, unfrei zu sein? Wie konnte ich ihnen jemals erklären, dass die „Wahrheit“ sie frei machen kann? Und nur (!) die (!) „Wahrheit“! Ich war hin- und hergerissen, konnte nicht richtig einschätzen, ob dort, wo ich mich gerade befand, die echte Freiheit lag, die sich so gut anfühlte bei diesen Menschen, oder ob genau dort mich die Verführung des Teufels erreicht hatte. Das Schlimmste war, dass ich das, was ich bisher aus der Bibel gelernt hatte, zwar glaubte, aber nicht fühlen konnte. Meine Gedanken und Gefühle verhedderten sich wieder einmal miteinander, wie immer, wenn ich nicht stramm jeden Tag im vorgeschriebenen Plan und Raster mit all meinen Aufgaben wie eine Maschine lief. Solange ich auf Trab war, gab es keinen Raum zum Nachdenken, die Zeit reichte dann gerade zum Funktionieren. Sobald eine Lücke entstand, geriet ich innerlich durcheinander. Gleichzeitig war es aber auch so, dass der „Trab“ auf längere Dauer nicht durchzuhalten war, sodass ich immer wieder rausfiel – freiwillig oder unfreiwillig, durch ein schönes Erlebnis (selten genug) oder durch Krankheit ...

Wie oft schon hatte ich über diese Dinge gegrübelt, ohne der Erkenntnis auch nur einen Schritt nähergekommen zu sein. Verhinderte die Angst vor der Vernichtung ein klares Erkennen? Oder war es doch nur meine „Herzlosigkeit", fehlende Demut und das absolute Unvermögen, die Gerechtigkeit Gottes zu verstehen? Währenddessen ich das in mir unruhig bewegte, ermutigte Silvia mich sanft, mehr Dinge zu tun, die mir Freude machten. Ich sollte malen und tanzen, wenn mich das glücklich machte. Sie riet mir sogar, wieder ganztags bei ihrem Vater in der Augenoptik zu arbeiten. Sie verstand nicht, dass mein Zeitplan mit meinen Aktivitäten das nie und nimmer hergeben würde, denn für sie hieß die Lösung: *„Du, dann lass doch die anderen Dinge weg, das ist doch verrückt, dreimal die Woche in die Kirche zu gehen, und dann noch all die anderen Verpflichtungen ... Du machst sowieso viel zu viel, deshalb bist du so oft krank. Schau mal, hier hast du seit drei Wochen nicht mal einen Schnupfen."* Ich konnte ihr doch nicht sagen, dass ich, wenn ich das nicht alles mache, vor allem den Predigtdienst, eine sogenannte „Blutschuld" auf mich laden würde und demzufolge keine Chance hätte, Harmagedon zu überleben? Was für eine verzwickte Situation! Dennoch, sie hatte ein Samenkorn gelegt, und ich gab mich dem Träumen vom Tanzen und Malen hin, genau wissend, dass Tim niemals auch nur einen Schritt in Richtung Freiheit mit mir tun würde. Doch das Leben sollte noch einen guten Plan für mich bereithalten ...

# Übersinnliche Wahrnehmung

Wieder zurück in Wiesbaden, erzählten mir Bettina und Armin, dass sie sich mit einem befreundeten Ehepaar zum Tanzkurs angemeldet hätten. Es war genial, nun hatte ich plötzlich den „Schutz" und das Geleit meiner Glaubensbrüder, einen Anstands-Wau-Wau, es fehlte mir allein der Tanzpartner. In der Versammlung fand ich keinen, der mutig genug war, sich mit einer verheirateten Frau auf solch ein Abenteuer einzulassen. Da war der Ärger doch vorprogrammiert. Doch ein Cousin von Tim, der in der Nähe wohnte und gerne tanzte, war erfreut, in mir endlich eine Tanzpartnerin gefunden zu haben, die ihm auch sympathisch war. Mit dieser Konstellation konnte auch Tim gut leben, zumal er Robert gerne mochte, da auch er Motorradfahrer war und ebenfalls aus einem elterlichen Gärtnereibetrieb kam. Auch wusste er genau, dass ich ohne Robert nicht aufhören würde zu bohren und ihn ständig mit dem Thema „Tanzen" zu nerven. So war er fein raus. Ein altes Ehepaar aus der Versammlung, das eine sehr liberale Haltung vertrat, unterstützte mich, denn ich brauchte für die Sonntagabend-Tanzstunde einen Babysitter für Randy. Wenn wir in den Predigtdienst gingen und Betreuung für unser Kind brauchten, erklärte sich fast jeder (!) bereit dazu, nicht aber für solch eine „unmoralische" Eigenwilligkeit. Tim dachte gar nicht daran, diesen „Blödsinn" aktiv zu unterstützen, er fand es schon frech, dass ich nicht zu Hause blieb.

Das Tanzen war einfach himmlisch! Ich liebte die Bewegungen zur Musik und die dabei entstehende Gedankenfreiheit. Robert und ich passten prima zusammen, leider währte unsere gemeinsame Zeit nur einige Wochen, da er schwer erkrankte und ausfiel. Ich besuchte die Kurse trotzdem weiter mit einem Partner aus der Tanzschule, dessen Freundin das Tanzen nicht ausstehen konnte. Kurze Zeit später erfuhren wir, dass Robert Lymphdrüsenkrebs im Endstadium hatte. Es war unbegreiflich, er war ein kräftiger Mann und erst 25 Jahre alt. Die Besuche bei ihm und seinen Eltern waren sehr anstrengend für mich. Alle – auch er selbst – strahlten sehr viel Zuversicht aus. Er plante sogar seine nächste Motorrad-Reise und versicherte uns, er schaffe das. Doch ich saß in seinem Zimmer und fühlte, dass er sterben würde. Ich wusste (!), dass er bald tot sein würde. Bald darauf erwachte ich nachts mit dem Gefühl zu ersticken, ich saß aufrecht im Bett, konnte nur mit Mühe einatmen und zitterte am ganzen Körper. Es war so heftig, dass auch Tim erwachte. Wie ein Mantra wiederholte ich den Satz: *„Robert stirbt, er erstickt!"* Dabei liefen mir die Tränen und mein Atmen wurde immer schwerer, obwohl Tim versuchte, mich zu beruhigen. Auf einmal, ganz plötzlich, war der Spuk vorbei, ich fühlte mich erschöpft und wieder ganz ruhig. Dann sagte ich leise: *„Robert ist tot, es ist überstanden."* Tim war wie vom Donner gerührt. Er glaubte mir nicht und nahm sich vor, gleich am frühen Morgen hinzufahren, um nach Robert zu sehen. Er kam zurück mit der Nachricht, es sei alles bestens, Robert ginge es gut, er würde noch schlafen. Ich versicherte ihm, dass ich sicher sei, genau zu fühlen, dass Robert nicht mehr am Leben war. Tim war verärgert, weil ich „so ein Theater" gemacht hatte diese Nacht – ohne Grund! Doch es war an mir, verärgert zu sein, denn ich hatte mir das ja nicht ausgesucht, empathische Empfindungen zu haben. Einige Tage später erfuhren wir, warum Tim diese falsche Auskunft bekommen hatte. Sein Onkel war am Morgen nach dem Erstickungstod seines Sohnes noch nicht in der Lage gewesen, darüber zu reden. Vater und Mutter waren die ganze Nacht bei ihrem Sohn gewesen und hatten ihn bei diesem schweren Abschied begleitet. Als Tim kam, um sich nach ihm zu erkundigen, hatten sie ihn angelogen, um sich Zeit zu verschaffen. Sie wollten das erst einmal verarbeiten können. Tim und ich waren völlig perplex. Wir beschlossen zunächst, es besser niemandem zu erzählen, denn für derartige Phänomene gab es nicht nur keine logische Begründung, sondern auch eine fürchterliche Antwort in unserem Glaubenssystem: Übersinnliche Wahrnehmungen waren dämonischen Ursprungs! Wir mussten meine „Fähigkeit" wohl oder übel dem teuflischen Lager zuordnen. Es war der Horror für mich! Es belastete mich sehr stark und ich bekam Angst vor mir selbst. Mein hellfühlendes Erlebnis beim Tod meines Opa's konnte ich noch auf unsere langjährige tiefe Bindung zurückführen. Zwar verstand ich es auch nicht wirklich, aber ich konnte es besser akzeptieren. Robert dagegen kannte ich weder lange noch gut, eine tiefe Bindung gab es also nicht. Ich war fix und fertig, ich betete und hoffte inständig, dass ich so etwas nie wieder erleben musste!

Leider erfüllte sich dieser Wunsch nicht, denn einige Zeit später erkrankte der Glaubensbruder, der während meiner Tanzstunden zusammen mit seiner Frau auf Randy aufpasste. Auch ihn besuchte ich regelmäßig in der Klinik, wo er leider immer schwächer wurde. Die Krankenschwestern sagten mir, er würde nicht mehr essen. So beschloss ich, für ihn am Mittag mit zu kochen und die Portion täglich mit dem Motorrad in die Klinik zu bringen. Ich dachte, wenn er „ordentliches" Essen bekäme, würde er bald wieder zu Kräften kommen und gesund werden. Tapfer ließ er sich von mir füttern und freute sich natürlich, dass ich jeden Mittag da war. Eines Tages räumte ich das Geschirr zusammen, umarmte ihn zum Abschied – und da war es wieder! Ich fühlte, es würde für ihn kein Morgen geben! Ich ergriff die Gelegenheit, mich intensiver und endgültig von ihm zu verabschieden, sagte aber nichts von meinen Empfindungen. Auf dem Parkplatz angekommen, brach ich dann in Tränen aus, denn ich hatte ihn wirklich gern. Überhaupt: Ich wollte so etwas nicht wissen! Mit seinem Sohn, der kein Zeuge Jehovas war, stand ich im Kontakt, da wir uns bei Besuchen im Krankenhaus begegnet waren. Bei ihm musste ich keine Angst haben, dass er mich für dämonisch hielt, und so konnte ich ihn anrufen und sagen, was ich gespürt hatte, damit auch er die Gelegenheit erhielt, sich von seinem Vater zu verabschieden ... Später verhielt ich mich immer so, wenn ich spürte, dass jemand den nächsten Tag nicht überleben würde: Ich verabschiedete mich von ihm oder ihr, ohne eine Erklärung abzugeben. Nur bei Max würde ich eine Ausnahme machen ...

Das Leben ging weiter und ich tanzte mich mit der Zeit durch alle Kurse, die angeboten wurden. Randy blieb nun doch in der Obhut seines Vaters. Tim musste gespürt haben, dass es mir verdammt wichtig war. Es gab mir Kraft und ließ mich alles vergessen, was mich belastete. Ich war nur im Hier und Jetzt der Bewegung. Zusammen mit Schwager und Schwägerin absolvierte ich alle Tanzprogramme und trainierte die Schrittkombinationen in der Küche, zwischen den Blumenreihen und überall, wo ich Platz dafür fand. Irgendwann lagen jedoch alle Trainings hinter mir, und „einfach so" nur „zum Vergnügen" tanzen zu gehen, ohne es mit der mildernden Absicht des Lernens zu verbinden, das war nun kaum noch machbar. Außerdem war ich verheiratet, es war einfach undenkbar! Ich würde es nie und nimmer durchboxen können, ohne dafür gemaßregelt zu werden. Dann kam es noch dicker: Einer meiner Tanzlehrer hatte Turniertanz angefangen, aber dessen Partnerin stand nicht mehr zur Verfügung. Er fragte mich, ob ich mir vorstellen könne, mit ihm für Turniere zu trainieren, da wir gut zusammenpassten, die gleiche Schrittlänge hatten, was für den Turniertanz ein echter Vorteil ist. Und ob ich wollte! Am liebsten täglich! Jedoch: Mindestens drei oder viermal wöchentlich hätten wir trainieren müssen. Und da abends die Kurse liefen, hätten wir das Training an Nachmittagen unterbringen müssen. Das war unmöglich mit meiner Arbeit, meinem Familienleben und Randy's Bedürfnissen in Übereinstimmung zu bringen. Abgesehen davon, dass ich wirklich niemanden mehr hatte, der das noch unterstützt hätte, fehlte mir ein Plan für die praktische Umsetzung. Auch meine damaligen Freundinnen aus der Versammlung, die schon lange der Meinung waren, dass ich den Bogen überspannt hatte und es mit mir ein böses Ende nehmen müsste, redeten mir ins Gewissen. Sie malten mir lebhaft aus, wie ich von der „Wahrheit" abgleiten und auf ein ganz übles Gleis geraten würde. Und wieder wartete am Ende des Weges meine Vernichtung durch Gottes Strafe auf mich! Ganz bestimmt war das Tanzen eine vom Teufel gestellte Falle, in die ich gerade endgültig hineintappte. Und trotzdem war es ein tolles Angebot: Turniertanz! Das entsprach dem unerfüllten Wunsch meiner Kindheit. Wie gerne wäre ich als kleines Mädchen zum Ballettunterricht gegangen. Und nun? Mein Glück lag direkt vor meiner Nase, doch ich konnte es nicht mit Freude ergreifen. Ich war darauf geschult, auf alle meine Herzenswünsche zu achten und diese immer im Zaum zu halten, um das „Königreich Gottes" und alle damit verbundenen Aufgaben und Verpflichtungen an die erste Stelle zu setzen. Ich war gewarnt, dass genau die Dinge, an denen mein Herz hing, als ein irreführendes Angebot „von der Welt" in mein Leben kommen würden, um meinen Glauben zu testen. Es ging darum, standhaft zu bleiben und nicht in eine Falle zu gehen. Meine Bedürfnisse und Wünsche zu befriedigen, war die größte Falle, die es gab. Die ganze Zeit war ich schon viel zu weit gegangen. Meine Freunde „im Glauben" erinnerten mich an all dies … Immer die Verantwortung für Randy im Sinn, musste ich einen Schlussstrich ziehen. Zwar war ich seit bestimmt zwei Jahren auf einem „gefährlichen" Weg, der nicht zu einer echten Christin passte, aber ich erfüllte immer noch alle Aufgaben. Es war noch nicht zu spät.

# Aufgerüttelt, wach gemacht!

Randy hatte ziemlich eigenwillige Gedanken zu manchen Lehrthemen und brachte mich oft an meine Grenze. Gleichzeitig erinnerte mich viel an meine eigene Zeit jugendlichen Grübelns. Er machte das allerdings nicht im Stillen mit sich aus, sondern äußerte sich meist offen, klar und zeigte seinen Widerstand. Ich erinnere mich noch gut an einen Abend, an dem ich ihm aus dem für Kinder konzipierten „Paradies-Buch" vorlas, welches zum Glück inzwischen nicht mehr die gruseligen Vernichtungsbilder meiner Kindheit enthielt. Die Geschichte handelte vom jährlichen Passah-Fest der Israeliten. Alle mussten dafür aus den umliegenden Regionen in die Hauptstadt Jerusalem reisen. Nun hatten all diese Menschen dort keine Unterkunft, und so war es Aufgabe der „Mitbrüder", allen Angereisten für einige Tage Kost und Logis zu gewähren, natürlich auf eigene Kosten. Am Ende des Kapitels hieß es zusammenfassend, dass es doch wunderbar sei, wenn Brüder füreinander sorgten. Dann kamen die Sätze, die die Aufforderung enthielten, sich daran ein Beispiel zu nehmen. Damit war ich selbst sogar einverstanden, und ich rechnete auch mit Randy's Zustimmung. Der aber baute sich empört in seinem Bett auf. Mein vierjähriger Lockenkopf stemmte die Fäuste in die Seite und machte seiner aufrichtigen Entrüstung Luft: *„Nein, das ist überhaupt nicht richtig! Solche Faulenzer! Die sollen doch selber arbeiten und dann ihr Essen* *mitbringen! Das ist doch ungerecht! Und das jedes Jahr, es wohnen doch immer die gleichen Leute in Jerusalem, und die haben immer die ganze Arbeit. Das ist nicht richtig!"* Er schimpfte wie ein Rohrspatz und ich war erst einmal sprachlos. Der Satz mit dem „Faulenzer" konnte nur von Max stammen. Randy war viel zu viel mit Erwachsenen in der Gärtnerei zusammen, jedenfalls war das meine erste Überlegung dazu. Wie kam so ein kleines Kind zu dieser radikalen Reaktion? Ich versuchte ihm den Begriff der Gastfreundschaft zu erklären, aber auch das schürte seine Wut. Was als entspannte, erzieherische Gute-Nacht-Geschichte gedacht war, sah er vollkommen anders. Dabei war dieses Buch – im Gegensatz zu den Vorträgen in der Versammlung, die er zu hören bekam – wirklich soft. Doch er war zwar damit einverstanden, abends im Bett aus diesem Buch vorgelesen zu bekommen, doch er bestimmte die Regeln! Für ihn wurde der Inhalt zur Diskussionsgrundlage, auch wenn er das natürlich so nicht nannte. Bei diesen Diskussionen schürte er unabsichtlich viele weggedrückte Gedanken und Überlegungen in mir, die ich aus meiner eigenen Kindheit kannte. Da ich diese aber nicht hätte „straffrei" äußern dürfen, wollte ich all dies nun meinem Kind zugestehen und es mit ihm besprechen. Oft genug lernte ich dabei von ihm.

Eines Abends, wir waren wie immer zeitlich sehr knapp dran, um in die Versammlung zu gehen, ging der Knirps sehr konsequent in die Verweigerung. Normalerweise hatte ich ihm immer erlaubt, seine Wunschspielsachen in ein Köfferchen zu packen und während der Versammlung leise damit auf dem Fußboden am Stuhl neben mir zu spielen. Dies tat er intensiv, ohne die anderen zu stören. Doch so war das nicht gedacht. Die Kinder sollten ehrfurchtsvoll und ruhig, mit tiefem Respekt ob der überaus wichtigen „Wahrheit" auf ihrem Stuhl zwischen beiden Elternteilen sitzen. Wurden sie unruhig oder gar laut, mussten wir mit dem Kind in den Vorraum gehen und es dort zurechtweisen.

Da ich dieses Prozedere an mir selbst erlebt hatte, kam das für mich nicht infrage. Allerdings setzte man mich immer wieder unter Druck. Ich musste einige Gespräche mit Ältesten und anderen Brüdern über mich ergehen lassen, die sich durch mein Verhalten gestört fühlten und den Leichtsinn, mit dem ich mein Kind erzog, sehr gefährlich fanden. Ich wusste aber genau, dass ich meinem Sohn auf diese Weise keine Dankbarkeit und Ehrfurcht einschärfen konnte. Wieder war ich in einer schwierigen Lage, da auch Tim sich dafür nicht zuständig fühlte. Nun war ich an diesem Abend wohl besonders gestresst, genervt, ungeduldig und überfordert, als Randy gemütlich und gut gelaunt mit seinem Köfferchen die Treppe runterkam. Ich stand mit scharrenden Hufen da und wartete auf ihn, und beim Anblick seiner Spielsachen fiel mir die „Moralpredigt" ein, die nun wieder bei mir landen würde. Ich schnauzte ihn an: *„Mensch, beeil' dich doch, wir sind schon zu spät, und dein Köfferchen bleibt heute hier. Du weißt, dass wir keine Spielsachen mit in die Versammlung bringen sollen. Ich habe keine Lust mehr auf diesen Ärger."* Wie angewurzelt blieb er auf dem Treppenabschnitt stehen, starrte mich ungläubig an, stellte sein Köfferchen neben sich und verschränkte die Arme vor der Brust. *„So, dann bleibe ich auch hier! Ich gehe mit meinen Spielsachen oder gar nicht. Du hast mir versprochen, dass ich immer fünf Sachen einpacken darf, mit denen ich da spielen kann. Du hältst dich nicht an das, was du versprochen hast, nur weil DIE in der Versammlung meckern."* Da hatte ich nun den Salat. Ich war erschüttert – zum einen über mich, weil ich meinen Druck an mein Kind weitergegeben hatte, und dann über diesen Vierjährigen, der so klar und entschieden für sich selbst eintrat. Ich konnte mich nur von Herzen bei ihm entschuldigen. Wir nahmen sein Köfferchen mit und kamen natürlich zu spät. Es kam, wie es kommen musste: Ein wohlmeinender, besorgter Glaubensbruder nahm mich zur Seite, um über die Spielsachen meines Kindes zu reden. Einen besseren Knopf hätte er an diesem Tag nicht drücken können. Das Debakel zu Hause mit Randy und die damit aktivierte Erinnerung an meine eigene radikale Erziehung ließen mich alle Höflichkeit und allen Respekt vergessen. Ich fuhr den entsetzt blickenden Mann an: *„Komm mir nie, nie mehr zu nahe! Sprich' mich nie mehr auf meine Erziehung oder mein Kind an. Ich habe die Verantwortung für das, was ich hier tue, du hast dich an deinen eigenen Kindern ausgetobt, und ich finde das Ergebnis schrecklich. Lass mich ab sofort für immer in Ruhe!"* Ich wusste genau, dass das wirklich nicht die Art war, in der ich mit Älteren reden durfte. Aber er und seine Familie gehörten in meinen Augen zu den Extremisten, die ohne jede Rücksicht auf irgendwelche Gefühle lebten. Genau so waren schon früher die Freunde meiner Eltern. Und ich habe sie gehasst! Diese ungehörige Reaktion brachte mir nicht gerade Ruhm und Lob ein, aber man ließ mich mit diesem Thema nun in Ruhe.

Über das kritische Verhalten von Randy kam ich immer wieder selbst ins Schleudern, denn manchen seiner Argumente und Überlegungen hatte ich einfach nichts entgegenzusetzen. Kurz vor Weihnachten waren wir beide mal wieder allein auf dem Weg in die Versammlung und wie immer spät dran. Ich zog ihn hinter mir her in der Hoffnung, wir würden es noch vor dem Eingangsgebet schaffen und so nicht auffallen. Ein Nachbar hatte vor seinem Haus die Tanne wunderschön mit Weihnachtskugeln und elektrischen Kerzen geschmückt. Vor dem tiefweißen Hintergrund des Schnees ein wirklich idyllisches Bild. Randy blieb verzückt vor dem Baum stehen: *„Kuck mal, Mama wie schön das ist!"* Natürlich war das schön, doch durfte ich das nicht sagen. Deshalb antwortete ich kühl: „Du weißt doch, dass wir das nicht machen, das ist verboten." Meine Güte, ich hörte mich selbst und fand meine Antwort scheußlich und dumm. Gleichzeitig war ich sauer darüber, dass mir nichts Klügeres dazu einfiel. Ich drängte mein Kind, sich zu beeilen. Er gab nach, beschleunigte seine kleinen Füße und dachte nach. Ich wappnete mich innerlich für das, was nun bestimmt kommen würde, doch ich hatte nicht mit dieser (!) Antwort gerechnet: „Du, stimmt es denn wirklich, dass Jehova die Bäume geschaffen hat?" Ich nickte, doch er fragte weiter: „Und auch die Tannenbäume?" „Ja, alle Bäume", sagte ich. Randy wies mich im Folgenden darauf hin, dass ich zu Hause doch auch Kerzen anzünden würde. Er wollte wissen, warum wir Kerzen haben, sie aber nicht auf Bäume stellen durften, die „Jehova selbst gemacht" hatte. Schachmatt! Ich konnte nur noch kapitulieren vor dieser kindlichen Logik. „Ich weiß es auch nicht, ich habe es selbst nie verstanden", gab ich zu. Oh man, wie sollte ich ihm das alles beibringen, wenn er mich so aushebeln konnte? Gleichzeitig glaubte ich, ihn um seiner selbst willen in dieser „Wahrheit" erziehen zu müssen, damit er leben könnte und nicht vernichtet würde. Sein Cousin Markus war sieben Jahre älter und stellte mir niemals solche komplizierten Fragen! Ich wusste oft nicht mehr weiter. Für Tim stellten Randy's Fragen keine Belastung dar, denn er ging einfach nicht darauf ein. Wenn Randy versuchte – was er selten tat –, Tim etwas zu fragen, was er nicht verstand, sagte Tim: „Das ist halt so!" Doch das war nichts für Randy, er wollte es genau wissen. Um Dinge zu hinterfragen, hatte er nur mich. Immer wieder erschreckten mich seine Gedanken. Wie konnte ein Vier- oder Fünfjähriger nur so stark reflektiert sein, ohne in seinem sozialen Umfeld ein Vorbild dafür zu haben? Meine Energie floss immer noch mit viel Mühe in meine eigene Anpassung, daher konnte ich ihm oft nicht souverän antworten. Allerdings hatte er bei mir die Freiheit, Zweifel zu äußern und Diskussionen zu führen. Ich wollte ihn ernst nehmen, schließlich kannte ich alle seine Überlegungen aus meiner eigenen Kindheit.

Nicht verhandlungsfähig war für mich der Predigtdienst. Ich nahm Randy ab einem Alter von etwa drei Jahren mit von Haus zu Haus.

Die Reaktionen an den Türen der uns unbekannten Menschen waren meist zweierlei. Die einen empfanden es als unmöglich, ein Kind in diese Rolle zu zwängen (womit sie absolut recht hatten), die anderen fanden den Kleinen einfach süß und so brav. Natürlich war klar, dass er das nicht gerne machte. Meine Motivation, ihn so früh schon mitzunehmen, war die, dass ich selbst mit sieben oder acht Jahren schon zu alt war, um diese „Aufgabe" annehmen zu können. Mein Schamgefühl war schon zu sehr ausgeprägt. Meine Vermutung, er würde in diesen Dienst sozusagen leichter reinwachsen, bestätigte sich allerdings nicht. In vielen weiteren Fragen und Angelegenheiten hatte ich zwar Ideen, aber letztlich wusste ich oft nicht mehr weiter, wenn Randy mir seine eigene Vorstellung präsentierte. Ich hatte zwar den Anspruch, der Persönlichkeit meines Kindes Rechnung zu tragen – dafür sogar meine eigenen Überlegungen und Gefühle ins Abseits zu drängen –, aber ich fürchtete eben auch ständig, dass mein Sohn dafür, dass ich nicht richtig funktionierte, mit seinem Leben bezahlen müsste. Es fühlte sich an wie ein inneres Zerreißen. Mit Tim konnte ich nur wenig darüber reden, ihm war meine Position nicht wirklich verständlich. Wie schon früher bei meinen kindlichen Versuchen, von meiner Mutter Antworten zu bekommen für dieses schrecklich schwierige Leben, hatte auch Tim zu meiner viel zu komplizierten Denkweise keinen Zugang. Dennoch fühlte ich mich bei meinem Mann sicher, und ich bewunderte die Unbefangenheit, mit der er über vieles hinweggehen konnte. Auch das Maß an Freiheit, das er mir gewährte, war eine große Ausnahme. Ich kannte keine Ehefrau in all den vielen Versammlungen, die so selbstständig sein durfte wie ich, und selbst meinem Vater war das viel zu viel, er fand meine Alleingänge einfach ungeheuerlich.

Schon kurz nach seiner Geburt hatte ich Randy für den Kindergarten angemeldet – etwas, das in dieser Gemeinschaft nicht gerne gesehen wurde. Es gab auch nur zwei Mütter, die das wagten. Ich vertrat die Auffassung, dass mein Sohn mit anderen Kindern aufwachsen sollte, denn in der Gärtnerei war zwar viel frische Luft und Natur, aber der Umgangston des Miteinanders war nach wie vor selbst für mich eine Zumutung. Später sollte sich herausstellen, dass es für Randy sehr hilfreich war, nicht nur in der engen religiösen Welt aufzuwachsen, sondern von klein auf auch mit den Kindern der „Weltmenschen" Kontakt zu pflegen. Später wurde uns beiden klar, weshalb das von der Religionsgemeinschaft nicht gewünscht war und in unzähligen Belehrungen und Vorträgen dagegen gearbeitet wurde. Alles, was die Psychologie, die Hirnforschung und die Epigenetik dazu sagt, war uns damals aber noch nicht bekannt, nämlich dass Isolation das perfekte Instrument ist, um Menschen unterwürfig, dumm, ängstlich und lenkbar zu halten.

# Krankheit als Weg

Ich hatte keine Ahnung, der wievielte Unfall das nun war, mir fehlte auch die Idee und das Wissen darum, dass es das Leben gut mit mir meinte und immer wieder versuchte, mich aus der festgefahrenen Lebensweise zu schieben, die gar nicht meine war. Ich kannte nur die Lehre, dass Krankheiten, wie AIDS und andere sexuell übertragbare Krankheiten, etwas mit Botschaften und Antworten zu tun hatten, allerdings waren diese göttlicher und strafender Natur. Zuerst dachte ich, es sei nur ein Blechschaden, als die Fahrerin des PKW mit Wucht in die Fahrerseite meines Kleinbusses knallte. Dann stellte sich heraus, dass der gesamte Rahmen verzogen war. Und als meine Schmerzen im unteren Rücken so stark wurden, dass ich mich nur noch wenig bewegen konnte, eröffnete mir der Arzt, dass ich einige Bandscheibenvorfälle davongetragen hatte. Seit ich in der Gärtnerei mithalf, hatte ich Rückenprobleme, die auch ärztlich dokumentiert wurden und sich insofern nicht als Folge des Unfalls abgrenzen ließen. So sah das zumindest die Versicherung der Unfallverursacherin. Merkwürdigerweise konnte ich aber zweimal die Woche an einem Power-Aerobic-Programm teilnehmen, ohne Schmerzen und Einschränkungen zu empfinden. Dies wurde bald schon zu meinem Ersatz für das fehlende Tanzen. Die Schmerzen jedoch waren fast immer an Örtlichkeiten gebunden. Seit dem Unfall veränderte sich das: Es ging mir an keinem (!) Ort mehr gut. Es war sehr schwierig, mit all den Bewegungseinschränkungen und Schmerzen meine vielen Aufgaben zu erfüllen, und irgendwann schaffte ich nur noch gerade so die Grundversorgung von Tim und Randy. An Blumenschneiden war überhaupt nicht zu denken, zu meinem Arbeitsplatz beim Optiker kam ich auch nicht, da ich kein Auto mehr fahren konnte, so klein war mein Bewegungsradius. Mit viel Liegen und Cortison versuchte ich wieder arbeitsfähig zu werden, zumal jeder Verdienstausfall finanziell von mir selbst getragen werden musste. Der Zustand verschlimmerte sich soweit, dass der Orthopäde mich in eine Spezialklinik für Erkrankungen des Bewegungsapparates einwies. Dort wurden alle möglichen Untersuchungen angestellt, denn mittlerweile konnte ich nicht mehr laufen und saß im Rollstuhl. Selbst meine Tasse konnte ich kaum mehr hochheben, griff daneben oder konnte die Hand nicht geschlossen halten. Vor meinen Ohren stritten sich zwei Fachärzte um die Diagnose, denn einer vertrat die Ansicht, ich hätte eine Multiple Sklerose, der andere war dagegen, hatte aber keine Idee, was er mit mir anstellen sollte. Bei mir löste das eine unglaubliche Angst aus. Randy war bei meinen Eltern untergebracht, und ich wusste nicht, wann ich aus der Klinik wieder rauskonnte. Die vielen Medikamente und Wasseranwendungen verschafften mir auf der Schmerzebene zwar eine Erleichterung, aber die Angst, mit Ende 20 auf einen Rollstuhl angewiesen zu sein und nicht mehr arbeiten zu können, war grausamer als die Schmerzen. Ich wollte dringend Tim bei mir haben, rief ihn an und flehte, dass er mich besuchen sollte, das wollte ich nicht alleine durchstehen. Dabei hatte ich nicht bedacht, dass er gerade in einer für den Betrieb wichtigen Haupternte steckte und glaubte, die anderen nicht im Stich lassen zu können. Er sagte: *„Das wird schon wieder, wirst sehen. Mach' alles, was sie dir sagen, dann wirst du wieder gesund. Du weißt doch, dass ich hier nicht wegkann." „Tim"*, erwiderte ich. *„Ich habe unglaubliche Angst, ich brauche dich jetzt hier, es wird doch wohl* *an einem Sonntag mal möglich sein, dass du kommst?"* Nein, es war ihm nicht möglich. Abgesehen davon, dass ich sehr enttäuscht war und mich im Stich gelassen fühlte, machte das irgendwas mit mir, das ich anfangs nicht genau benennen konnte. Die Ärzte waren sich immer noch nicht einig, was mit mir los sei, mein Mann fand die Rosenkohlernte wichtiger, und mein Kind war bei meinen Eltern. Nachdem ich den Zustand des Selbstmitleids überwunden hatte, wurde meine Wut aktiv, und zwar auf alle gleichzeitig. Dieser Laden, der sich Familienbetrieb nannte, das Verhalten meines Mannes, die Erinnerung an den blödsinnigen Spruch von „guten und schlechten Zeiten" und die Ärzte, die vor meinen Ohren ihre Hypothesen besprachen – das war einfach zu viel für mich! So beschloss ich noch in der Klinik, mich nur noch zu 100 Prozent auf mich selbst zu verlassen und niemanden mehr jemals um irgendetwas zu bitten. Das Erste, was ich tat, war zu beschließen, dass ich keine MS hatte und auch nie bekommen würde. Das Zweite war, dass ich überhaupt keine Diagnose akzeptieren würde. Meine Beine würden auch ohne Ärzte wieder laufen lernen! … Meine Beziehung zu Tim bekam einen tiefen Riss.

Meine Eltern besuchten mich einmal und brachten Randy mit, ihnen erzählte ich aber nichts von meinem Beschluss, da mein Vater die Ansicht vertrat, auf Ärzte müsse man hören. Die Therapie machte Fortschritte, nach einigen Wochen konnte ich kleine Schritte machen und langsam auch wieder laufen, die Schmerzen wurden allerdings meine ständigen Begleiter. Als ich wieder nach Hause konnte, packte ich Randy ein und fuhr zu meiner Oma. Ich sehnte mich nach Liebe und Geborgenheit. Im Schwarzwald erholte ich mich gut, wir hatten viele gute Gespräche, und ich konnte endlich Zeit mit Randy verbringen, ohne dass ich irgendwo hinhetzen musste. Irgendwann fühlte ich mich körperlich und geistig wieder stark genug, nach Hause zu gehen und allen Verpflichtungen wieder nachzukommen.

Mit mehreren Schmerzmitteln täglich schaffte ich mein Pensum, doch die Stunden im Predigtdienst, das Stillstehen auf der Straße und das Stop-and-Go von Haustür zu Haustür verschlechterten den Zustand jedes Mal erneut. Auch das Sitzen auf den Stühlen in der Versammlung war kaum möglich, ohne dass mir danach immer wieder die Beine wegsackten und taub wurden. Mir fiel auf, dass es mir an diesem Ort und bei den sogenannten christlichen Aktivitäten besonders schlecht ging. Das auch die Arbeit in der Gärtnerei schmerzhaft war, lag für meine Begriffe in der Natur der Sache, und mein Orthopäde sagte mir jedes Mal, wenn ich ihn konsultierte, ich müsse damit aufhören, und er wolle mit meinem Mann sprechen! Das war zwar ein nettes Angebot, aber ich hielt es für absolut unsinnig, ich ließ mich nicht darauf ein. Das es mir im „Königreichsaal" besonders schlecht ging, belastete mich sehr und festigte meine Überzeugung, ein schlechter Mensch zu sein. Ich hatte diesen Satz, den der Älteste mir damals als Jugendliche gesagt hatte, niemals vergessen: „Nein, du lügst, dir ist es nicht schlecht, du BIST schlecht!". Leider kannte ich den Satz „Du musst nicht alles glauben, was du denkst!" noch nicht. Eines Tages, Max kam gerade vom Großmarkt nach Hause, klagte er, dass er sich nicht gut fühle. Das war wirklich ungewöhnlich, denn er war sehr hart im Nehmen, Befindlichkeiten zu äußern, lag ihm gar nicht. Bettina, die ihm am nächsten stand, beharrte darauf, dass er zum Arzt gehen müsse. Sie machte solch ein Theater, dass er sich beugte. Schimpfend kam er zurück, weil er wegen nichts so viel Arbeitszeit verloren hatte. Er sei nur übermüdet und müsse mal richtig schlafen, hatte ihm sein Hausarzt gesagt. Das konnten wir alle nachvollziehen, denn er bekam wirklich zu wenig Schlaf. So ließ Bettina wieder nicht locker, bis er ins Bett ging, um am helllichten Tag zu schlafen. Das war noch mehr als nur ungewöhnlich. Als er wenig später wieder auf dem Feld arbeitete, kreuzten sich unsere Wege und Blicke. In diesem Moment wusste (!) ich, dass er die Nacht nicht überleben würde. Das kommunizierte ich sofort mit Tim, allerdings in einem anderen Wortlaut. *„Dein Vater ist sehr schwer krank, ich kann es fühlen. Er muss sofort in ein Krankenhaus"*, sagte ich mit einer großen Dringlichkeit in der Stimme. Inzwischen wusste er ja von meinen düsteren Vorahnungen, er hatte oft genug erlebt, dass sie stimmten, konnte dies aber nicht seiner Schwester vermitteln, ohne mich zu verraten. Es gelang ihm, Bettina so zu verunsichern und ihr Angst einzujagen, dass sie an Max so lange herumzerrte und Theater machte, bis er nachgab und abends in die Klinik fuhr. Das hätte er auch mit dem ganzen Theater nie gemacht, wenn ihm nicht selbst etwas merkwürdig vorgekommen wäre. In der Klinik wurde er in ein Bett gelegt, an verschiedene Monitore angeschlossen, und wir konnten alle nach Hause gehen. Irgendwann in der Nacht klingelte unser Telefon. Ich ging ran, weil ich durch meine Geräuschempfindlichkeit sofort wach war: *„Kommen sie alle sofort in die Klinik, die ganze Familie, wir wissen nicht, ob ihr Vater überlebt."* Tim, Armin, Bettina, Renate und ich waren innerhalb von zehn Minuten im Auto, die Klinik war nicht weit weg, wir waren blitzschnell vor Ort. Tim und Bettina waren so gestresst, dass sie nicht fähig waren zu sprechen. Ich übernahm das, da ich ja eigentlich schon wusste, um was es ging. *„Ihr Vater hatte einen sehr schweren Herzinfarkt, wäre er nicht schon hier gewesen, wir hätten nichts mehr für ihn tun können. Wie gut, dass sie ihn gestern Abend noch gebracht haben. Ich kann Ihnen nicht sagen, ob er das schafft, im Moment ist er stabil, aber es darf jetzt nichts nachkommen. Bleiben Sie einfach im Warteraum"*, teilte uns der notdiensthabende Arzt sehr freundlich und bestimmt mit. Für Tim und Bettina war dies eine schreckliche Nacht. Ich wollte sie beruhigen, da ich fühlte, er würde es schaffen, das konnte ihnen jedoch nicht die Angst nehmen. Und Max schaffte es, er überlebte diese Nacht! Später kam er in eine Reha, und die Firma wurde umstrukturiert, Tim und Bettina wurden Teilhaber und Max musste deutlich kürzer treten. Für Tim's Psyche war das gut, endlich mehr Mitsprache zu haben, aber er hatte es mit einem Chef und Vater zu tun, der nicht loslassen konnte. Er traute nach wie vor seinem Sohn nicht viel zu und bezeichnete ihn regelmäßig als „wirtschaftliche Null". Das hätte falscher nicht sein können, und es tat jedes Mal weh, das zu hören. Wieso konnte oder wollte er nicht sehen, wie Tim sich abmühte, um von ihm angenommen und akzeptiert zu werden. Mein Mann machte eine hervorragende, gewissenhafte Arbeit (und im Gegensatz zu seinem Vater machte er diese sehr ordentlich), ihm ging Qualität vor Quantität. Jedenfalls hatte sich fast gar nichts geändert, außer dass Tim jetzt als Teilhaber mehr verdiente. Der traurige Rest des Umgangs – wenn man es überhaupt als Umgang bezeichnen konnte – blieb einfach eine zwischenmenschliche Katastrophe.

In der Zwischenzeit waren die Pioniere aus der Parterrewohnung in unserem Wohnhaus ausgezogen, und eine Familie, die den Hintergrund eines ebenfalls „geteilten Hauses" mitbrachte, lebte nun mit uns. Sie hießen Sebastian und Anne, deren etwa fünfjährige Tochter hieß Natalie. Anne war erst kurz zuvor zu den Zeugen Jehovas konvertiert, und die kleine Natalie, die zuvor eine von beiden Elternteilen getragene antiautoritäre Erziehung genossen hatte, sah sich nun durch die Mutter mit den Erziehungsmethoden der „Wahrheit" konfrontiert. Das Kind war vollkommen überfordert, zumal Sebastian seine offenkundige Abneigung gegen diesen Schwachsinn dauerhaft kundtat. Ein großer, gut aussehender Mann, der in kurzer Zeit mit einer vollkommen „neuen" Frau zu leben hatte, die obendrein auch noch an Krebs erkrankt war und sich Operationen und Chemos unterziehen musste. Er war mit einer neuen häuslichen Situation konfrontiert, die sein sehr freiheitlicher Geist eigentlich nicht tragen konnte, dennoch blieb er mit Anne zusammen. Natalie entwickelte sehr schnell massive Ängste, zum einen wegen der Erkrankung und Abwesenheit ihrer Mutter, zum anderen, weil sie nun „wusste", wenn ihr Papa nicht „die Wahrheit" annahm, würde er vernichtet werden. Die Kleine verfügte über eine große emotionale Bandbreite, die sie, bedingt durch das vorherige Erziehungsmodell, auch auslebte – sie konnte gar nicht anders. Da ich durch die enge Beziehung von Randy und Markus sowieso zwei Kinder hatte, konnte ich ebenso gut auch Natalie übernehmen, denn sie war zu oft alleine. Sebastian war den ganzen Tag arbeiten, Anne viel im Krankenhaus oder zu Hause zu schwach. Außerdem war sie meine Glaubensschwester, da stand das Helfen außer Frage. Randy und Markus fanden das allerdings ganz und gar nicht gut, sie mussten mich nun plötzlich mit einer für sie ungewöhnlich lauten und sehr fordernden Dritten teilen. Mein Aufgaben-Belastungsbereich erweiterte sich also erneut, ohne dass mir das wirklich bewusst war (oder ich etwas dagegen hätte ausrichten können). Dabei unterstützte mich auch Anne, wenn ich mal wieder – bedingt durch die Schmerzen – meine Arbeit nicht ausüben konnte. Trotz ihrer Erkrankung sprang sie dann ein. Auch meine Freundinnen aus der Versammlung, von denen zwar keine berufstätig war, aber immerhin fast alle Kinder, Familie und die Versammlungsaktivitäten zu erledigen hatten, halfen immer aus, wenn ich mich mal wieder nicht rühren konnte, Fieber hatte oder sonstige Schwierigkeiten, die mich nicht arbeiten ließen. Das soziale Gefüge war wirklich hervorragend, das war keine Theorie, wir halfen uns gegenseitig – ganz praktisch. Ich übernahm die „geistige Erziehung" von Natalie, da Anne damit überfordert war. Das Kind teilte aber mit mir seine Angst vor dem zu erwartenden Tod ihres Papas, genau darauf konnte ich gut eingehen, da ich diese furchtbare Angst, dass jemand aus meiner Familie vernichtet wird, ebenfalls hatte. In meinem Fall bezog sich die Befürchtung auf Randy. Ich litt bei dem Gedanken daran, dass er, wenn er diesen Glauben nicht annehmen würde, ebenfalls der Vernichtung geweiht war. Natürlich erzählte ich das nicht, aber ich konnte sie absolut verstehen, wenn sie manchmal spät am Abend vor unserer Tür stand, in Tränen aufgelöst, weil sie die Streitereien ihrer Eltern mit angehört hatte. Sebastian war nicht zimperlich beim Schimpfen, ihm war die neue Religion seiner Frau zutiefst zuwider. Bei Natalie löste solch ein Streit fast immer eine Panik aus, den ich dann – so gut es ging – zu mildern versuchte.

Randy entwickelte zunehmend eine Abneigung gegen sie, beanspruchte Natalie doch erhebliche Teile der knappen Zeit, die ihm zustand. Für Heulen und Drama hatte er gar kein Verständnis. Leider würde ich später feststellen müssen, dass ich bei Natalie ganze Arbeit leistete, was ihre religiöse Erziehung betraf, denn sie ging den Weg weiter, heiratete ganz brav einen Glaubensbruder und erzog ihre Kinder dann im gleichen System.

Trotz all meiner religiösen Verpflichtungen, die ich wirklich ordentlich ausführte, blieb der rebellische Kern in mir aktiv, entweder angestachelt durch Diskussionen mit meinem Sohn und Natalie oder durch Lehrmeinungen, die geändert und beschlossen wurden und auf einmal wahr sein mussten, obwohl es gestern noch anders gewesen war. Die Erklärungen der Ältesten zu solchen Aktionen lautete dann: *„Das geistige Licht leuchtet immer heller bis zur vollen Tageshöhe."* Das stand zwar irgendwo in der Bibel, war aber in meinem Hirn nicht unterzubringen. Für mich fühlte es sich willkürlich an, und um bei der Terminologie zu bleiben, ging für mich das „geistige Licht" eher immer mehr aus. Für solche laut geäußerten Überlegungen handelte ich mir natürlich Rügen ein. Ein Ältester ermahnte mich einmal sehr wütend und sagte: *„Du bist wie Miriam, die Schwester Moses! Erinnere dich, wie es ihr erging, als sie die Autorität ihres Bruders und der Priester anzweifelte, sie wurde mit schlimmstem Aussatz geschlagen und aus dem Lager verbannt. Das Gleiche tust du, wenn du die Autorität der Ältesten und des ‚treuen und verständigen Sklaven' anzweifelst."* Zwar hörte ich die Drohung dahinter deutlich, doch es änderte nichts an meiner Wut. Ich verstand mich selbst nicht. Von meinen Freundinnen hörte ich Sätze, wie: *„Wir sind reich gesegnet, wir gehören zum auserwählten, glücklichsten Volk der Erde!“* Wie schafften sie es nur, so zu fühlen? Wenn alles schon so anstrengend war, wollte ich doch wenigstens auch so fühlen können!

Wir hatten in der Versammlung eine Glaubensschwester, die bestimmt 30 Jahre älter war als ich. Sie stammte aus einem „geteilten Haus“ und war erst zehn Jahre zuvor konvertiert. Melissa war ein außergewöhnlich sanftmütiger Mensch, und obwohl sie ein „Pionier“ war, hatte ich sie sehr gerne. Normalerweise hielt ich zu den super heiligen „Pionieren“ und „Kreisaufsehern“ etc. Abstand, soweit das ging. Diese Menschen gaben ihre gesamte Kraft und Lebenszeit in den Ausbau der Organisation, neben ihnen konnte man gewöhnlich nur schlecht dastehen, besonders, wenn man als verheiratete Frau auch noch berufstätig war. Auch meine Garderobe war für die meisten schwer zu ertragen. Sie war nicht gerade Ausdruck „eines stillen, milden und bescheidenen Geistes“, dafür hatte ich zu viel kreative Fantasien, die ich wenigstens in Stoff und Farbe umsetzen wollte. Aber dies zeigte ganz klar meine vermeintliche Gesinnung einer „mangelnden Wertschätzung für die geistigen Belange“. Doch Melissa ließ mich dies nie spüren, und auch mit Bettina pflegte sie Kontakt, obwohl diese als Firmenmiteigentümerin und mit ihrem enormen Arbeitseinsatz auch durch das Raster der „Gehorsamen und demütig Dienenden“ fiel. So beschloss ich eines Tages, mich Melissa anzuvertrauen, denn ich hegte die Hoffnung, dass sie mich bei den Ältesten nicht anschwärzen, sondern mir helfen würde. Selbstverständlich empfand nur ich es als Verrat und Anschwärzen, wenn jemand bei den Ältesten Bericht erstattete über die geistigen Unzulänglichkeiten eines anderen. Solch ein Bericht hatte schließlich eine Rettungsfunktion, damit die „Hirten der Versammlung“ früh genug Gelegenheit bekamen, einen auf Abwegen wandelnden Christen hilfreich auf den Weg der Wahrheit zurückzubringen. Deswegen standen wir alle in der Verpflichtung, ein abweichendes Verhalten und Benehmen, sofern nicht von den Betreffenden selbst entdeckt, mitzuteilen, um nicht am „Untergang" desjenigen mitschuldig zu sein. Ich selbst war für solcherlei „Hilfe" völlig untauglich, empfand ich es doch schlichtweg als übergriffig. Als ich Melissa mein Herz ausgeschüttet hatte, sagte sie: *„Weißt du, Ana, ich denke, du hast dich noch nie richtig ganz und gar auf Jehova eingelassen, deshalb bist du so hin- und hergerissen. Probiere doch wenigstens für einen Monat den Pionierdienst und nimm an allen zusätzlichen Versammlungsaktivitäten teil."* Mir wurde hundeelend und Panik stieg in mir hoch. Die vielen Monate, in denen meine Mutter früher den Pionierdienst ausgeübt hatte, waren immer die schrecklichsten Wochen in unserem Familienleben. Rainer und ich waren in dieser Zeit für meine Mutter noch viel wertloser als ohnehin schon. Alles war getragen von Stress und Unfrieden. Schnell überschlug ich das Zeitkontingent, das ich für dieses „Ganz-und-gar-Einlassen" brauchen würde. 70 Stunden reiner Predigtdienst, alle Zusammenkünfte einschließlich aller Vorbereitungen und die Renovierungsarbeiten des Daches unseres „Königreichsaals" standen an, das wären auf jeden Fall 100 Stunden mehr Arbeit in vier Wochen. Alles andere würde natürlich weiterlaufen müssen. Obwohl in mir ein klares *„Nein"* schrie, sagte ich: *„OK, ich probiere es. Ich melde mich für den nächsten Monat an."* Ich wollte endlich auch einmal das Glücksgefühl spüren, das alle anderen fühlten. Tim war alles andere als begeistert: *„Spinnst du? Wie willst du das denn machen? Das hat dir die heilige Melissa eingeimpft, die hat ja auch den ganzen Tag nichts zu tun. Mach das nicht, du wirst nur wieder krank." „Tim"*, antwortete ich verzweifelt. *„Ich muss mich da einmal drauf einlassen, ich komme mit mir selbst und meinen Gedanken und Gefühlen nicht mehr zurecht. Wenn das nichts ändert, wird es nie mehr einen zweiten*

*Versuch geben, das kann ich dir versprechen."* Er stöhnte auf und war stinksauer. Als mein Glaubensbruder hätte er sich eigentlich darüber freuen müssen, aber er war in erster Linie ein Selbstständiger, und er kannte meine körperlichen Reaktionen auf Belastungen nur zu gut.

Minutiös plante ich jede Minute des nächsten Monats. Es wurde erwartet, dass, bevor wir Frauen in den Predigtdienst gingen, der Haushalt perfekt fertig sein musste, die Ernährung der Familie durfte nicht leiden, und auch das persönliche Bibelstudium mit allen Versammlungsaktivitäten musste gemacht werden, sonst hätte dieser Dienst keinen Wert gehabt. Er musste ein perfektes Zeugnis für „Außenstehende" darstellen. Natürlich war eine berufliche Tätigkeit bei Frauen nicht Teil dieses Planes. So stand ich um vier Uhr früh auf, machte den ganzen Haushalt, kochte das Essen vor, sorgte dafür, dass für Randy alles gerichtet war, und konnte dann von neun bis zwölf Uhr in den Predigtdienst gehen. Dann ging ich nach Hause, um zu essen und die Küche aufzuräumen, und ab 13 Uhr war ich wieder in der Gärtnerei. Immerhin fünf Stunden bis um 18 Uhr, weil um 19 Uhr Versammlung war. An den zwei Tagen, an denen abends keine „theokratische Aktivität" zu absolvieren war, arbeitete ich länger, ging einkaufen oder führte noch Bibelstudien mit „Interessierten" durch. An den Wochenenden war ich auf der Baustelle im Königreichsaal, denn der Saal hatte ein uraltes Eternit-Dach, und um Kosten zu sparen, waren wir aufgefordert, viele Stunden mit Schwingschleifern das riesige Dach abzuschleifen – mit und ohne Rückenschmerzen. Dies war auch eine „Arbeit im Dienste Gottes", wir waren es gewohnt, weitgehend alles selbst zu machen, da externe Handwerker die Kosten in die Höhe getrieben hätten. Dann hätten unsere Spenden wieder höher ausfallen müssen. Das wiederum gestaltete sich schwierig, weil es in der Regel mehr Rentner gab als junge Leute, und sowieso gab es ja meist nur einen Verdiener in den Familien, wenn die Frauen zu Hause blieben, um in den Predigtdienst zu gehen.

Da unsere Arbeit nichts kostete, konnte von unseren Spendengeldern das Material gekauft werden, und es blieb gewährleistet, dass wir – wie jeden Monat – noch Beträge an die „Hauptstelle" des jeweiligen Landes überweisen konnten. Die Säle und Grundstücke selbst gehörten in der Regel der leitenden Körperschaft in Brooklyn/New York/USA. Jedenfalls lag ich gut in der Zeit, meine Planung ging auf – ich würde meine 70 Stunden schaffen! Ich war stolz darauf, alles unter einen Hut zu bekommen, hatte aber keine Wahrnehmung, ob ich nun glücklicher und gefestigter in der „Wahrheit" war – dafür hatte ich keine Aufmerksamkeit mehr. Ich funktionierte nur wie ein Zombie. In der vierten Woche, beim Endspurt, brach ich eines Nachmittags einfach zusammen. Ich hatte Herzrasen, verbunden mit einer Todesangst, konnte nicht reden. Ich zitterte am ganzen Leib und heulte wie ein Schlosshund – und mit beidem konnte ich nicht mehr aufhören. Jedes Wort, das jemand sprach, tat mir im ganzen Körper weh. Ich konnte auch kaum etwas verstehen, ich wollte nur noch schlafen. Mein Puls und die restliche Verfassung waren jedoch zu bedrohlich, um mich zum Schlafen hinlegen zu können. Tim brachte mich in die Klinik, mir wurde irgendetwas gespritzt, damit ich aufhören konnte zu zittern und zu heulen. Danach wurden wieder viele Untersuchungen durchgeführt. Die Diagnose hieß Nerven- und Kreislauf-Zusammenbruch und Hörsturz. Man behielt mich in der Klinik, ich bekam Infusionen mit Substanzen, die ich nicht kannte, mich auch nicht interessierten, sie ließen mich einfach schlafen, mehr wollte ich auch nicht. Als man mich wieder entließ, gab man mir mahnende Worte mit auf den Weg: *„Sie müssen Ruhe einhalten!"* Die hatten mal alle wieder keine Ahnung, was bei mir so liegen geblieben war. Ab da wusste ich: Der Pionierdienst ist eine krankmachende Tätigkeit und zum Glücklichsein untauglich – zumindest für mich!

# Und wieder lerne ich vom Kind

Bettina und Armin hatten ihr eigenes gemütliches Einfamilienhaus neben unserem gebaut, und dies ermöglichte Tim und mir, die frei gewordene Wohnung zu übernehmen und endlich ein Bad einzubauen. Für Randy fiel ein Zimmer dabei ab, für ihn war es prima, sich in eine andere Etage verziehen zu können. Meine kleine beengte Küche der Dachwohnung tauschte ich nun gegen eine große Wohnküche. All dies bedeutete mehr Lebensqualität und natürlich wieder zusätzliche Arbeit, da wir den Umbau selbst bewerkstelligten. Über diese Erweiterung freute ich mich wirklich, aber mir war nach wie vor unverständlich, weshalb wir keine Handwerker nehmen konnten, denn der Verdienst von Tim hatte sich seit der Firmenbeteiligung deutlich verbessert. Sein Hobby war das Sparen, und die Tatsache, dass auch ich weitgehend alle Handwerksarbeit, die wir benötigten, beherrschte, sprach gegen meine Forderung. Selbst die moralische Unterstützung von Bettina und meinem Vater hatte keinerlei Auswirkungen auf Tim's Entscheidung. Mittlerweile kamen Bettina und ich ganz gut miteinander aus, wenn man unsere großen Persönlichkeitsunterschiede in Betracht zog. Da es wohl zu meinem Leben gehörte, regelmäßig an irgendetwas Exotischem erkrankt zu sein, übernahm sie dann sogar das Einkaufen für mich. Dafür nähte ich für sie und dachte auch beim Brotbacken an meine angeheiratete Familie. Mittlerweile konnte ich so manche Auseinandersetzung, die sie mit Tim hatte, gut verstehen, er benahm sich oft wirklich wie die Axt im Walde. Da seit einigen Jahren auch polnische Mitarbeiter während der Hauptsaison bei uns aushalfen, ergab das noch einiges mehr an Zündstoff: Durch die zusätzlichen Arbeitskräfte hätte die Arbeit eigentlich weniger werden können, da aber ständig erweitert und vergrößert wurde, war von Erleichterung nie etwas zu spüren. Randy besuchte inzwischen auf eigenen Wunsch das Gymnasium – etwas, das ich gegen Tim's Willen durchgeboxt hatte. Spätestens ab dieser Zeit gestaltete sich das Verhältnis zwischen ihm und seinem Vater sehr schwierig. Die Interessen drifteten stark auseinander, Randy war ein kritischer Gesprächspartner, der mit „Law and Order" nicht zu beeindrucken war. Zwar half er in der Gärtnerei aus, um sich etwas Geld zu verdienen und selbst entscheiden zu können, was er kaufen wollte, aber er mochte die Firma nicht. So wenig übrigens wie Markus. Beide arbeiteten dort zwar oft nach der Schule, aber beide mochten nicht, wie es dort zuging. Auch diese Übereinstimmung machte die Jungs und mich zu Verbündeten. Für Armin und Bettina war dies soweit in Ordnung, weil die beiden wirklich unzertrennlich waren, und weil ich sie unter meine Fittiche nahm, was alle religiösen Angelegenheiten betraf. Bettina war einfach zu viel in der Firma eingespannt, und Markus besprach die Dinge, die ihn belasteten, lieber mit mir. Durch die Jungs und Natalie blieb ich stark in der lehrenden Position für die Kinder, was unser religiöses Leben betraf, ohne dass ich dadurch innerlich wirklich profitierte. Meine seit dem zwölften Lebensjahr bestehende Todessehnsucht wollte einfach nie von mir weichen. Durch die Anwesenheit von Randy war mir dieser „Weg der Ruhe" aber versperrt. Mein regelmäßiges Abtauchen in den Schwarzwald oder Urlaub, den ich alleine verbrachte, schenkte mir zwar immer Erleichterung, aber sie hielt nie länger als ein paar Wochen an. Die Arbeitstage, die ich beim Optiker verbrachte, gaben mir Auftrieb, belasteten aber mein Gewissen, da ich anscheinend nur bei den Tätigkeiten, die nicht mit meiner Religion verbunden waren, glücklich sein konnte – und genau das (!) durfte nicht sein! Wenn solch ein Schub von Gewissensbissen zusammenfiel mit Ärger in der Gärtnerei oder mit Tim, schwappte irgendetwas über mein Gemüt, was eine große Hilflosigkeit und Traurigkeit auslöste, die ich mit niemandem kommunizieren konnte.

Eines Nachts befand ich mich wieder einmal in solch einem Zustand, in dem ich einfach nur noch mit dem Auto von einer Brücke stürzen wollte. Mit meiner blöden Heulerei wollte ich Tim nicht wecken und schlich mich in die Küche, ohne Licht zu machen, drehte mich gedanklich im Karussell und wusste einfach nicht, wie ich aus dieser Kiste aussteigen konnte. Unmöglich! Randy alleine bei seinem Vater zurücklassen, war unmöglich, denn das Verhältnis der beiden würde ähnlich sein wie das zwischen Tim und Max. Diese Lösung, mit dem Auto über eine Brücke zu stürzen, war noch (!) nicht umsetzbar, und ich fühlte mich schrecklich gefangen. *„Mum, mich gibt es, damit du lebst!"* Fürchterlich erschrocken zuckte ich zusammen, es war Randys Stimme, er stand auf einmal hinter mir. *„Du hast mich nicht geweckt, weil du laut warst, ich habe dich hier gespürt"*, sagte mein (!) Sohn. Ich war fassungslos. Was hatte er da gesagt? Ihn gibt es, damit ich leben konnte? Woher wusste er das? Ich hatte doch genau diesen Teil von mir immer versucht, vor ihm versteckt zu halten. Völlig überrumpelt fragte ich ihn: *„Kannst du dir vorstellen, mit deinem Vater alleine zu leben?"* Oh mann! Das konnte ich doch mein Kind nicht fragen! Ich hatte es aber gerade getan! Ich war völlig geschockt über mein Verhalten. Immer noch im Dunkeln, setzte er sich auf den anderen Stuhl am Küchentisch und sprach mit ruhiger, nicht zu einem Kind gehörenden Stimme, als sei es das Normalste der Welt, was ich da eben gesagt hatte: *„Weißt du, wenn das Leben, das du führst, dir nicht gefällt, dann* *ist es an dir, das zu ändern. Du hast dieses Leben geschenkt bekommen, du kannst damit machen, was du willst, aber es wegzuschmeißen – das geht nicht. Du hast die Verantwortung, es so zu gestalten, dass es zu dir passt."* Mir war, als hätte ein Blitz eingeschlagen, nicht nur, weil es so richtig war, was er da sagte, sondern weil ein Elfjähriger so was gar nicht sagen konnte! Diese Worte konnte ich nie mehr vergessen, sie waren sofort in meiner Seele (die ich laut Lehrmeinung ja nicht hatte!) eingebrannt. An den weiteren Verlauf dieser Nacht konnte ich mich später nicht mehr erinnern, doch an eine unglaublich große Dankbarkeit für dieses Kind! Ich beschloss, genau das umzusetzen. Randy und ich sprachen erst viele Jahre später – in einem „anderen" Leben – über jene Nacht.

# 4.000 Kilometer durch die USA

Eine unschöne Überraschung erwartete mich, als ich eines Morgens an meinem Arbeitsplatz beim Optiker ankam. Mein Chef eröffnete mir, dass seine Tochter einen Unfall gehabt, sich dabei den Arm gebrochen hätte und nun mit den Kindern hier in Deutschland bei der Mutter bleiben würde. Mit dieser Behinderung könnte sie zu Hause in den USA weder ihre Kinder betreuen noch den Haushalt führen noch ihre Lehrtätigkeit ausüben. Ermuntert durch die Aufforderung meines Sohnes, mein Leben so zu gestalten, dass es mir Freude machte, hatte ich wieder die Einladung von Silvia und Roman angenommen, sie während unserer Schulferien in den USA zu besuchen. Und an diesem Morgen wurde mein ganzer schöner Plan zunichte gemacht. Traurig setzte ich mich im Büro meinem Chef gegenüber. Auch Silvia hatte nie aufgehört zu überprüfen, ob ich genügend von dem tat, was mir Spaß machte. Allerdings wurde das bisher von mir ziemlich abgeblockt, da ich wusste, dass sie als „Weltmensch" meine Situation mit den vielen religiösen Verpflichtungen, die ich nicht einfach so auslassen durfte, nicht wirklich verstehen konnte. Dazu hätte sie das gesamte Glaubenskonzept kennen müssen, vor allem die vielen Dinge, die es nur zwischen den Zeilen gab und auch nur für Insider zu hören waren. Viele Jahre später schien mir dieser Tatbestand eine große Ähnlichkeit zu haben mit der Ikonographie der bildgebenden

Kunst. Der Betrachter, der keinen Zugang zu dieser geheimen Bildsprache und zum zeitlichen Kontext hatte, sah einfach das Bild, das ihm seine Augen zeigten, aber nicht die Botschaft, die das Bild sprach, diese blieben ihm wegen mangelnder Einsichten in die Tiefe verborgen. Unsere vier schönen gemeinsamen Wochen vor Jahren in den USA waren noch gut in meiner Erinnerung, und so hatte ich der erneuten Einladung zugesagt. Das Flugticket hatte ich schon in der Tasche, nur Randy würde ich dieses Mal vorher zu seiner Uroma in den Schwarzwald bringen. Für zwei Tickets reichte mein Erspartes leider nicht, zu groß war immer wieder der Verdienstausfall wegen meiner diversen Krankheiten. Für solch „unnötige" Ausgaben fühlte sich Tim auch nicht zuständig. Aber Randy und seine „Urmi" – das würde sehr gut passen, die beiden würden auch eine schöne Zeit haben. *„Sie fliegen natürlich trotzdem!"*, sagte mein Chef jetzt mit absoluter Überzeugung. *„Und was mache ich dort ganz alleine in den vier Wochen? Nein das geht nicht!"*, gab ich schnell zurück. *„Und ob das geht, Silvia und Roman wollen das auch, Sie kennen das Haus, Sie haben einen großen Pool zur Verfügung, und es wird höchste Zeit, dass sie sich ausruhen"*, bestimmte er einfach. Ich wollte wissen, was mit Roman sei. Mein Chef meinte, Roman wäre in Kalifornien einige Wochen zu einer Schulung. Und das spiele überhaupt keine Rolle. Ich sei doch kreativ und nicht auf den Mund gefallen, mir würde schon nicht langweilig werden. Aber so hatte ich mir das nicht gedacht. Später sprach ich noch mit Silvia, die mich ebenfalls bedrängte, mein Ticket zu nutzen und schleunigst abzuhauen. Sie vermittelte mir die Möglichkeit, von einer guten Nachbarin am Airport abgeholt zu werden. Diese sei frisch getrennt, hätte ein Baby und sowieso nichts zu tun in ihrem großen Haus, sie wäre froh, wenn sie Gesellschafft bekommt. Sie schrieb mir den Namen – Lydia – und ihre Telefonnummer auf einen Zettel und entließ mich in den wohlverdienten Urlaub. Ein paar Tage später brachte ich Randy zu meiner Oma in den Schwarzwald, fuhr zurück nach Wiesbaden und nahm den Flug von Frankfurt nach Denver, allerdings mit sehr gemischten Gefühlen.

Übermüdet und angespannt landete ich spätabends in Denver. Obwohl wir keine Fotos voneinander hatten und auch kein Mobiltelefon, begegneten wir uns sofort, ohne uns lange zu suchen. Zwei junge Frauen, die einfach Ausschau nacheinander hielten. Lydia hielt ein Baby auf dem Arm. Recht zielstrebig gingen wir aufeinander zu. *„Du bist Lydia? Silvia und Roman haben dich geschickt, stimmt das?"*, fragte ich die zierliche Brünette, die sich ebenfalls nach mir umsah, hoffnungsvoll und gleichzeitig wissend. Sie stellte mir den kleinen Joe als ihren Sohn vor und erzählte, dass sie gerade keinen Babysitter hat. Sie wollte mir sofort einige Dinge zeigen und mit mir etwas unternehmen, doch ich war erst einmal zu müde für so was. So fuhren wir zu Lydias Haus, sie brachte den Kleinen ins Bett und wies mir ein Zimmer zu, zeigte mir die Küche, in der ich nachschauen sollte, ob ich was Brauchbares zu essen fände, Cola und Whiskey hätte sie schon im Wohnzimmer vorbereitet. Das schien außerordentlich unplanmäßig zu verlaufen für mich. Die Idee, dass man nach einem langen Flug schlafen wollte, hatte sie wohl nicht. Dass sie mich erst einmal ein bisschen kennenlernen wollte, war aber nachvollziehbar. Als wir dann bei Whiskey-Cola und Knabberzeug zusammensaßen, sie rauchend und wach, ich hustend und müde, erzählte sie von ihrer aktuellen Situation, der Trennung und davon, dass sie nun endlich richtig leben wollte. Mir schien es, dass sie genau das tat, und hörte weiter zu. Danach fragte sie mich aus, ich erzählte einigermaßen vorsichtig nur Dinge, von denen ich dachte, sie könnte das nachvollziehen. Sie unterbrach mich erstaunlich selten – nach ihrem zuvor so eifrigen, lebhaften Redeschwall –, und als ich mit meiner Kurzvorstellung meiner Person und Lebensumstände geschlossen hatte, fragte sie nur: *„Warst du schon mal in LA, in Frisco* *und Mexico?"* Nein, das war ich natürlich noch nicht. Sie schlug mir vor, später das Auto zu packen und dort hinzufahren. Wie bitte? Ich war da noch nie, ich wusste nicht, wie lange mein Geld reichen würde, um überhaupt da zu bleiben, wo ich gerade war, und dann musste ich sowieso nach Deutschland zurück. Lydia meinte, ich sollte erst einmal schlafen und am nächsten Morgen würden wir unser Geld zusammenschmeißen und ausrechnen, wie weit wir damit kämen. An den kleinen Rest der Nacht hatte ich am nächsten Tag keine Erinnerung mehr, wie ich mich aber kannte, hatten mich der Alkohol und diese Pläne nicht gerade in einen erholsamen Tiefschlaf befördert.

Als ich erwachte, war es beunruhigend still im Haus. Lydia war nirgends zu finden. Ich ging in die vom Haus aus erreichbare Garage, das kleine Triumph Cabrio war weg, das Baby auch. Kaffee hatte sie netterweise hingestellt, das war für mich ein gutes Zeichen. Als ich gerade darüber nachdenken wollte, ob ich mir die nächsten Wochen mit dieser Nudel so vorstellen könnte, kam sie gut gelaunt und bepackt zurück. Bei einem Pott Kaffee rechneten wir unser Geld zusammen: etwa 600 Dollar, nicht gerade üppig. Die gesamte Strecke würde etwa 2.400 Meilen betragen, ihr Triumph verbrauchte nicht viel, und das sowieso vorhandene Speed-Limit auf den Highways würde den Verbrauch in überschaubaren Grenzen halten. Nach Abzug der Ausgaben für Babynahrung, Wasserflaschen und Windeln war klar, wir würden auf jeden Fall bis Los Angeles kommen, wenn wir beide mit Wasser, Brot, Bananen und ab und zu einem Kaffee auskämen. Übernachten könnten wir allerdings nirgends, denn selbst die einfachsten Motels wären viel zu teuer. Wir führen im Wechsel, damit jeweils einer schlafen könnte. So würden wir zügig vorwärtskommen. Sehr konzentriert begannen wir, das Nötigste zu packen. Da der Triumph keinen ernst zu nehmenden Rücksitz hatte, sondern nur eine Verlängerung des Kofferraums nach innen, bauten wir dort mit vielen Kissen ein Bett für

Joe, das wenige Gepäck kam hinter die Sitze. Wir freuten uns nun beide auf diese Reise. Der Kompass kam an die Windschutzscheibe, die Karten zum Beifahrer, und Joe fand sein fahrbares Bettchen offensichtlich prima – er war ein sehr unkompliziertes Kind. Lydia sollte die erste Route fahren, wir hatten beschlossen, bis LA in einem Rutsch – und natürlich im Wechsel – durchzufahren. Das Wetter war traumhaft schön, wir schlossen das Verdeck des Cabrios nur so weit, dass Joe keinen Zug bekam und kuschelig liegen konnte. Wir verließen Denver über die Interstate 25, über Colorado Springs nach Pueblo, um kurz hinter Trinidad die Landesgrenze von Colorado nach New Mexico zu überqueren. In den kurzen Zwischenstopps bekam Joe neue Windeln, Flasche oder Gläschen, und diejenige von uns, die nicht das Steuer hatte, beschäftigte sich mit ihm, wenn er nicht gerade schlief. Wir beide hielten uns an unseren Speiseplan mit Brot, Wasser und Bananen, weil Joe die auch essen konnte, an der Tankstelle leisteten wir uns Kaffee aus Pappbechern. Über Santa Fe, das optisch nichts gemeinsam hatte mit seinem wohlklingenden Namen, fuhren wir nach Albuquerque auf die Interstate 40 und Richtung Westen weiter, um dann kurz hinter Gallup nach Flagstaff in Arizona zu gelangen. Diese Stadt liegt in einer schönen Region im Kaibab National Forest. Auf dieser Straße wollten wir bleiben, und wenn alles gut ging, müssten wir gegen Abend in Needles an der östlichen Grenze zu Kalifornien ankommen. Von dort aus wollten wir durch die Wüste Mojave und dann nordöstlich über San Bernadino County nach LA einfahren. Soweit der Plan. Es gab tatsächlich keine unangenehmen Überraschungen unterwegs, die zuvor besprochene Rechnung, sich an dem Tempo der Trucks zu orientieren, ging für uns auf. Sie hatten nämlich Messgeräte, die den Radar rechtzeitig erkannten.

Nach etwa zwölf Stunden seit unserer Abfahrt kamen wir in Needles an, der ersten Kleinstadt direkt an der kalifornischen Grenze, wollten dort tanken und dann weiterfahren. Wir wunderten uns über die vielen Fahrzeuge, die dort am Ufer des Colorado River herumstanden, und auch darüber, dass die Leute badeten, spazieren gingen, an der Tankstelle rumlungerten und Karten spielten – irgendwie war hier alles stehengeblieben. Da dies so merkwürdig war, fragten wir nach, wieso hier nichts weiterging, und erfuhren, dass fast alle auf dem Weg nach LA – wie wir – entlang der Dead Mountains Wilderness durch die Wüste Mojave fahren wollten. Die Leute bemerkten, dass wir keine Ahnung hatten, was diese Route (!) bedeutete, und man klärte uns auf. Im Moment hatten wir noch mindestens 35 Grad Außentemperatur und draußen im freien Feld würde es noch heißer sein. Das hieß, nicht loszufahren, bevor es richtig dunkel war, und das Auto gut vorbereiten. Und am besten wäre es, im Konvoi zu fahren. Wir würden alle gemeinsam aufbrechen, schlug man uns vor. So hatten wir bestimmt noch zwei Stunden Zeit und bekamen von einem ebenfalls Wartenden eine Einladung zu einer Motorbootfahrt auf dem Colorado River durch das Mojave Valley. Begeistert stimmten wir zu und erlebten eine erfrischende und schöne Speed-Fahrt mit dem Boot durch eine wunderbare Landschaft. Nun wurden wir darin unterwiesen, das Auto für die Wüstenfahrt tauglich zu machen, denn die meisten hatten fette Pick-ups und hielten den kleinen alten Triumph nicht wirklich für ein Auto. Alle Handtücher, Pullover, T-Shirts mussten wir in den Colorado River eintauchen, nicht auswringen und in das Bettchen von Joe legen, mehrere Packen Eiswürfel kaufen und um die Fußpedale und in den Beifahrer-Fußraum legen. Unmittelbar vor der Abfahrt sollten wir sowohl uns selbst als auch das Baby im River eintauchen, einsteigen und sofort losfahren. Natürlich durften wir nicht vergessen, die Wasservorräte aufzufüllen! Wir fanden das alles ziemlich übertrieben, aber da das weitgehend alle so machten, hielten wir uns an die Order. Und das war gut so! Nach bestimmt nur einer halben Stunde war alles knochentrocken, die Eiswürfel zu unseren Füßen geschmolzen und es wurde ziemlich nass an den Füßen, doch es hielt nicht lange an. Und uns war klar, jeder Rat war richtig! Der Konvoi fuhr entlang des Mojave National Preserve. Dieser über 6.000 Quadratkilometer große Nationalpark wurde von Las Vegas aus kommend in der Nordroute ebenfalls ein Stück umrundet, und die Interstate 15 und die Interstate 40, von der wir kamen, trafen hinter der Wüste in Barstow zusammen. Später vorbei an den San Gabriel Mountains mit der höchsten Erhebung von über 3.000 Metern, fuhren wir dann über San Bernadino nach Downtown LA. Von dieser Landschaft sahen wir allerdings nichts, denn es war bestimmt zwei Uhr nachts, bis wir LA Downtown hinter uns lassen konnten. Wir waren gereizt, übermüdet, und unterschiedliche Bedürfnisse ließen uns streiten. Wir wollten unbedingt bis Santa Monika an die Pazifik-Küste, da ich glaubte, am Strand könnten wir ein bisschen schlafen. Lydia war von der lauten Radiomusik und ihren Zigaretten so aufgekratzt, dass sie, als sie die Hollywood-Ausfahrt zu sehen bekam, in halsbrecherischem Manöver dort auch noch abbog. Hier war ein Betrieb wie bei uns zur besten Einkaufszeit, die Nacht wurde wohl zum Tag gemacht, ich wollte ganz dringend raus aus dem Trubel! In Ermangelung eines Navi, was vor 30 Jahren durchaus normal war, fragten wir uns durch, sie parkte das Auto direkt im Parkverbot vor dem Haupteingang der Polizei und meinte, das sei der sicherste Platz, den wir haben könnten.

Keine Ahnung, wie lange wir geschlafen hatten, auch das Baby machte keinen Mucks, als etwas oder jemand an die Frontscheibe klopfte. Es war taghell, die Sonne schien, und zwei Cops versuchten uns aufzuwecken. Sie waren freundlich, stellten aber ziemlich viele Fragen, da das Nächtigen im Fahrzeug auf der Straße in Kalifornien nicht erlaubt war. Ein schwieriges Land, in dem man nirgends außerhalb eines Gebäudes schlafen durfte, ohne der Landstreicherei bezichtigt zu werden, obwohl ich mir vorstellen konnte, dass wir mittlerweile wie solche aussahen. Zum Glück meldete Joe jetzt lautstark seine Bedürfnisse an, sodass sie bereit waren, uns fahren zu lassen – ohne Ticket oder sonstige Strafmaßnahmen. Aber ausgerechnet jetzt wollte unser Auto nicht mehr, es machte keinen Mucks. Die Polizei, Freund und Helfer, hatte damit kein Problem. *„Well girls, we will help you!"* Wir dachten, sie holen ein Seil und schleppen uns zur nächsten Tankstelle oder Werkstatt, doch das wäre viel zu aufwendig gewesen. „Rumms", machte es, und unser Wagen machte einen Satz nach vorne. Sie waren mit ihrem fetten Polizeiauto auf die Stoßstange aufgefahren und schoben uns vor sich her in die zum Glück sehr nahe gelegene Tankstelle. Da sie wussten, dass wir in der Nacht aus Needles, aus der Wüste kamen, gaben sie uns den Tipp, das Kühlwasser aufzufüllen und mit einem anderen Wagen über ein Überbrückungskabel das Auto wieder zum Laufen zu bringen. Wow, das funktionierte, wir fanden nur freundliche, helfende Menschen. Alles easy going! An dieser Tankstelle konnten wir uns auch etwas frisch machen und Kaffee trinken, Brötchen und Obst gab es auch, wir waren beide wieder friedlich miteinander. So gestärkt, hatten wir neuen Tatendrang und beschlossen, die Pazifikküste bis zum nördlichen Stillen Ozean nach San Diego zu fahren. Die drei Stunden wären für uns nach dem, was wir seit dem Start in Denver gefahren waren, eine Spazierfahrt. Am frühen Nachmittag erreichten wir unser Ziel, fanden schnell einen Strandparkplatz, packten Decken, Babysachen und Joe ein und stürzten freudig erregt dem Pazifikstrand zu. Wir ruhten eine Weile aus, dösten, schauten in die Wellen und den Himmel und wollten unbedingt zusammen ins Wasser. Danach würden wir einen Plan brauchen, wie wir es anstellen könnten, hier zu bleiben. Im Gegensatz zu dem nächtlichen Horror-Trip durch Los Angeles gefiel mir San Diego ausgesprochen gut, denn wir waren vor dem Strand eine Runde durch die Stadt gefahren, um einen Überblick zu bekommen. Neben uns, auch auf einer Stranddecke, saßen zwei Frauen, bestimmt 20 Jahre älter als wir. Wir fragten sie einfach und naiv, ob sie auf Joe aufpassen würden, damit wir schwimmen gehen konnten. Die beiden sahen sehr freundlich aus und hatten vorher schon mehrfach zu uns rübergesehen. Sie zeigten sich hoch erfreut, und eine der zwei Frauen stellte sich als Margret vor. Ihre Eltern waren irgendwann hierher gekommen, sie sprach ein ziemlich angestaubtes Deutsch mit amerikanischem Akzent, was wirklich lustig anzuhören war. Nach ausführlichem Schwimmen wollten wir Joe wieder zu uns holen, doch sie baten uns zu sich, denn sie hatten so einen Spaß mit dem Kleinen. Auch Joe war froh, bei ihnen im Sand zu krabbeln. Margret wollte wissen, woher wir kämen und was wir hier wollten. Wir erzählten alles, auch, dass wir hier ein billiges Motel suchten und morgen zurückfahren mussten, da für weitere Übernachtungen das Geld nicht reichte – das Budget für den Sprit könnten wir ja nicht antasten. *„Also, mein Haus steht dort drüben am Strand, ihr könnt es von hier aus sehen. Wenn ihr wollt, schaut es euch nachher an, und wenn es euch gefällt, könnt ihr bei mir schlafen mit dem Kleinen"*, sagte sie in einem bezaubernd falschen Deutsch. „Wirklich?" Wir konnten das kaum glauben, wo war der Haken? Zwischen Ungläubigkeit und Freude hin- und hergerissen, wurden wir ganz aufgeregt und wollten das Haus gleich in Augenschein nehmen. Wir konnten unser Glück kaum fassen und trauten der Sache noch nicht so wirklich. Das gab es doch gar nicht! Wir kannten uns doch überhaupt nicht! Es war einfach unglaublich! Für mich war das alles noch seltsamer. Seit ich am Denver Airport gelandet war, hatte ich nur freundliche und hilfsbereite, aufgeschlossene Menschen getroffen, ausnahmslos nur gute Erfahrungen gemacht. Wo waren all die bösen Weltmenschen aus unseren Vorträgen und den Nachrichten? Margret hatte ein Holzhaus auf Stelen, mit Küche, Wohnzimmer, Bad und einem großen Schlafzimmer. *„Ihr nehmt mein Bett im Schlafzimmer, schließlich* *seid ihr zu dritt, ich schlafe im Wohnzimmer"*, sagte sie locker. Stürmisch umarmten wir sie und vollführten einen Freudentanz. Danach halfen wir ihr beim Kochen, machten noch einen Abendspaziergang am Meer, und sie spielte mit Joe. Da sie selbst keine Kinder hatte, genoss auch sie dieses Zusammensein. Müde und glücklich legten wir Joe zwischen uns und schliefen tief und fest.

Als wir erwachten, war Margret schon weg, hatte uns einen Schlüssel hingelegt und aufgeschrieben, wann sie abends nach Hause kommen würde. Lydia hatte noch ein paar merkwürdige Gedanken, was vielleicht noch passieren könnte, doch ich dachte, sie hätte zu viele schlechte Krimis gesehen. Meine Welt war jedenfalls in Ordnung, und sie ließ sich davon anstecken. Wir packten Joe wieder ein und fuhren mit dem Cabrio bei allerschönstem Sommerwetter kreuz und quer durch San Diego – und freuten uns über so viel Glück! Ich erlebte in diesen Tagen eine große Leichtigkeit und genoss es, so weit weg von Deutschland, meinen Problemen und angstfrei zu sein. Endlich ging es mir einmal so, wie ich es mir immer vorgestellt hatte: Ich war frei zu tun, was ich wollte, und verspürte keinerlei Druck, etwas anderes (!) tun oder fühlen zu müssen. Die Landschaft berauschte mich und ich entspannte allmählich mit jedem Tag mehr …

Am darauf folgenden Wochenende kamen wir von einer Tour aus Mexiko zurück. Dabei nutzten wir wieder die gleichen kleinen Schleichwege am offiziellen Grenzübergang vorbei, da wir keine Papiere für Mexiko hatten. Wir hatten nun genug Abenteuer und steuerten das sichere San Diego wieder an, zumal wir den kleinen Joe bei Margret in Obhut gelassen hatten. In drei Tagen ging sowieso mein Flieger zurück nach Deutschland, und selbst wenn wir durchfuhren, würden wir erneut 24 Stunden für den Rückweg brauchen. Wir beschlossen, noch einmal richtig auszuschlafen und dann zu packen. Nach einem intensiven und sehr herzlichen Abschied von Margret begaben wir uns auf die Heimreise. Für den Rückweg hatten wir die Interstate 8 entlang der mexikanischen Grenze ausgewählt, dann über Phoenix/Arizona wieder nach Flagstaff. So hatten wir Arizona einmal von Osten nach Westen und von Süden nach Norden durchquert. Jetzt verstand ich das einschläfernde Gefühl der Hunderte von Meilen in einem Nichts – der Highway mit einem Speed-Limit von 55 Meilen (das entspricht 90 Stundenkilometern). Die Fahrt zurück schien uns anstrengender, vielleicht auch deshalb, weil das Abenteuer nun zu Ende ging. Wir hielten nur noch zum Tanken und fuhren Nonstop – immer im Wechsel –, wobei dieser immer kürzer ausfiel, denn wir waren beide schnell hundemüde. Irgendwann zwischen nachts und morgens rollte das Auto in die Garage. Wir nahmen nur unsere Handtaschen und Joe aus dem Auto und fielen mit Klamotten und ungewaschen ins Bett. Als wir endlich wieder aufwachten, hatten wir 16 Stunden (!) geschlafen. Hätte Joe nicht lautstark geschrien, hätte es vielleicht noch länger gedauert. Lydia brachte mich zurück zum Airport, und beide waren wir froh über die gemeinsam erlebte Zeit. Danach hörten wir nie wieder voneinander – alles war gut so. Im Flieger fiel mir erst auf, dass ich während der ganzen Tour weder Rückenschmerzen noch Fieber, Migräne oder andere Erkrankungen hatte. Zu Hause erzählte ich Tim die ganze Geschichte, er konnte gut nachvollziehen, dass ich keine drei Wochen am Pool bleiben wollte. Er hatte auch keinerlei kriminelle Fantasien, denn ich war ja wohlbehalten zurückgekehrt. Außerdem war es schon immer sein Traum gewesen, mit einem Truck durch die Staaten zu fahren. Diese wahnsinnige Geschichte würde ihn lange nicht mehr loslassen. Ein paar Jahre später sollte es wahr werden, mit mir trotz seiner Flugangst nach Kalifornien zu fliegen und mit Motorrad und Hauszelt von Sacramento aus eine ähnliche Fahrt durch einige Staaten und Nationalparks zu machen.

# Max

Wir hatten uns endgültig überworfen. Die Summe der Ereignisse, das Unverständnis für die Lebensauffassungen des anderen, die langen Arbeitszeiten mit nur wenigen Pausen, die selbst gestellten hohen Anforderungen und die hohen Forderungen unserer gemeinsamen Religion(!) ließen uns nur noch schweigen. Max und ich sprachen nicht mehr miteinander. Die Geschwister waren gespalten, wobei Tim's Rolle absolut indifferent war, immer gekoppelt an die ewig unerfüllt gebliebene Sehnsucht nach Anerkennung. Dieser Zustand war nur noch unhaltbar und zutiefst belastend, und so bat ich schließlich um Unterstützung bei einem sehr sanftmütigen Ältesten, damit dieses Problem in einem gemeinsamen Gespräch gelöst werden sollte. Er hörte sich meinen empfundenen Kummer aufmerksam an und schüttelte den Kopf. *„Nein"*, sagte er ruhig und ernst. *„Da können wir uns nicht einmischen, bete um Geduld und Langmut und vertraue auf eine natürliche Lösung."* Ich verstand nicht! Dazu waren sie doch da, um für Frieden in der Versammlung zu sorgen, und das (!) war doch kein Frieden! Begriffsstutzig erkundigte ich mich danach, was denn eine natürliche Lösung sei. Er antwortete jedoch nicht und schaute mich nur an. Ich beteuerte mehrmalig und beharrlich, dass ich keine Ahnung hätte, wie sich diese Belastung natürlicherweise erledigen könnte. Als er verstanden hatte, dass meine Fantasie nicht ausreichen würde, um es zu begreifen, gab er schließlich nach und überlegte laut: *„Ab einem bestimmten Alter steigt* *doch die Wahrscheinlichkeit, dass Menschen eines natürlichen Todes sterben."* Es dauerte wieder eine Weile, bis ich diesen Wink mit dem Zaunpfahl endlich verstand, aber er gefiel mir nicht. Natürlich stimmte das, was dieser Mann gesagt hatte, und dennoch empfand ich es als Drückebergerei vor einer zugegebenermaßen schwierigen Aufgabe. Ich hatte ja auch keine Ahnung, wie „schnell" sich seine Prognose bewahrheiten würde. Doch es half alles nichts, von den Ältesten hatte ich keine Unterstützung zu erwarten.

Einige Monate später – Max und ich begrüßten uns nicht einmal mehr in der Versammlung – streifte mein Blick seinen Körper, ging daran vorbei und kam dann ganz bewusst erneut zu ihm zurück ... Etwas war anders! Erstaunt ob meiner eigenen Reaktion schaute ich ihn ruhig an. Ich spürte einen tiefen Frieden, und etwas in mir sagte: *„Geh zu ihm, verabschiede dich, es ist das letzte Mal, dass du ihn siehst!"* Jetzt fühlte ich weder Erstaunen noch Schrecken noch Unbehagen. Ich lief zu ihm durch den Saal, streckte ihm meine Hand hin und sagte: *„Auf Wiedersehen, Max."* Er erwiderte verwirrt meinen Gruß aus seiner Sicht korrekt mit einem *„Guten Abend"*, denn wir waren ja gerade angekommen. Einen Moment lang schaute er mich irritiert, aber ruhig an. Ich dachte, er spüre meinen tiefen inneren Frieden, und dann ließ ich alles los. Seine Hand, ihn, unsere gemeinsame Zeit, alles war gut. ... Es war Freitag. Der Samstag war in der Regel mein „Alles-in-der-Stadt-zu-erledigen-Tag", und ich kam erst gegen Mittag spät nach Hause. Max hatte sich immer gewünscht, einfach auf einem seiner Äcker umzufallen und dort zu sterben. Sein Wunsch ging an diesem Samstag in Erfüllung. Ich weiß nicht, wer den Notarzt gerufen hatte, auf jeden Fall war er sofort tot. Es war erneut ein Herzinfarkt. Renate ging entspannt um mit der Situation, aber Tim und Bettina waren zu nichts mehr zu gebrauchen. Ich organisierte alles, was mit einem Bestattungsinstitut zu regeln ist, die Ansprache wurde von einem Ältesten gehalten, und dann musste die Firma noch einmal neu organisiert werden. Dies hätte die Mitarbeit meines Mannes und seiner Schwester erforderlich gemacht, sie befanden sich allerdings in einer Schockstarre. Dieser passive Zustand musste von Armin und mir sowie den Mitarbeitern eine Weile getragen werden. Ich hatte wirklich lange Verständnis für Tim‘s Trauerphase, doch irgendwann fühlte sich der tote Max noch anstrengender an als der lebende Max.

Wahrscheinlich gehörte es für Tim zur Trauerarbeit, nun zu versuchen, seinem Vater noch ähnlicher zu werden. Für mich ein Grund, immer häufiger über eine Trennung nachzudenken, obwohl sie in dem religiösen Rahmen nicht machbar war. Mit unserem Umbau der Wohnung waren wir immer noch nicht fertig, mein Chef würde bald in Rente gehen, sodass für mich dieser Arbeitsplatz wegfallen würde. Renate schied als Aushilfe aus, da sie nun keinen Druck von Max mehr hatte. Tim, Bettina und Armin stritten immer häufiger, nicht zuletzt mussten die polnischen und ungarischen Mitarbeiter organisiert werden. In dieser chaotischen Situation, die scheinbar nicht enden wollte, entwickelte ich eine schwere Neurodermitis, merkwürdige Fieberschübe und eine offene Stelle am Rücken, die alle vier Wochen dicken Eiter spuckte. Die Ärzte schlugen eine OP vor, bei der eine unbestimmt große Fläche des Rückens entlang der Wirbelsäule geöffnet werden sollte, um den Herd zu suchen und zu beseitigen. Zwar hatte ich damals noch kein Verständnis für den Zusammenhang zwischen Lebensumständen und der Entwicklung von Krankheiten, aber einen guten Instinkt, der eindeutig „Nein“ sagte zu dieser Lösung. Zu gut erinnerte ich mich noch an die Fehldiagnose MS und meine damalige Entscheidung, diese nicht anzunehmen. Es war eine Zeit, in der alles noch ohne Internet und Dr. Google lief, dennoch fand ich in Wiesbaden einen Arzt, von dem es hieß, er sei zwar schräg, aber was er mache, würde funktionieren.

# Jenseits der Schulmedizin

Nach recht langer Wartezeit bekam ich einen Termin. Der Arzt wollte den genauen Schubverlauf wissen, dann holte er viele kleine Kästchen, die wiederum mit kleinen Teströhrchen gefüllt waren, und begann mich kinesiologisch zu testen. Dabei drückte er mit einer Hand meinen ausgestreckten Arm nach unten, was manchmal ging und manchmal nicht. Seine andere Hand glitt währenddessen über die vielen Glasampullen. Meine Empörung wuchs zunehmend, bis ich rausplatzte: *„Sie schummeln, was soll das überhaupt? Was wird das hier?"* Er blieb ganz gelassen und erklärte: *„Ich suche den auslösenden Erreger oder Parasit, dann das Gegenmittel, das ihm die Lebensgrundlage entzieht. Das kann ein paar Monate dauern. Und ich will schauen, was sie an ihrer Ernährung ändern sollten, damit sich ihr Immunsystem erholen kann."* Das war zwar eine ausführliche Antwort, dennoch unbefriedigend für mich, fehlte mir doch nach wie vor der Zugang zu dieser, wie ich dachte, Quacksalberei. Da ich nicht einfach weglaufen wollte, kam ich bald in den Genuss bitterer Tropfen und gepresster Algen. Dazu empfing ich die Verordnung, ab sofort keinerlei Milchprodukte mehr zu essen. Und ich sollte jedes Getreide meiden. Das verschlug mir dann doch die Sprache! Keine Nudeln mehr? Der Typ spinnt ganz gewaltig, so meine Überzeugung. Unten vor der Haustür atmete ich erst einmal tief durch und beschloss, nichts davon umzusetzen. Wenn das so einfach wäre, dass man nur den Körper zu fragen brauchte, was das Problem sei und wie die Lösung heiße, dann würde das doch wohl jeder Arzt machen. Dann bräuchte es auch gar nicht all die verschiedenen Geräte, um in den Körper zu schauen! Dann würde doch eine Uni-Klinik nicht anraten, den Rücken aufzuschneiden, um die Ursache zu suchen, oder? Ich war wirklich stinkwütend, zumal ich den Hokuspokus aus eigener Tasche bezahlen musste. Der einzige nette Rat, den mir dieser Mann mitgegeben hatte, war der, so viel wie möglich im Meer zu schwimmen! Volltreffer: Dieser Idee konnte ich etwas abgewinnen.

Kurz darauf machte es sich aber bemerkbar, dass ich eine Frau mit ausgeprägtem badischen Gen bin. Und diese Veranlagung rüttelte nun an meinem Beschluss mit den Worten: *„Jetzt hast du diesen Quatsch bezahlt, jetzt machst du das auch genau so!“* Also gut. Eine OP war für mich wirklich gar keine Option, und sie hätte ja auch nicht das zusätzliche Problem der sehr schweren Neurodermitis gelöst. Die vielen schlaflosen Nächte, in denen mich die Schmerzen und das Jucken nicht schlafen ließen, hatten mich auch mürbe gemacht. Tagsüber bei der Arbeit bluteten ständig die Hände, da sie durch die Erkrankung aufgerissen waren. Es gab Tätigkeiten, die konnte ich mit Baumwollhandschuhen einfach nicht ausführen. Auch das Cortison schlug immer öfter nicht mehr an. Tropfen und Algen einzunehmen, war nicht wirklich eine Herausforderung, aber es war sehr wohl herausfordernd, in den frühen Neunzigern nur Lebensmittel ohne Milch- und Getreidebestandteilen einzukaufen. Damals war ich noch eine absolute Supermarkt-Einkäuferin, so wie ich es auch zu Hause gelernt und in meiner angeheirateten Familie gekannt hatte. Ich fand mich in panikartiger Verfassung vor den Regalen wieder, das Kleingedruckte lesend. Da standen Worte, die hatte ich noch nie gehört, und es gab kein Internet, um etwas nachzulesen. Ich kannte niemanden, der das verstand, was auf diesen Etiketten stand. Egal, welches Päckchen ich auch kaufte, es hätte immer falsch sein können. So kam ich mit knurrendem Magen zu der Erkenntnis, dass ich nur essen könnte, was auf oder in der Erde wuchs – außer Getreide – oder an einem Baum oder Strauch. Es durfte niemand verarbeitet und verpackt haben, sonst hätte ja jemand etwas hineintun können, das ich nicht kannte. Also kaufte und kochte ich für Tim und Randy wie immer – ich dagegen lebte ausschließlich von Obst, Gemüse, Salat, Fisch und etwas Fleisch, solange es nicht aus einer Verpackung kam. Das allein war anstrengend genug, zumal ich kaum satt wurde, ganz unabhängig von der Menge, die ich jeweils aß. Wirklich schlimmer als das aber war das Verhalten meiner Eltern und der anderen Familienmitglieder. Mein gesamtes soziales Umfeld ging auf die Barrikaden, um mich wieder zu „normalisieren". Obwohl alle sehen konnten, dass es mir besser ging – die Haut begann sich zu schließen, die Eiteraustritte wurden weniger und die Fieberschübe verhielten sich viel harmloser –, wollte das keiner gelten lassen. „Iss' endlich wieder normal", lauteten die nicht enden wollenden Aufforderungen. Ich ließ sie reden und blieb in meiner Spur. Irgendwann fand ich heraus, dass ich satt werden konnte, wenn ich zu meinem Obst das Unkraut aß, das wir normalerweise zwischen den Nutzpflanzen beseitigten. Dabei lernte ich, dass es gar kein Unkraut gab, denn alles war Kraut, nur die Kräuter, die sich nicht verkaufen ließen, nannten die Menschen Unkraut. Nach einigen Monaten, in denen Tim mein Treiben beobachtet hatte, sagte er eines schönen Tages zu mir: *„Du willst mich wohl vergiften?"* Was redete er denn jetzt für einen Blödsinn? *„Wie kommst du denn auf so was?"*, fragte ich empört. Tim beklagte sich, dass ich für mich selbst nur gesunde Nahrung zubereiten würde, während ich ihm „das Zeug" aus dem Supermarkt vorsetzte. Na prima, seine Vergiftungsidee stimmte zwar nicht, aber es wurde nun einfacher für mich, zu kochen. Tim und Markus hatten aus den Beobachtungen für sich die richtigen Schlussfolgerungen gezogen. Die anderen schrieben meine Genesung der spanischen Sonne und dem Mittelmeer zu. Monatelang hatte ich meinen neuen Speiseplan eingehalten, und nun sollten die zwei Wochen Urlaub daran schuld sein (Tim war diesmal mitgefahren). Warum nur wollten sie mich immer wieder anders haben?

# Ich will, dass Du willst

Tim benötigte weit länger als ein Jahr nach Max' Tod, um sich zumindest teilweise wieder in sich selbst zu verwandeln. In dieser Zeit träumte ich besonders viel von einem anderen Leben und wollte Veränderung mehr denn je. Da mein Mann nie gelernt hatte, sich mit unerwünschten Themen in Gesprächen oder Diskussionen auseinanderzusetzen, schrieb ich ihm, obwohl wir unter einem Dach lebten, einige Briefe, in denen ich unsere Situation aus meiner Sicht schilderte und eine Änderung forderte. Auf diese Weise würde er Zeit haben, über alles nachzudenken. Ich hoffte immer noch, er würde mich verstehen, und außerdem vermied ich so eine direkte Auseinandersetzung. Ich sollte damals – und auch später – nicht erfahren, ob er das Geschriebene jemals gelesen hatte, vielleicht war sogar das schon zu stressig für ihn. Als mein Chef in Rente ging, wurde mir klar, dass auch ich aufhören würde, dort zu arbeiten. So viel Freiheit, Selbstverantwortung, Spielraum und gleichberechtigte Zusammenarbeit würde mir kein anderer Betrieb jemals gewähren. In all den Jahren, in denen ich in den unterschiedlichen Arbeitsbereichen Gartenbau und Augenoptik tätig war, konnte ich dennoch so viel lernen, dass ich mich in der Floristik selbstständig machen konnte. Von Anfang an war das ein sehr erfolgreicher Zweig des Gartenbauunternehmens, und es machte mir Spaß. Es hatte auch den Vorteil, dass ich zu Hause sein konnte und alle Arbeiten, einschließlich der mindestens 20 Stunden, die ich wöchentlich für die Ausübung meines Glaubens benötigte, leichter koordiniert werden konnten. Inzwischen hatten wir alle drei Etagen des Wohnhauses für uns, daher konnte ich dort einen Raum für die Floristik nutzen, die übrigen Räume – neben den eigenen Wohn- und Schlafzimmern – wurden als Unterkunft für unsere ausländischen Helfer genutzt, die jeweils drei Monate bleiben durften. Natürlich stellte dies, besonders für Tim, eine Entlastung dar, die er dringend benötigte. Für mich und Bettina hieß das, für ein bis drei Leute mehr zu kochen und zu waschen. Wir wechselten uns wöchentlich ab und waren über die zusätzliche Arbeit, die an uns beiden Frauen hängen blieb, wenig begeistert, aber die Leute mussten schließlich versorgt sein. So langsam spielte sich eine neue Routine ein, dennoch hatte ich weiterhin ein Gefühl der Dauerüberlastung, obwohl ich wirklich sehr gut organisieren und schnell arbeiten konnte. Mein Ziel, mich in der Religion glücklich zu fühlen, hatte ich immer noch nicht erreicht, und meine tiefe Überzeugung, dass dies an meiner Schlechtigkeit lag, ließ mich nur selten entspannt sein. Nie war die Arbeit fertig – egal welche –, ich drehte mich im Kreis, gerade was die häusliche Arbeit anging, doch eine Haushaltshilfe kam für Tim nicht infrage, er duldete partout kein bezahltes Personal zu meiner Unterstützung. Sein Lösungsvorschlag lautete letztlich immer gleich: *„Sei nicht so empfindlich, hier ist es immer sauber, du übertreibst."* Dauerangespannt und überreizt, wie ich war, musste Randy mich oft genug aushalten, wenn er an einem schulfreien Samstag bis zehn Uhr schlief. Ich hatte dann schon vier Stunden Akkordarbeit hinter mir und war fix und fertig, während er sich gewünscht hätte, mit mir gemütlich am Frühstückstisch zu sitzen. Ein harmloser Wunsch, der mich wütend machte, weil ich ihn nicht in meinem Zeitplan unterzubringen vermochte. Wie dumm von mir!

Dann kam der Tag, an dem Tim nach mehreren bereits umgesetzten Optimierungen der von uns angebauten Kulturen eine neue Idee hatte. Er wollte in eine neue Treibhausanlage mit Rolltischen und einem neuen Heizungssystem investieren. Das fand ich zuerst einmal gar nicht schlecht, bis er mir mitteilte, dass ich (!) für die Planung und Organisation am besten geeignet sei und er mir das Projekt übertragen wolle. Natürlich gab es die Möglichkeit, dies bei einer Firma in Auftrag zu geben – das hätte neben unserer jetzigen Arbeitsmenge auch schon genug Mehraufwand bedeutet. Allerdings gefielen Tim die Kostenvoranschläge nicht, und er beschloss, dass wir das locker in Eigenregie machen könnten. Ich traute meinen Ohren nicht. *„Wann denn bitteschön sollen wir das machen?“*, fragte ich ihn ernstlich verärgert, *„Möchtest du jetzt auch noch das Schlafen abschaffen?“* Tim fing an, mir kleinteilig zu erklären und vorzurechnen, was er sich alles dazu schon ausgedacht und überlegt hatte. Nach einer Weile unterbrach ich ihn jedoch. *„Nein!“, sagte ich laut und ziemlich deutlich. „Ich will das so nicht! Ich kann das Wort ‚Kosteneinsparungen‘ nicht mehr hören, und ich habe auch keine Energie mehr, ich kann nicht mehr! Verstehst du das nicht? Oder ist dir das egal?“* Wie immer in solchen Momenten wurde er sofort liebenswürdig und appellierte an mein Helfersyndrom, das er wohl besser kannte als ich selbst. Er fing an, mit mir zu verhandeln. Wenn alles abgeschlossen sei, würden wir beide zwei Wochen Urlaub machen, und ich könne mich, wann immer ich müde sei, ausruhen, denn er brauche mich nur für die Leitung und Planung. Sich gegen Tim zur Wehr zu setzen, wenn er erst einmal etwas beschlossen hatte, war mindestens genauso ermüdend wie die Arbeit selbst, da konnte ich auch gleich loslegen. Nach einem „Ausflug“ und Gesprächen mit Firmen in Holland war uns klar, dass die Kenntnisse für eine Heizungsanlage für Gewächshäuser etwas anderes beinhalteten als diejenigen, die man für Wohnhäuser benötigte. Bettina und Armin waren von der

Idee so wenig angetan wie ich, sogar aus den gleichen Gründen. Auch sie fühlten sich müde und erschöpft, sie hatten auch das bestimmte ungute Gefühl, zum Leben sei überhaupt keine Zeit mehr. Obwohl Bettina sich nie etwas anderes als die Gärtnerei vorstellen konnte, war auch sie an ihrer Grenze angekommen, denn immerhin hatten sie und ich noch jeweils nebenbei ein Haus, ein Kind und die Mitarbeiter zu versorgen. Zu dritt stellten wir uns gegen Tim, aber erfolglos! Er gab nicht auf und bearbeitete uns pausenlos, und natürlich war uns klar, dass er das Projekt nicht alleine durchziehen konnte. *„Tim! Ich kann nicht mehr! Und ich will auch nicht mehr!"*, schrie ich ihn an. Einen Augenblick war er still, denn das war neu für ihn. Ich war echt verzweifelt und hatte riesige Angst vor diesem Projekt, das uns noch mehr (!) abverlangen würde als der ganz normale Wahnsinn ohnehin schon. Aber dann fiel plötzlich seine Antwort ebenso heftig aus: *„Und ich will, dass du willst!"* Das hatte gesessen! Ich war sprachlos und fand das wirklich ungeheuerlich. Ich konnte diesen Satz eine Weile nirgends in meinem Hirn unterbringen. Wie sollte ich etwas wollen können, das ich nicht will? Dieser Satz verursachte einen weiteren sehr schweren Riss in meinem Inneren, doch Tim bemerkte es nicht.

Zu Bettinas und Armins großer Enttäuschung kippte ich unter seinem Drängen um und war schließlich bereit, Tim's Plan zu unterstützen. Da die drei nach wie vor nicht gut miteinander auskamen, wurde die Arbeitsbelastung durch die Pattsituation noch schwieriger. Tim übertrug mir die Aufgabe, erneut nach Holland zu fahren, um mir dort die Heizungsanlagen genau anzuschauen, damit wir das alles in Eigenregie bei uns genauso bauen könnten. Bettina und Armin gaben letztlich auch nach, mein Vater und der Vater von Armin wurden ins Boot geholt – allerdings auch sie nicht besonders überzeugt. Ich machte meinen Mann darauf aufmerksam, dass ich noch nie im Leben eine Heizungsanlage für ein Gewächshaus konzipiert hatte und die Worte „Sicherheits-Ventil“, „Vor- und Rückläufe bei ineinanderlaufenden Kreislaufsystemen“ auch nicht zu meinem Fachvokabular gehörten. Doch Tim verließ sich voll und ganz auf meine Fähigkeiten und schenkte mir sein ganzes Vertrauen. Natürlich war es ein Vorteil, dass ich vor neuen Aufgaben keine Angst hatte. Doch ganz ehrlich, ich hatte keine Ahnung, wie ich das schaffen sollte. Es gab nichts außer Tim's Glauben, dass ich das schon hinbekommen würde. Aus meiner Sicht waren wir alle überreizt und überlastet. Was für ein Wahnsinn! Sieben Menschen taten etwas, das sich ein anderer in den Kopf gesetzt hatte, der wie die Katze vor dem Kühlschrank saß und nicht aufhörte zu miauen. Später sollte ich es noch sehr tief durchschauen können, wie solche krankmachenden Belastungssituationen entstehen, und auch feststellen, wie häufig (!) dies vorkommt, besonders in Familienunternehmen. Ein Einzelner fordert radikal und mit sehr verschiedenen Mitteln die Anpassung einer ganzen (!) Familie an die eigenen Bedürfnisse. Diesem häufig als egoistisch empfundenen Menschen werden dann Vorwürfe gemacht. Jeder Beteiligte kann sich so über ihn beschweren und eine Opferhaltung einnehmen. Den eigentlich klaren Ausgang aus solchen Situationen kann man dann schwer erkennen. Ein in Familien besonders gut funktionierender – oft unbewusst auftretender – Widerstand sind Erkrankungen. Dabei hinterfragt der oder die Kranke natürlich nicht, was diese Erkrankung ihm oder ihr mitteilen kann über den eigentlichen Lebenszustand. Es werden demzufolge auch keine Bemühungen unternommen, den Zustand so zu verändern, dass die Krankheit sich wieder zurückziehen kann. In der akuten Situation empfindet es der Kranke eben als den größeren Vorteil, die absolute Rücksichtnahme und Aufmerksamkeit der gesamten Familie zu erhalten – auch das meist unbewusst. In der Regel sind nach einigen Jahren genau diejenigen krank, die sich einem solchen System angepasst und auf ein selbst gewähltes Leben verzichtet haben. Genau das konnte ich an mir selbst erleben, aber ich war absolut blind für ein solch vollständiges Bild meiner Lebenssituation. Zwar hatte ich nach dem Gebot zu leben, meinen Nächsten zu lieben wie mich selbst, doch die darin angedeutete Selbstliebe ist in den Versammlungen, die ich all die vielen Jahre besucht hatte, niemals angesprochen worden. Stattdessen wurde gesagt, es sei das Wichtigste, die Bedürfnisse anderer höher zu achten als sich selbst. Wenn dann ein Redner noch hinzufügte, wer Jesus Christus nachfolgen wolle, der „nehme seinen Marterpfahl auf und folge … beständig", war eigentlich völlig klar, was ich zu tun hatte: noch weniger (!) für mich und noch mehr (!) für andere. Bevor ich eine wirklich gute Christin sein konnte, musste ich erst ein klares „Nein!" zu mir und meinen Bedürfnissen aussprechen. Ein fantastisches Druckmittel, es funktionierte super bei mir. … In dieser ganzen Zeit nahm ich wieder jede Menge Schmerzmittel ein, denn meine Wirbelsäule war nach den vielen Unfällen untauglich für solche Arbeiten. Ein paar Bandscheibenvorfälle sorgten auch diesmal für Unterbrechungen und eine gewisse „Erholung", wobei ich den Zusammenhang von Druck und Erkrankungen des Bewegungsapparates immer noch nicht sehen konnte.

Irgendwann, kurz vor Wintereinbruch, hatten wir es wirklich geschafft und alles funktionierte. Ich konnte mich von Herzen mit Tim freuen, zudem war ich stolz auf meinen gelungenen Anteil. Nun wollten wir alle erst einmal durchatmen, aber Tim hatte noch weitere Optimierungsideen. Als er mir davon erzählte, erinnerte ich mich sofort an den Satz „Ich will aber, dass du willst!" und kündigte ohne jede weitere Diskussion meine aktive Unterstützung im Gartenbau, um mich weitgehend meiner Floristik zu widmen, bei der ich in allen Dingen alleinige Entscheiderin war. Offensichtlich hatte Renate die ganze Zeit alles beobachtet und ihre eigenen erstaunlichen Schlussfolgerungen gezogen. Obwohl unser Verhältnis nach wie vor nicht einfach war, stand sie irgendwann vor meiner Tür und entschuldigte sich für ihr Verhalten all die Jahre mir gegenüber. Dies berührte mich sehr tief, war ich doch diejenige, mit der sie sowieso noch am „respektvollsten" umging – obwohl ich mich am wenigsten angepasst hatte. Sie machte mir den Vorschlag, Tim und mir dieses Wohnhaus zu überschreiben. Ich sollte im Grundbuch eingetragen werden, ich würde „es irgendwann einmal brauchen". Sie überschrieb einen Teil ihres Erbes an ihre Kinder, und auf ihr Betreiben hin wurde ich Miteigentümerin des Dreifamilien-Wohnhauses. Natürlich wollte ich wissen, weshalb sie das gemacht hatte. Ihre Antwort schockierte mich: *„Du hast hier all die Jahre so viel geleistet, ich bin der Meinung, das hast du verdient. Du wirst später einmal von niemandem hier etwas bekommen."* Ich fand das unglaublich, wie konnte jemand, den alle für verrückt hielten, so etwas aussprechen? Ich wollte zwar nie ein Haus besitzen und verstand auch nicht wirklich, was mir das bringen sollte, aber ich war zutiefst dankbar und fühlte mich sehr geschätzt.

Erneute Forderungen, für Tim die Gärtnerei noch weiter umzubauen, bewirkten, dass nun auch Bettina einen Schlussstrich zog. Auch sie konnte und wollte nicht mehr. Da Tim sich dieses Mal nicht durchsetzen konnte, zerstritten sie sich fast vollständig, was eine erneute Umstrukturierung der Firma erforderlich machte. Bettina ging in ein Angestelltenverhältnis zu Tim über, der sie aus der Verantwortung für die Kosten der Projekte entließ. Sie kannte ihren Bruder gut genug, um zu wissen, dass er das Geld alleine nicht in die Hand nehmen würde. Später werde ich darüber nachdenken, wie all diese Belastungen, die Bettina und Armin zu tragen hatten, mitverantwortlich sind an ihrem irgendwann einsetzenden Krankheitszustand. Im Gegensatz zu mir waren die religiösen Belastungen bei ihnen nicht vorhanden, da sie dafür nie so viel Kraft und Zeit einsetzten, vor allem waren sie weitgehend mit allem einverstanden, genauso wie Tim. Die Querulanten und

Fragesteller waren Markus, Randy und ich. Natürlich war dies meinem Einfluss zuzuschreiben, da die Jungs und ich am meisten zusammen waren. Meine Erziehung schloss ein Zusammensein mit Weltmenschen nicht aus, und den Einfluss damit einhergehender Weltsichten auch nicht. Beide konnten Freundschaften mit Klassenkameraden pflegen und an Schulaktivitäten teilnehmen, solange es nicht um Geburtstage, Fasching, Weihnachten und andere „heidnische Bräuche“ ging. Dies ermöglichte ihnen den Zugang zu anderen Perspektiven und Informationen, die sie kritischer sein ließen. Natürlich wurde dies in der Versammlung sehr missbilligend zur Kenntnis genommen, und Tim kam dadurch auch nie für das Amt eines Ältesten infrage. Da er damit zeigte, dass er seiner eigenen kleinen Familie nicht vorstehen konnte, schloss man folgerichtig, dass er auch die Versammlung nicht „ordentlich auf Linie“ halten könnte. Auf der einen Seite versuchte ich sehr, Randy und Markus in der „Wahrheit“ zu halten, und stand bei Problemen für Gespräche zur Verfügung. Auf der anderen Seite brachte ich es nicht fertig, Dinge für mich zu behalten, die ich nicht verstand oder die für mich nicht in Ordnung waren, und besprach dies mit den Jungs. Je älter Randy wurde, umso mehr Energie musste ich einsetzen, um meinem Mann seinen Sohn zu erklären. Umgekehrt war es allerdings genauso: Ich kannte Tim‘s Geschichte recht gut, und vor diesem Hintergrund hatte ich viel Verständnis für seine Reaktionen, auch wenn ich sie nicht teilen konnte. Dies wiederum musste ich unserem Sohn erklären, der sich durch die Haltung seines Vaters nicht selten verletzt fühlte. Oft war es sehr schmerzhaft für mich, mitzufühlen, wie sich hier eine schlechte, unreflektierte Vater-Sohn-Problematik in der nächsten Generation festzumachen schien. Da ich als Brückenbauer, Verständnis-Hersteller und Friedensstifter zwischen meinen beiden Männern unterwegs war, ergab sich leider nie die Situation für einen offen ausgetragenen Streit. An diesem Platz wurde so viel gestritten und schreiend üble Worte benutzt, dass ich das in meiner kleinen Familie nicht auch noch ertragen wollte. Vielleicht hätte ich das zulassen sollen, um Randy und auch Markus die Gelegenheit zu geben, vor den jeweils betreffenden Personen alles auszusprechen, was ihnen zu schaffen machte. Konflikte zu ertragen und für sich selbst einzustehen, egal was der andere für sie an Regeln und Geboten aufstellen würde, wäre ein authentischerer Weg gewesen. Doch da gab es diesen wichtigen Satz: *„... die Liebe erträgt alles, erduldet alles ..., soweit es von euch abhängt, haltet mit allen Menschen Frieden."*

# 30 Jahre Täuschung

Kurze Zeit später konfrontierte mich – und indirekt auch meine Familie – eine neu interessierte Frau, Patricia, die seit einiger Zeit die Bibel studierte und nun regelmäßig in die Versammlung kam, mit unglaublichen Verleumdungen. Da ich nach all den Strapazen in der Gärtnerei ohnehin völlig erschöpft und überreizt war, gelang es ihr mühelos in kürzester Zeit, mich völlig aus dem Gleichgewicht zu bringen. Ihre listigen Anschuldigungen waren so dreist, dass ich es einfach nicht rechtzeitig begriff: Sie spielte jeden gegen jeden aus, letztlich aber benutzte sie privateste Informationen über Glaubensbrüder, um ernsthaft Unruhe zu stiften. Aber es war nicht nur sie allein, involviert waren auch andere Personen, vor allem die Ehefrau unseres angesehensten Ältesten, Martha. Von ihr kamen Geschichten über den unmoralischen Lebenswandel anderer Mitglieder, über deren fast kriminell zu nennende Vergangenheiten und auch Lügengeschichten, beispielsweise, dass ich (!) versucht hätte, Randy abzutreiben, als ich schwanger war. Kaum dass ich mich mit Patricia verabredet hatte, um sie als „Neue“ zu begrüßen und zu unterstützen, schüttete sie vor mir all diese Abscheulichkeiten aus. Damit nicht genug, beteuerte sie, dass Martha ihr all das zugesteckt hatte, um sie vor uns zu warnen! Das war ungeheuerlich, und es warf mich ziemlich aus der Bahn. Ich war doch im falschen Film, oder? Nein, das erlebte ich gerade nicht! So schlagfertig und redegewandt, wie ich sonst war, versagte mir bei großem Schrecken oder Schock die Sprache so vollständig wie meine Bewegungsfähigkeit. Nicht fähig, zu reagieren, fühlte ich mich wie gelähmt. Wie sollte ich bei all diesen Informationen noch denken können? Und dennoch: In jeder Story, die Patricia gerade ausgespuckt hatte, fand sich eine kleine Kernwahrheit, und wollte man all diesen Menschen Böses, konnte man es genau so darstellen. Immer noch unfähig zu einer Reaktion, überlegte ich zunächst: Nein, nie würde Martha das tun, sie ist außerdem Pionier und damit, was ihre Loyalität zur Versammlung angeht, besser als ich selbst. Das Problem musste Patricia sein, sie war schließlich noch nicht getauft, viel zu neu, sie war der „Dämon", der eingeschleust worden war, um die Versammlung von innen heraus zu zerstören. Schließlich wurden wir immer wieder davor gewarnt, auf solche Situationen zu achten und sie den Ältesten zu melden! Mich schüttelte Entsetzen und Panik, keine weitere Zeit wollte ich mit dieser Person verbringen. So beendete ich unter einem Vorwand sofort diese Verabredung. … Noch nie war ich wegen eines Themas, das unsere Religion betraf, so geschockt und aus dem Gleichgewicht. Das wollte ich abends sofort mit Tim besprechen, auch mit Bettina und Armin, da ich wusste, dass die zwei schon einige Male mit Patricia und ihrem Mann Essen gegangen waren. Außerdem waren sie von diesen Verleumdungen ebenso betroffen wie ich. Zum Glück war ich diesmal in meiner Familie nicht das übersensible Huhn, denn alle waren entsetzt, keiner verstand, was da passiert war, niemand hatte eine Erklärung dafür. Sogar der auf ständigen Ausgleich bedachte Armin war mit seiner Sanftmut am Ende. Er und Tim beschlossen, am nächsten Tag den Ältesten zu benachrichtigen, der damals die Beerdigungsansprache für Max gehalten hatte, er war ein sehr bedachter Mann, dem das Wohl aller wirklich am Herzen lag. Einige der Aussagen betrafen auch zwei meiner damals besten Freunde, deshalb wollte ich auch sie vorher dazu befragen. Ich stieß auch bei ihnen auf größte Irritation und die naheliegende Erklärung, dass sich nur die „Neue" als „Übeltäterin" vorstellen ließ, wobei die eine Freundin einlenkte: *„Nun ja, Martha hat wirklich ein Riesenproblem mit Eifersucht, aber dass sie so weit geht, kann ich mir auch nicht vorstellen."*

Und dann geschah Folgendes: Alle Betroffenen, die ich informiert hatte, sowie Martha als auch ihr Mann René, der selbst als Ältester wirkte, und auch Patricia natürlich, die das alles erzählt hatte, wurden von Klaus, dem Ältesten, den wir informiert hatten, zu einem Termin in die Versammlung bestellt, um diese Sache zu klären. Auch Martha hatte einen besonderen Liebling unter den Ältesten – und dies beruhte auf Gegenseitigkeit –, der unvorhergesehen auch zugegen war. Sie hatte ihn wohl am Vorabend noch informiert, jedenfalls übernahm er sofort das Wort, ehe überhaupt jemand richtig angehört wurde. Er sprach von einem schrecklichen Missverständnis und Unrecht, was wir der armen Martha antaten. Immer noch zuversichtlich, dass sich das klären ließ, wenn alle angehört worden seien, ahnten wir noch nichts Schlimmes. Was aber keiner von uns erwartet hatte, passierte nun: Martha und ihr Mann stritten alles ab, was gegen sie sprach, und sie brandmarkten Patricia als Versammlungsfeindin. Das bewirkte bei allen Anwesenden, wie bei mir zuvor, eine Unfähigkeit zu reagieren. Nur Martha war in der Lage, ein wunderbares Plädoyer für sich selbst und ihre Unschuld zu halten. Dies war für ihren Gönner der Anlass, diese Sitzung aufzulösen, nicht ohne uns anderen Stillschweigen über das offensichtliche Missverständnis anzuordnen – aber ohne (!) Patricia oder uns anzuhören. Dies löste einen starken Unmut und ein Gefühl von Unrecht bei uns aus, wir wollten ganz und gar nicht schweigen und suchten nach Beweisen, die ganz offensichtlich waren, also nicht der Fantasie Patricia's zuzuordnen waren. Ein neues Aufnahmeverfahren wurde abgelehnt, die Zusammenkünfte gingen weiter wie gehabt, René hielt seine Vorträge über ein christliches Miteinander und sprach die Warnung an alle aus, die „Unruhe in die Versammlung Gottes brachten“. Auch wir Betroffenen gaben unsere Antworten in verklausulierten Bibelstellen zurück oder boykottierten ihn. Das hatte es noch nie gegeben, es war so dicke Luft, dass man getrost von einer Kriegsatmosphäre sprechen konnte. Die nicht betroffenen älteren Schwestern und Brüder verstanden nicht, was passiert war, spürten aber die starke Uneinigkeit im Raum. Es folgte die letzte Aufforderung an uns, zu schweigen, ansonsten müsse man den Störenfried öffentlich verwarnen, um die Versammlung vor weiterer Zerstörung zu schützen. Meine beste Freundin konnte – so wie ich – das Ganze nicht verwinden, passte hier doch nichts zusammen von dem, was sich ereignete, und dem, was wir vertraten. Sie wurde innerhalb kürzester Zeit krank und entwickelte in wenigen Monaten einen schweren Diabetes. Es zerfiel die komplette Eintracht, keiner traute mehr dem anderen, und ich war nicht gewillt, Ruhe zu geben und die Angelegenheit auf sich beruhen zu lassen. Doch es kam noch schlimmer: Der Mann meiner Freundin untersagte mir, weiterhin mit seiner Frau Kontakt zu pflegen, da ich ihren Diabetes verschuldet hätte, statt meinen Mund zu halten, als Patricia all die Dinge über mir ausschüttete. Oder noch besser, Patricia hätte das für sich behalten sollen. Was für ein Feigling, ich konnte ihn nicht mehr ausstehen. Ich (!) sollte jetzt den Mund halten? Schließlich ging es hier um nichts Geringeres, als dass jemand erzählt hatte, ich habe versucht, mein eigenes Kind abzutreiben! Nein, genau das konnte ich nicht! Seit ich klein war, sollte ich glücklich sein, dass wir in der einzigen „Wahrheit“ lebten, und dies hier war eine Riesenlüge, die ganz viele Menschen geschädigt hatte, von Ältesten geduldet. So ein Unrecht gab es doch nur in der bösen Welt da draußen! … Doch immer mehr Freunde gaben mir den Rat, ich solle die Geschichte vergessen, es müsse dringend wieder Frieden einkehren. Frieden? Welcher Frieden? Ich wollte den Fall neu aufgerollt haben und ging zu höheren Instanzen. Selbst Tim, der für sein Verhältnis ungewöhnlich lange zu mir gestanden hatte, obwohl ihm das viele Schwierigkeiten eingebracht hatte, sagte irgendwann: *„Gib endlich auf, das geht aus wie das Hornberger Schießen. Sie werden immer den Ältesten und seine Frau schützen und eher dich aus der Versammlung ausschließen.“* *„Wenn das so ist“*, gab ich zurück, *„dann kann das unmöglich die ‚Wahrheit‘ sein, dann sind wir seit unserer Kindheit einem riesigen Betrug aufgesessen. Ich werde nicht aufgeben, bis das geklärt ist!“* Nach und nach mieden mich die meisten Menschen der Versammlung, kaum jemand traute sich noch, mit mir Kontakt zu halten. Von der Bühne herunter wurde gewarnt, mit mir zu sprechen, da ich ein schlechter und gefährlicher Umgang für andere sei. Und natürlich: Sie waren davon überzeugt, sowohl die, die das sagten, als auch die, die es beachteten und mich fallen ließen. Wie ein Mahnmal ging ich trotzdem in die Zusammenkünfte und dachte gar nicht daran, mich zu verstecken oder fernzubleiben, auch wenn ich inzwischen fast vollständig isoliert war. So konnten sie nicht ihren erwünschten Scheinfrieden finden. Die Jungs hatten durch diese Erlebnisse keine Ambitionen, sich weiterhin über irgendwelche biblischen „Wahrheiten“ Gedanken zu machen. Randy zog sich sehr zurück, nur Markus wetterte mit mir weiter. Tim war nicht sauer auf mich, sondern eher traurig, denn ich wurde nun immer kränker, bekam eine Depression und litt unter Dauerblutungen. Jedes Mal, wenn ich das Versammlungsgebäude betrat, fing ich an zu bluten. Ich kontaktierte eine Menge Ärzte, doch sie waren alle ratlos. Keinem von ihnen erzählte ich, wann (!) die Blutungen auftraten, immerhin hatten wir dreimal pro Woche Zusammenkunft. Immer noch schützte ich den Ruf der Zeugen Jehovas, immer noch glaubte ich, das sei in Ordnung zu bringen. Wenn nicht, dann war das nicht die „Wahrheit“, dann müsste ich akzeptieren, dass ich über 30 Jahre (!) lang einer irrsinnigen Fata Morgana aufgesessen war. Das würde bedeuten, dass all die geistigen Vergewaltigungen und die Tausenden „Neins" an mein eigenes Leben umsonst gewesen waren. Würde ich den Mut haben, das zu akzeptieren?

Markus und Randy erlebten meinen Kampf, der noch sieben Jahre (!) dauerte. Ich hatte weder Kraft noch Lust, ihnen etwas vorzumachen. Ab Oktober 1998 hatte ich einige Monate lang einen ständig wiederkehrenden Traum, in dem es um ein riesiges Bild in Orange- und Gelbtönen ging. Es war immer das Gleiche, um jedes Mal festzustellen, dass weder das Format noch die Farben in unser Haus passten. Eines Tages sagte ich zu Tim: *„Ich muss unbedingt in ein Geschäft für Künstlerbedarf, eine sehr große Leinwand kaufen und ein Bild malen, ansonsten hört dieser Traum nie auf."* Doch ich kam nicht dazu, denn wir hatten Saison, das Frühjahrsgeschäft lief auf Hochtouren. Dieter, einer der wenigen Kontakte, die mir aus der Versammlung geblieben waren, da er die Dinge, die er sah, auch nicht ertragen konnte, war gerade dabei, seine Familie zu verlassen und in eine andere Stadt zu ziehen. Seine Frau und seine Kinder hatten sich in diesen Angelegenheiten hinter die Versammlung gestellt, aber er agierte wie ich, und das ließ seine Familie auseinanderbrechen. Da ich jeden mochte, der Mut zeigte und sich nicht beugen ließ, war ich über das Wegziehen von Dieter sehr traurig. Zum Abschied schenkte ich ihm das Buch „Die Prophezeiungen der Celestine". Ich fand es in einer Buchhandlung, es zog mich magisch an, ich hätte mich aber nicht getraut, es für mich zu kaufen. Etwa gegen Anfang 1999 begann ich allerlei zu unternehmen, was sich für mich nicht geziemte: Ich ging mit Markus zusammen in ein Sportstudio und lebte fast mehr bei ihm als in unserem Haus bei Tim. Randy hatte mittlerweile eine Freundin. Ich ging nur zum Arbeiten in mein Floristikstudio auf dem Hof, zum Kochen und um die Hausarbeit zu verrichten – nach wie vor in unserem gemeinsamen Zuhause –, doch ich übernachtete immer öfter bei Markus, der nun eine eigene

Wohnung schräg gegenüber in der gleichen Straße hatte. Im Sportstudio lernte ich einen netten spanischen Kunstmaler kennen. Mit ihm, Markus und Dieter verbrachte ich so viel Zeit wie möglich. Ich hatte große Angst verrückt zu werden. So, wie ich nun lebte – als verheiratete Frau allein mit Markus und dem Maler unter einem Dach schlafend –, würde ich früher oder später einen Ausschluss aus der Versammlung provozieren, doch diese aktiv zu verlassen, das konnte ich mir nicht vorstellen. Tim war in dieser Zeit bemühter und liebevoller als in den fast 25 Jahren seit unserer Heirat. Auch in der Verleumdungssache hatte er sich mutiger verhalten als alle Ehemänner meiner ehemaligen Freundinnen. Trotzdem konnte ich ihn nicht mehr neben mir ertragen. Viele vergangene Verletzungen kamen in dieser schweren Zeit immer wieder hoch, und es fühlte sich an, als sei es schlicht und ergreifend zu spät für uns. Doch das, was mich ihm wirklich entfremdete, war die Tatsache, dass er immer ein Teil dieser Religion sein und bleiben würde. Das war ein unerträglicher Gedanke für mich. Nachdem Dieter einige Wochen weg war, rief er mich an und fragte mich, ob ich das Buch über Celestine selbst gelesen habe. *„Nein"*, sagte ich. *„Ich habe mich nicht getraut. Ich wusste aber, dass du es tun würdest, weshalb fragst du?"* Dieter legte mir nahe, das Buch zu lesen, und meinte, ich würde es unbedingt brauchen. *„Versprich es mir"*, sagte er mit Nachdruck, *„glaub mir, du brauchst es!"* Nachdem ich ihm das Versprechen gegeben hatte, kaufte ich das Buch ein zweites Mal – nun für mich – und las es in einem Zug wie unter Hypnose. Als ich es zuklappte, gab ich mir selbst das Versprechen, ab sofort nur noch das zu tun, was mein Bauch mir sagte. Egal, ob man es tut oder nicht, ob es verboten, verpönt oder sonst was war. Egal, was Familie, Freunde, Ehemann, Nachbarn und all die Leute sagten, die meinten, in anderen Leben mitreden zu dürfen. Ich würde mich an diesen Vorsatz halten, auch wenn ich es selbst nicht verstand …

# Spanien

Der Flieger landet pünktlich, und Sascha wartet bereits. Ein mulmiges Gefühl braust durch meinen Bauch und die Glieder. Nicht nur wegen der für mich vollkommen neuen Situation, sondern auch wegen meiner selbst gesetzten Frist, in vier Wochen eine Entscheidung solcher Tragweite getroffen haben zu wollen. Gebräunt, elegant und gut gelaunt nimmt mir Sascha mein weniges Gepäck ab, und wir fahren direkt nach Palma in die Stadt. Nun gut, vielleicht will er mir zuerst die Stadt zeigen und später in seine Wohnung fahren. *„Komm, wir gehen erst einmal frühstücken, du musst doch Hunger haben? Danach machen wir einen Stadtbummel, und ich zeige dir die Altstadt."* Nein, ich habe wirklich keinen Hunger, sage es aber nicht, wo er doch so eine quirlige, gut gelaunte Aktivität versprüht. Palma ist wirklich schön, dennoch kann ich das Ganze nicht wirklich genießen. Ich laufe als nicht eingeweihter Statist durch meinen eigenen Film und kenne die Person nicht, die in meiner Kleidung steckt. Sascha denkt wohl, er muss mich etwas aufmuntern, er zeigt mir vor der Escada-Boutique ein zauberhaftes rosafarbenes Kostüm mit der Frage: *„Wie gefällt es dir?"* Ich bin noch keine 30 Minuten (!) wieder am Boden. *„Sehr gut, warum?"* Er möchte, dass ich es anprobiere, um es zu kaufen. Was? Auf gar keinen Fall wird er mir etwas kaufen, und in dieser Preisklasse schon gar nicht, da kann ich ja einen Monat von leben. Ich bin empört, doch Sascha denkt, ich mache ein Spiel daraus. Klar, wir kennen uns ja nicht wirklich. Er lässt nicht locker, bis ich einfach wegrenne. Das kann ja heiter werden, ich habe wahrhaftig anderes im Kopf als Designerklamotten. *„Sag mal, was ist denn mit dir los?"*, fragt er, als er mich wieder eingeholt hat, er hat noch nie eine Frau erlebt, die von einer Boutique wegrennt. Was soll ich ihm erklären, mir fällt keine Antwort ein, und so bummeln wir weiter durch die Stadt – er als gesprächiger gut gelaunter Reiseführer, ich wortkarg mit Herzrasen. Oh man, auf was habe ich mich da eingelassen? Mein Bauch ist immer noch einverstanden, aber mein durchprogrammiertes Gehirn läuft im Error-Modus und findet den Ausgang nicht.

*„Komm, wir bringen deine Sachen in die Wohnung"*, lenkt er schließlich ein. Wir stehen mitten in der Altstadt vor einem Haus, zu dem er erstaunlicherweise den Schlüssel hat, und besteigen den Fahrstuhl. Ich verstehe nicht ganz, und er erklärt: *„Natürlich wohne ich in der Stadt, wo denn sonst, auf dem Lande etwa?"* Er ulkt. Wie vom Donner gerührt, versuchte ich das schnell einzuordnen. Nie wäre mir das in den Sinn gekommen. Meine Vorstellung war so, dass er weit ab von allem ein kleines Häuschen zwischen Pinien – nichts außer Grillen und Vögel – mit Blick über das Meer hat. Dies war so klar, dass ich vorher nicht gefragt habe, wo in Mallorca er lebt. In meiner Fantasie gab es nur die Land-Variante. *„Da würde ich ja wahnsinnig werden, ich bin doch kein Landei! Wie ich das Erwachen einer Stadt am Morgen genieße, wenn sich alles in Bewegung setzt, die Läden öffnen, sich die Cafés füllen, die Straßenmusikanten anfangen zu spielen – na ja, nicht alle, aber das ist dann auch egal"*, strahlt er mich euphorisch an. Jetzt denke ich, er macht einen Witz, diesen Krach nennt er das „Erwachen einer Stadt"? Nein, da gehe ich ihm nicht auf den Leim. Seine Wohnung ist sehr geschmackvoll eingerichtet, von den kleinen Austrittsbalkonen kann man auf all die bunten Häuser sehen, die um diesen Platz angeordnet sind.

Die Sonne flutet warmes Licht durch die im Wind schaukelnden weißen Vorhänge. Wie schön sauber und ordentlich hier alles war, einfach wunderbar! Sascha ist also ein Mann, der in einer absoluten Ästhetik zu Hause ist. Das war mir schon in der Praxis aufgefallen. *„Schau dich in Ruhe um und richte dich ein, hier hast du freie Schrankfächer"*, teilt er mir mit. *„Allerdings habe ich nur ein Schlafzimmer."* Aha, denke ich, der ist ja unbekümmert! Das meinte Markus wohl mit seiner Warnung, ich solle auf mich aufpassen? Um solche Nebensächlichkeiten hatte sich mein Bauch offensichtlich aber bis hierher nicht gekümmert. *„Wo ist das Schlafzimmer?"*, frage ich nach. Er zeigt es mir, ich betrachte das Bett und sage genauso unbekümmert: *„Das ist doch groß genug, das gibt kein Problem."* Ich glaube, in diesem Moment hat er meine Antwort inhaltlich nicht verstanden. Nachdem ich mich eingerichtet habe, setzen wir uns in das lichtdurchflutete Wohnzimmer und kommen zögerlich ins Gespräch. Genau genommen bin ich zögerlich, denn er hat scheinbar einen Fragenkatalog vorbereitet, den er nun abarbeitet: *„Was hast du denn deinem Mann erzählt, mit wem du hier bist?"* Verständnislos schaue ich ihn an. *„Was soll ich denn erzählt haben? Du hast mich per SMS eingeladen, mir ein Ticket bringen lassen, und ich habe ‚Ja' gesagt zu deiner Einladung, das weißt du doch selbst alles."* *„Das glaube ich dir nicht! So unprofessionell kann man doch gar nicht sein? Nie im Leben hast du das gemacht!"*, kontert er ungläubig. Ich versichere ihm, dass es genau so gewesen sei, und verstehe nicht, wieso er sich jetzt aufregt. *„Nein, nein!"*, sagt er kopfschüttelnd und versucht dabei zu lachen. *„So hat das noch nie jemand gemacht!"* Ich weiß nicht, wen er mit „jemand" meint und sage trotzig: *„Aber ich mache es so!"* Er wird wieder ernst und vergewissert sich nun seinerseits, ob ich nicht doch erzählt habe, ich sei mit einer guten Freundin über's Wochenende weggefahren. Er will wissen, warum ich das getan habe. *„Ja, wie denn sonst, da hätte ich ihn doch anlügen müssen!"*, sage ich und werde langsam sauer. Er lässt nicht locker und stellt mir weiter verfängliche Fragen. Sein sarkastischer Ton gefällt mir gar nicht. Was soll ich denn machen? Ich verstehe ja selbst nicht, warum ich hier bin? Ich brüte gerade darauf herum, ob ich mich wirklich traue, bald vernichtet zu werden, wenn ich mich von meiner Religion verabschiede. Ich habe eine unglaubliche Angst und weiß nicht, was aus meinem Kind wird. Ich habe „Celestine" gelesen, mein Bauch hat *„Ja"* gesagt, als die SMS bei mir ankam, und ich habe so schnell geantwortet, damit ich auf gar keinen Fall darüber nachdenken konnte – soll ich ihm das sagen? Er wird es sowieso nicht verstehen. Wie auch! Ich nehme die Kurzvariante: *„Ich bin eine Zeugin Jehovas, ich lüge nicht."* Jetzt ist Sendepause, beunruhigend lange! *„Was bist du?"* Seine Stimme schwankt zwischen wütend, ungläubig und ängstlich. Vor ihm sitzt eine hübsche, aber eindeutig irre Frau, und er hat sie selbst eingeladen. Er fühlt sich betrogen. *„Das hättest du mir sagen müssen!"*, schreit er und springt dabei auf, um im Zimmer nervös hin- und herzulaufen. *„Nie im Leben hätte ich dich dann eingeladen!"* Eine Weile sitzen wir wieder nebeneinander und reden aneinander vorbei. Sascha schimpft auf alle Sekten, ich leide, weil seine Worte heftig sind. Auf der Gefühlsebene stimme ich ihm zwar zu, aber mein Gehirn schaltet mit jeder neuen Frage mehr in den Verteidigungsmodus. Wieso macht es das? Ich höre doch die ganze Zeit nur das, was ich als Kind auch schon empfand. Doch ich bin gerade nicht in einer schlagfertigen Position. Irgendwann hat er die Nase voll und schließt diese sinnlose, irre Diskussion mit dem Wunsch, das Beste daraus zu machen, da ich nun einmal da war.

Froh darüber, aus dieser Kiste vorerst aussteigen zu können, laufen wir schweigend durch diese lärmende, wunderschöne Stadt: kleine Läden, Restaurants, Bäume, die lila Blüten tragen, plätschernde Brunnen, uraltes Kopfsteinpflaster und eine beeindruckende Kathedrale, die einen Blick über das Meer bietet. All das lenkt uns zum Glück in eine neue Richtung. Für den Abend hat er – wie ich Monate später erfahren werde – in einem sündhaft teuren Lokal im Yachthafen für uns einen Tisch reserviert. Ich war noch nie an solch einem Platz! Eine vollkommen neue Welt breitet sich um mich herum aus – sie gefällt mir sehr gut! Es ist wunderschön hier, die Kellner kennen Sascha, zum Glück hat er wieder gute Laune, und ich nehme mir vor, dieses Essen einfach zu genießen. Neben dem Teller liegen bestimmt sechs verschiedene Bestecke, und zwar auf beiden (!) Seiten, oben ein Bestecklager aus Löffeln. Schnell schiele ich zu den anderen Tischen – die sehen genauso aus, und außer mir scheint niemand ein Problem damit zu haben. Was macht man mit dem ganzen Zeug, und wie geht das noch mal? Von innen nach außen, von außen nach innen? Wann setzt man alle diese Löffel ein? Ich werde mir etwas bestellen, wozu ich nur eine (!) Gabel und einen (!) Löffel brauche, ich bete um Spaghetti auf der Speisekarte. (Inzwischen esse ich nämlich wieder Nudeln, wenn auch nicht oft.) Die Speisekarte liest sich wie ein Fremdwörterlexikon, und ich muss Sascha bitten, mir Nudeln zu bestellen, am liebsten Spaghetti, es hätte immerhin sein können, dass ich für jede andere Nudelform dieses ganze Werkzeug hätte benutzen müssen. Er wirkt enttäuscht, dass ich nur eine einfache Speise möchte und keine Vorspeise bestelle. Dafür gleicht er es aus, indem er viele verschiedene Gänge bestellt – unter anderem Hummer. Ich habe noch nie gesehen, wie jemand Hummer isst, und kann kaum fassen, dass noch zusätzliches (!) Besteck gebracht wird. Als der Hummer auf dem Tisch steht, bin ich froh, so wenig auf dem Teller zu haben, denn Sascha beginnt nun, eine hingebungsvolle OP am Esstisch zu zelebrieren. Ich dagegen bin schon überfordert, wenn jemand ein Hähnchen vor meinen Augen zerlegt. Zum Glück weiß ich damals noch nicht, unter welch grauenvollen Umständen ein Hummer zubereitet wird. Mein „Arzt" hat sich offensichtlich von seinem ersten Schock erholt, denn nach dem Essen beginnt er nun mit mir eine philosophische Grundsatzdiskussion über Freiheitsrechte, Machtmissbrauch und Versklavung zu führen. Dem habe ich nicht viel entgegenzusetzen, zumal mein Gehirn sich nicht mehr auskennt. Als er jedoch beginnt, mir meine Welt zu erklären, muss ich mich doch zur Wehr setzen, denn von meiner Welt hat er wirklich überhaupt nicht die leiseste Ahnung! Außerdem bin ich nicht gewillt, ihn aufzuklären, solange ich selbst nicht weiß, wie es für mich weitergeht ... Eigentlich ist es aber doch ein unglaublich romantischer Abend, wobei ich das Gefühl habe, die sieben Geißlein, die Wackersteine und den Wolf im Bauch zu haben. Sascha kann ja nicht wissen, dass ich schon als Kind keinen Bissen runterbekam, wenn auch nur das Radio lief. Für ihn hingegen bietet ein ausführliches, gutes Essen die ideale Rahmenbedingung für eine intelligente Diskussion. Essen und reden gleichzeitig – das kann ich nicht. Es ist schön bei ihm, irgendetwas, das ich nicht benennen kann, ist unglaublich stimmig – als würden wir uns ewig kennen. Die Sprache aus unseren verschiedenen Welten kann aber keine Brücke schlagen zu einer guten Kommunikation. Froh, endlich im Bett zu sein, will ich nur noch schlafen und rücke ganz auf die äußere Kante, um keine falschen Signale zu senden. Später wird mir Sascha erklären, dass bereits meine Zusage per SMS das klare Signal gewesen sei und wahrscheinlich kein einziger (!) Mensch das anders interpretieren könnte als er. Das kann ich im Augenblick aber nicht beurteilen, denn ich kenne seine Welt nicht.

So, wie wir uns am nächsten Morgen fühlen, haben wir beide kaum geschlafen. Mir war es viel zu laut und zu hell, und Sascha war durch mich – das „Überraschungspaket" – über die Maßen angespannt. Für den heutigen Tag hat er eine Inselrundfahrt geplant, zwischendurch möchte er auch ein bisschen an den Strand gehen. Es gelingt uns immer wieder für einige Zeit, in einen Heiterkeitsmodus zu wechseln, zumal das Wetter traumhaft und die Insel so schön ist. Wir fahren zu verwunschenen kleinen Buchten, über Passstraßen zu bizarren Bergen, nach jeder Kurve gibt es eine andere berauschende Aussicht. Wir spazieren durch kleine alte Dörfer, halten an verträumten Cafés. Alles ist wunderschön, doch auch unwirklich scheint es, jedenfalls dringt es nicht ganz zu mir durch. Eine Nebelwand zwischen Kopf und Bauch lässt dies nicht zu. Sascha hat wahrscheinlich keinen Nebel in sich, doch richtig entspannt wirkt er auch nicht. Ab und an versucht er, meine Hand zu nehmen, was ich nicht zulassen möchte. Aber er findet das mädchenhaft albern und ist beleidigt. Dies ist unser zweiter gemeinsamer Tag, und morgen werden wir wieder nach Deutschland fliegen. Ich kann mir noch keine Meinung bilden über diese Aktion, die mein Bauch mir eingefädelt hat, alles ist viel zu unwirklich, als dass ich es fassen, geschweige denn verarbeiten kann. Zwischen Sascha und mir baut sich eine unglaubliche Spannung auf, und als wir abends im Bett liegen, platzt ihm der Kragen: *„Nach wie vor habe ich keine Erklärung dafür, weshalb du überhaupt gekommen bist! Du igelst dich ein und entziehst mir deine Hand wie ein Schulmädchen, liegst aber mit mir im Bett. Ja, spinnst du denn? Hast du mal darüber nachgedacht, dass ich wesentlich stärker bin als du und ich über dich herfallen könnte?“ „Nein“*, gebe ich leise zurück, *„so was machst du nicht, das kann ich gut spüren.“* Laut aufstöhnend lässt er sich in sein Kissen zurückfallen. Aber es ist wirklich so: Ich fühle mich vollkommen sicher neben ihm, trotz der aufgeladenen Situation. Kurz ziehe ich in Erwägung, ihm zu erklären, dass ich nicht nur wegen meines neuen Beschlusses, auf mein Gefühl zu hören, bei ihm bin, sondern weil er (!) mein (!) gelb-orangefarbenes großes Bild hat. Dieses Bild, welches ich seit 1998 in meinen Träumen male und aus Zeitgründen in der Realität nicht realisiert habe, gibt es nämlich schon – bei Sascha im Wohnzimmer!

In der Zeit, als ich mit Markus begann, ins Sportstudio zu gehen, lernte ich Sascha durch unseren gemeinsamen Trainer Sebastian kennen, der ihn gerade wegen meiner multiplen Wirbelsäulenprobleme ansprach – er trainierte neben mir an einem anderen Gerät. Es gefiel mir nicht, dass Sebastian einfach jemanden mit meiner Sache konfrontierte, konnte es aber auch nicht verhindern. In dem Studio herrschte ein sehr ungezwungener Umgang, fast jeder sprach mit jedem, und alle sprachen sich mit „Du" an. In einem der kurzen Dialoge mit Sascha erfuhr ich, dass er ein Domizil in Mallorca hatte und sagte unvorsichtigerweise: *„Da möchte ich auch mal noch hin!"* Ich hatte Bilder von Fincas im Sinn, die in einer grünen einsamen Weite lagen. Dann sprachen wir das Thema nie mehr an. Durch meine Floristikarbeit belieferte ich auch dieses Sportstudio mit großen Seidenpflanzen, darunter auch Bäume. Als Sascha davon erfuhr, bat er mich, ihm auch zwei Bäume zu bringen, die würde ich in Mallorca auf seinen Balkon stellen (sie müssen ja nicht gegossen werden). Dann drückte er mir eine Visitenkarte in die Hand mit der Aufforderung: *„Ruf mich an, wenn du sie hast, und bring sie bei mir zu Hause vorbei."* Als ich die Karte ansah, stellte ich fest, dass er Arzt ist in dem Stadtteil, in dem ich auch lebte. Eine Minute vorher fand ich ihn noch sehr sympathisch, aber ein Arzt (!) zählte seit einigen Jahren in meiner Gedankenwelt zu den Verbrechern, denn meine Erfahrungen mit der Schulmedizin waren weitgehend fürchterlich. Na gut, ich müsste ihn ja nicht heiraten, und die beiden Bäume zu liefern, ginge schnell. Schon kurze Zeit später war ich sehr froh, seine Visitenkarte zu haben, denn ich hatte mal wieder einen Unfall. Ich war gestürzt und hatte versucht, mich mit der Hand abzufangen. Dabei verließ mein rechter Daumen seine physiologische Position und hing nun an der Hand runter. Erschrocken, aber noch ohne Schmerz, betrachtete ich meine Hand, setzte den Daumen an seinen Platz zurück und hatte auf einmal diese Worte im Kopf: Rechte Hand, rechter Daumen, kann nicht mehr greifen, ich habe mein Leben nicht mehr im Griff. Das war das erste Mal, dass ich die Botschaft eines Unfalls verstand, wo kam das denn her? Bis zum Abend hatte ich noch weitergearbeitet, dann war die Hand bis zur Unförmigkeit angeschwollen, pochte und schmerzte ganz unverschämt. Mir fiel die Visitenkarte ein, und da es schon nach 19 Uhr war, brauchte ich bei keinem Arzt mehr anzurufen. Also rief ich Sascha an, um ihn zu fragen, welche Salbe ich auftragen könnte. *„Du brauchst gar keine Salbe! Ich will gerade gehen, aber ich warte auf dich, komm' sofort vorbei."* Kopfschüttelnd schaute er sich die Hand an und konnte nicht verstehen, dass ich damit stundenlang gearbeitet hatte. Dann führte er einige Telefonate, schrieb eine Krankenhauseinweisung und sagte: *„Morgen früh um neun Uhr dort sein, sie erwarten dich, ich habe alles geregelt, wenn es ist, was ich glaube, wirst du morgen gleich operiert."* Wow, so was hatte ich noch nie erlebt, und ich dachte immer, ich sei schon schnell. Sofort revidierte ich mein Vorurteil über ihn als Arzt. Am anderen Tag wurde, wie er es vorausgesagt hatte, nach der Untersuchung die OP durchgeführt – die Bänder des Daumens waren durch den Sturz abgerissen. Und so kam ich zu einem neuen Hausarzt – nichts Besseres hätte mir passieren können! Einige Tage später: *„Deine Bäume sind eingetroffen, wann willst du sie haben?"*, fragte ich am Telefon. *„Klasse"*, sagte er, *„ich fliege in zwei Stunden nach Malle über das Wochenende, wenn du sie mir gleich bringen könntest, kann ich sie noch mitnehmen. Mein Taxifahrer ist gerade gekommen und wir trinken noch einen Kaffee zusammen, ich bin also noch einen Moment hier."* Das konnte ich leicht einrichten, seine Privatadresse war nur einige 100 Meter von meiner entfernt. Obwohl ich über 20 Jahre hier lebte (und er noch länger), waren wir uns nie begegnet. Als ich die eingewickelten Bäume in den Hof gestellt und geklingelt hatte, öffnete er das Fenster und sagte: *„Lass sie unten stehen, wir laden sie dann ins Auto. Hast du Lust, mit meinem Fahrer und mir noch ein Glas Champagner zu trinken, für das schnelle Bringen?"* Champagner? Für mich? Am helllichten Tag? Das wollte ich mir nicht entgehen lassen und ging hoch. Eine wunderschöne, ordentliche, lichte und farbenfrohe Wohnung erwartete mich am Ende der Treppe. Die Flasche und Gläser musste er in Windeseile auf den Tisch gezaubert haben. Er stellte mich seinem sehr charmanten Fahrer vor, ich nahm an, die zwei waren befreundet. Sascha wies mir einen Sessel zu und drückte mir das Glas in die Hand, um mir zuzuprosten. Ich erstarrte mitten in der Bewegung … und das nicht, weil Zeugen Jehovas nicht „Prost" sagen durften. Nein, es war viel verrückter: Da hing MEIN Bild! An SEINER Wand! Vor lauter Irritation prostete ich den beiden Männern sogar zu und dachte: Nichts wie raus hier, so was kann es gar nicht geben! Denn alles, was unerklärlich war, war in der Regel ja auch dämonisch! So schnell wie möglich leerte ich das Glas und verließ fluchtartig diese Wohnung. Den Rest des Tages konnte ich kaum klar denken und war froh, als Markus von seiner Arbeit kam, um ihm dieses „Unmögliche" zu berichten. *„Echt? Das gibt es doch gar nicht! Wie geht denn so was, bist du dir ganz sicher?"* Auch er war aufgeregt, denn er musste ja zu derselben Schlussfolgerung kommen, dass nur der Teufel dahinterstecken konnte. Er warnte mich: *„Mensch, pass auf dich auf und halte dich von dem Typen fern, da stimmt doch was nicht."* Dieser Meinung war ich auch. Kurz darauf bestellte Sascha zwei weitere Bäume bei mir. Seine Nachbarn wollten auch zwei für ihren Balkon, da hatte er sie ihnen überlassen, und nun brauchte er wieder Neue. Es spielte sich wieder genau so ab: Die Bäume trafen ein, Sascha flog nach Mallorca, sein Taxifahrer war da und es gab Champagner. Inzwischen hatte ich aber zusammen mit Markus beschlossen, dass mein Traumbild ganz anders ausgesehen haben musste als das, was bei meinem Arzt im Haus hing, denn so etwas gab es einfach nicht! Wir konnten uns darauf einigen, dass ich an diesem Tag nur erschrocken war, weil es ein ähnliches Bild war und vielleicht auch wegen des Champagners. Markus hatte sich wirklich viel Mühe gegeben, mir diesen Schrecken auszureden. Ich wagte es, erneut die Einladung anzunehmen und ging rauf. Es war alles wie beim ersten Mal. Doch ich blieb ruhig und betrachtete das Bild sehr aufmerksam. Es war ganz eindeutig mein Bild, genau so hatte ich es gemalt im Traum, und es war einfach wundervoll! *„Woher hast du dieses Bild?“*, fragte ich. *„Das habe ich malen lassen, extra für diesen Raum, gefällt es dir?“* Ich nickte. Mehr sagte ich nicht dazu, leerte mein Glas und ging. Wieder besprach ich das mit Markus: *„Es ist hundertprozentig mein Bild“*, jammerte ich. *„Es ist genau so, wie ich es viele Nächte gemalt habe. Keine Ahnung, wie so was geht, es macht mir Angst …, und gleichzeitig ist irgendetwas an dieser Sache auch sehr richtig.“* Mein besorgter Neffe ermahnte mich erneut, zu Sascha Abstand zu halten. Deshalb war er auch so dagegen, dass ich die Einladung von Sascha angenommen hatte. Aber ich hatte sie gerade deshalb ja angenommen.

Soll ich ihm das jetzt sagen? Mir ist klar, dass Sascha immer noch wach und wütend neben mir liegt. Vielleicht wird es ihm helfen, wenn ich ihm diese Geschichte von meinem Bild in seiner Wohnung erzähle? Aber er hat in diesen zwei Tagen so viel Irres erfahren und erlebt, dass es wahrscheinlich sein Durcheinander noch erhöht, und wir müssen den morgigen Tag noch gemeinsam so gut wie möglich hinbekommen. Also schweige ich und versuche – nicht sehr erfolgreich – doch noch etwas zu schlafen. Wie nicht anders zu erwarten, gestaltet sich auch der dritte Tag schwierig. Wir schweigen uns an und reden nur das Nötigste. Ich kann seine Wut gut spüren, weiß aber nicht, was ich dagegen unternehmen soll. Ich bräuchte jetzt dringend meinen klaren Verstand, aber den habe ich nicht mehr. Aus praktischen Gründen gehen wir am Abend gemeinsam zum Airport, obwohl meine Maschine erst zwei Stunden später fliegt. Nach dem Check-in dreht sich Sascha plötzlich zu mir um: *„Weißt du was, das ist doch alles gar nicht zum Aushalten! Wir kaufen uns jetzt eine Flasche Sekt und betrinken uns, vielleicht hilft das.“* Prima Idee, ich bin sofort einverstanden, obwohl ich vom

Betrunkensein nicht viel halte. Aber der nüchterne Zustand, in dem wir beide gerade sind, ist viel schlimmer. Die Flasche ist schnell geleert, uns geht es deutlich besser, und wir müssen über alles Mögliche und Unmögliche, das wir erlebt und nicht erlebt haben, nur noch lachen. In der Abflughalle ist es wegen der Aircondition grabeskalt, sodass ich in meinem dünnen Kleidchen ordentlich friere. Sascha übergibt mir sein Jackett: *„Bring es mir nächste Woche einfach in der Praxis vorbei. Das war ein sehr interessantes Wochenende mit Dir, ich habe so was noch nie erlebt und brauche es auch nie wieder!"* Er geht zu seinem Gate, und kurz danach starte auch ich. Wieder übernachte ich bei Markus, der mich abgeholt hat, und kann ihn beruhigen, dass seine Sorgen alle umsonst waren. Mein Countdown läuft, das ist jetzt das Allerwichtigste. Noch dreieinhalb Wochen, und niemand kennt diesen Plan. Keiner soll die Möglichkeit haben, mich zu beeinflussen ...

# Jetzt wird es ernst

Den Umschlag mit dem Geld für das Flugticket habe ich zusammen mit Sascha's Jackett eingepackt und bin auf dem Weg in die Praxis. Nach seinem letzten Satz am Airport in Palma will ich mir diese Reise nicht schenken lassen. Ich hoffe, dass er gute Laune haben wird, denn ich habe vor, ihn noch ein bisschen auszufragen über Immobilien in Spanien. *„So eilig wäre das nicht gewesen, ich habe schon noch einige Jacken, aber danke für's Vorbeibringen"*, sagt Sascha knapp. *„Hast du alles gut überstanden?"* Ich nicke ebenfalls knapp und beginne gleich, ihm meine Fragen zu stellen, wie er es angestellt hat, diese Wohnung in Palma von Deutschland aus zu kaufen. *„Wieso?"*, fragt er irritiert. *„Willst du dir etwa in Spanien etwas kaufen?"* Ich erzähle ihm, dass ich das zwar nicht sofort vorhabe, sondern erst mit dem Fahrrad durch Andalusien fahren wolle, um mich umzuschauen und herauszufinden, wo ich bleiben möchte." Er schaut mich ungläubig an, obwohl er schon allerlei Merkwürdiges von mir gehört hat. Auf seine Nachfrage hin erzähle ich ihm auch, dass ich an den Abenden im Sommer viel Fahrrad fahren würde. Deshalb schlägt er mir vor, das gemeinsam zu tun, denn er erkläre während seiner Praxiszeit keine ausländischen Immobiliengeschäfte. Als es soweit ist, lässt der sportliche Fahrstil natürlich keine Gelegenheit für ein Gespräch zu. So halten wir nach einer Weile an einer Bank, um zu reden. *„Du fährst wirklich gut"*, lobt er mich, *„und scheinst auch eine prima Kondition zu haben, aber muss es* *gleich alleine durch Andalusien sein? Da ist es um einiges heißer und steiler als hier."* Ich bin nicht wirklich überrascht, denn auch Josè, dem spanischen Kunstmaler aus dem Sportstudio hatte ich das schon erzählt in der Hoffnung, praktische Tipps von ihm zu erhalten, schließlich kam er aus Granada. Doch der hatte mich auch für komplett verrückt gehalten und malte mir jede Menge Horrorgeschichten von Überfällen und Unfällen an die Wand. Wenn Sascha nun genauso „typisch Mann" reagiert, ist von meiner Seite aus das Thema beendet, doch er schwenkt um. Er empfiehlt mir ein ganz anderes Rad für so eine Tour und will wissen, warum ich das alleine machen will. Er ist wirklich interessiert. *„Ich brauche den Kopf frei"*, antworte ich ihm (dieses Mal ganz klar und sortiert). *„Ich fahre gerne Rad, und ich bin gerne alleine. Wenn ich langsam durch die Gegend fahre, kann ich die Energie der verschiedenen Landschaften und Orte besser spüren und damit besser entscheiden, wo ich leben möchte."* Sascha lässt das kommentarlos stehen und redet mit mir über die Kriterien eines vernünftigen Tourenrads.

Schon seit Monaten habe ich starke Schmerzen in meinem rechten Knie, nie beim Laufen, manchmal beim Radfahren und fast jede Nacht, das Liegen ist das Schlimmste. Das ist das Einzige, was mir Sorgen bereitet für meine Andalusien-Tour. Da mich das noch mehr beunruhigt als die Frage nach dem richtigen Fahrrad, zeige ich es Sascha gleich hier auf der Bank sitzend. Er tastet es vorsichtig und ausführlich ab und bestellt mich für den nächsten Tag in die Praxis, um mir eine Überweisung zum MRT zu geben. Ich will wissen, wieso. *„Mit diesem Knie ist ganz und gar etwas nicht in Ordnung."* Er schaut mich skeptisch an und wir brechen auf. Das habe ich zwar nicht im Plan, aber da ich die nächtlichen Schmerzen loswerden will, gehe ich wie vorgeschlagen am nächsten Tag zum MRT. Der Röntgenarzt äußert sich nicht zu den Bildern, sondern fordert mich auf, wieder zu Sascha zu gehen, er wird mir die Sachlage erklären. Ich fühle mich ein wenig von Pontius zu Pilatus geschickt, Geduld ist ja nicht meine herausragende Eigenschaft. Sascha klemmt die Bilder in einen beleuchteten Kasten, schaut sie eine Weile schweigend an – (wie ich so etwas hasse!) –, dreht sich dann langsam zu mir um und sagt in aller Ruhe: *„Du bist nicht auf deinem Lebensweg, sonst würde dein Knie so nicht aussehen."* Das fühlt sich nun an, als hätte er mir mit Wucht in den Magen geboxt. Natürlich war ich seit 30 Jahren nicht auf MEINEM Lebensweg, sondern auf einem Weg, um am Leben zu bleiben. Wieso sagt er so etwas? Er ist doch Arzt, das muss doch anders heißen? Das, was in meinem Knie nicht stimmt, wird ja wohl einen Namen haben! Ich bin nicht in der Lage zu antworten, also redet er weiter: *„Das ist ein Ganglion, groß wie ein Hühnerei, ein Gewächs, das dort nicht hingehört, und es hat bereits an dein Kniegelenk angedockt. Das bedeutet, du hast keine Zeit nachzudenken, ob du Lust auf eine OP hast. Dieses Ding muss sofort raus, sonst ist dein Kniegelenk unwiderruflich kaputt. Ich habe noch Kontakt zu meiner alten Klinik, ich weiß, wer im Moment der Beste für solch eine OP ist. Gib mir einen Tag Zeit, es wird einige Telefonate brauchen, ich melde mich heute Abend telefonisch bei Dir. Stell' dich darauf ein, dass du morgen in die Klinik gehst, wenigstens zehn Tage dort bleibst und dann erst einmal nur mit Unterarmstützen laufen kannst."* Das hört sich nun schon ganz nach einem Arzt an. Aber der Satz: Du bist nicht auf deinem Lebensweg hallt viel stärker durch meine Seele (die ich ja nicht habe). Zu Hause packe ich meine Sachen und sage Randy, Tim und Markus Bescheid, dass ich zehn Tage weg sein werde. Tim bitte ich darum, mich auf keinen Fall (!) zu besuchen. Vor Jahren noch hätte ich mir genau das Gegenteil gewünscht, doch nun will ich nur noch alleine sein. Die zehn Tage werden sowieso meinen persönlichen Zeitrahmen sprengen, denn am 28. Juni sind die vier Wochen um – heute ist der 20.

Als ich aus der OP erwache, sehe ich einen riesigen Blumenstrauß mit Grußkarte von Sascha neben mir stehen. Es freut mich, verstärkt aber auch gleichzeitig meine Irritation in dieser ganzen Situation. Ich erlebe zum ersten Mal, wie das ist, wenn sich jemand um mich kümmert und Dinge für mich regelt. Das war ansonsten mein Job, umso mehr genieße ich diese Fürsorge. Er hat sich wirklich um alles gekümmert, der „Ober-Knie-Guru" persönlich hat mich operiert – und das, obwohl ich ein verrücktes Sektenmitglied bin, mit dem er nichts mehr zu tun haben will. Am Abend bei der Visite sagt mir mein Operateur, welches Glück ich gehabt habe, dass dieses Riesenteil entdeckt worden ist, gerade noch, bevor es mein Gelenk zerstören konnte. Alles ist gut verlaufen. Einige Tage später kommt Sascha in der Klinik vorbei, um nach seiner Patientin zu sehen, wie er sagt. Er übergibt mir ein kleines Päckchen mit der Aufforderung, es erst zu öffnen, wenn er wieder gegangen ist. Als ich es auspacke, liegt eine wunderschöne kleine Perlenkette darin. … Am 28. Juni bin ich sehr früh wach, die Frist ist abgelaufen, nun muss ich meine Entscheidung treffen. Gedanklich gehe ich mein gehorsames, angepasstes Leben in der Zukunft durch und versuche mir das vorzustellen im Unterschied zu einem selbstbestimmten Leben, das einen vollkommen ungewissen Ausgang hat. Werde ich dieses ganze Jahr noch Zeit haben oder noch länger, bis Harmagedon kommt und meine Vernichtung besiegelt? „Du bist nicht auf deinem Lebensweg …", treffender hätte es niemand ausdrücken können. Ich nehme mir noch die Zeit, alle wahrscheinlichen Szenarien durchzuspielen: Abschied von Tim, Kontaktabbruch meiner Eltern, Wohnungs- und Arbeitssuche, Verlust aller (!) sozialen Kontakte. Dann ist die Entscheidung gefallen: „Ich möchte, dass sie meine Papiere fertig machen, ich werde heute die Klinik verlassen."

Tim freut sich, dass ich wieder zu Hause bin, das macht es noch schwerer! Ich packe alle meine Papiere in die Handtasche und gebe ihm die Hand: *„Tim, hiermit erkläre ich unsere Ehe ab sofort für beendet.*

*Ich brauche erst einmal gar nichts, vielleicht kann ich einige Tage bei Markus bleiben, bis mir etwas Schlaues eingefallen ist.“* Wie vom Donner gerührt starrt er mich an. Obwohl ich genau das im Laufe der Jahre so oft angekündigt habe, merke ich nun, dass er das immer für eine leere Drohung gehalten hat. Unser religiöser Rahmen hätte das auch nicht hergegeben, vielleicht gab ihm das mehr Sicherheit, als er wirklich gefühlsmäßig hatte. Ich denke, er konnte nie nachvollziehen, wie erstickend ich diese doppelte Gefangenschaft empfunden habe. *„Ihr werdet die Wahrheit erkennen und die Wahrheit wird Euch frei machen.“* Alle paar Wochen wurde dieser Text mit Freude und Ehrfurcht – angesichts unseres außergewöhnlichen Privilegs – gepriesen. So (!) kann sich unmöglich die Freiheit anfühlen! In zwei Monaten haben wir unseren 25. Hochzeitstag, doch ich habe keinerlei Gefühl mehr für diesen Tag, denn in der Regel war er wegen wichtiger Gartenbauarbeiten sowieso nie beachtet worden. Dabei wäre es die einzige Gelegenheit gewesen zu feiern, denn der Hochzeitstag fiel nicht (!) unter Verbot. Aber dies spielt nun alles keine Rolle mehr. Ich verspreche Tim, täglich vorbeizukommen und das Kochen und den Haushalt weiterzuführen, damit er Zeit hat, sich umzustellen. Natürlich höre ich jetzt diese Sätze: *„Du schmeißt dein Leben weg, du weißt doch am besten, was diese Entscheidung bedeutet. Du hast Randy auf dem Gewissen, er wird sofort mit abspringen, auf so etwas hat er doch nur gewartet. Ich kann das einfach nicht glauben.“* In den nächsten Wochen gehe ich wirklich noch täglich in sein Haus, um die Hausarbeiten zu erledigen, mit denen er sich gar nicht auskennt, doch es gestaltet sich extrem schwierig. Wir durchleben viele Kämpfe und Dramen, wir sind beide jedes Mal nur noch fix und fertig danach. Immer öfter fährt Tim zu meinen Eltern, um sich Rat und Unterstützung zu holen, auch sie verstehen die Welt nicht mehr. Mit meiner Mutter kann ich noch einige Male telefonieren, mein Vater verhält sich religionsmäßig korrekt und bricht den Kontakt sofort ab, schließlich auch meine Mutter. Ich weiß, dass dies so kommen muss, ich bin nicht wütend, eigentlich fühle ich gar nichts. Eine Glaubensschwester, mit der ich schon sehr lange befreundet bin, befindet sich auch gerade auf dem Rückzug von der Versammlung, sie ist der einzige Kontakt, der mir bleibt. Da sie einige Wochen verreisen will, überlässt sie mir ihre Wohnung. So habe ich einige Wochen Zeit und Ruhe, um einen genauen Plan zu schmieden. Irgendwas muss ich ja jetzt tun. Mein Bein ist noch nicht reisefertig, ich gehe noch an Stöcken und zur Physiotherapie. Ich fahre ein paar Tage zu meiner Oma, um ihr die neue Situation zu erklären. Für sie ist es keine Frage, mit mir zu sprechen, denn sie glaubt nicht, dass man sie deswegen exkommunizieren wird, weil sie schon so alt ist. Sie ist sowieso ein Querkopf, der sich wenig sagen lässt. Als wir abends zusammensitzen, ist sie sehr traurig wegen Tim, er tut ihr leid. Aber sie versteht mich gut und erzählt mir noch einmal, dass es noch nie gepasst hätte zwischen Tim und mir, und dass es von Anfang an klar war. *„Du hättest nie bei dieser Familie leben dürfen"*, sagt sie, *„und egal, wie sehr sich Tim auch Mühe gab im Rahmen seiner Möglichkeiten, es hätte nie für dich gereicht, du warst immer zu schnell wieder woanders und in Bewegung, er liebte dagegen den Stillstand. Also musste es so kommen."*

Dann sitzen wir einige Augenblicke schweigend beieinander, bis sie mich plötzlich mit klaren Augen anschaut und sagt: *„Und ob du vernichtet wirst, entscheidet jemand anders, nicht die Zeugen Jehovas!"* Meine liebe und kluge Oma, wie recht sie hat. Auch ihre veränderte Haltung zu der Vernichtungsaktion meinerseits macht mir etwas Mut. Ich bleibe einige Tage bei ihr, doch nun muss ich mich aber wirklich um eine neue Wohnung kümmern, meine Freundin wird bald aus dem Urlaub zurück sein.

Seit etwa einem Jahr verwalte ich mit der Unterstützung meines Bruders ein Aktien-Depot-Konto. Rainer hat mir viel dazu beigebracht, es ist eine Hochzeit an der Börse, da kann ich kaum etwas falsch machen. Dies ist das einzige Konto, das auf Tim's und meinen Namen läuft. Ansonsten habe ich mein eigenes Girokonto, da ich immer selbst verdient habe, alle anderen Konten gehören Tim. So schlage ich ihm vor, dass ich bezüglich des Aktien-Kontos nur von dem Geld leben könnte, das ich durch An- und Verkäufe verdienen werde, das bestehende Kapital werde ich aber nicht angreifen. Damit ist er einverstanden, zumal er keine Nerven hat, sich in dieses Metier auch noch einzuarbeiten. Dieses Business läuft ausgezeichnet, und alles, was ich nun im Handel erwirtschafte, überweise ich auf mein Konto, während das Kapital auf dem gemeinsamen bleibt, wie vereinbart. Ich miete an einem anderen Ort, der 30 Kilometer entfernt liegt, eine möblierte Wohnung, und kann so trotzdem mit Randy und Markus in Kontakt bleiben. Mit Sascha treffe ich mich einige Male zum Schwimmen und Radfahren, nachdem ich ohne Gehhilfen wieder laufen kann. Wir gehen hin und wieder abends essen, was sich immer noch als große Herausforderung für mich gestaltet, denn seine Vorliebe für tiefenpsychologische Weltanschauungsdiskurse ist sehr eingefleischt. Einige wenige Male besucht er mich in meinem neuen Zuhause, doch es gefällt ihm nicht, denn meine kleine Wohnung liegt „am Ende der Welt" an einem Bachlauf – weit und breit keine Stadt in Sicht. Es ist genau das Richtige für mich und genau das Falsche für ihn. Obwohl wir uns deutlich zueinander hingezogen fühlen, bleibt es schwierig, weil wir beide Angst haben, uns auf etwas einzulassen. Unsere Diskussionen über das Leben laufen jeweils kilometerweit über den Kopf des jeweils Anderen hinweg. Wir haben keine gemeinsame Sprache und schon gar kein gemeinsames Weltverständnis.

# Costa Rica

*„Du musst doch jetzt unglaublich froh und glücklich sein, dass du es geschafft hast, von diesem Verein loszukommen. Du bist frei!!! Kannst du dich denn nicht freuen?"* Euphorisch steht Sascha vor mir, wir sind in seiner Wohnung. Er hat mich zum Essen eingeladen, denn einige seiner Freunde werden kommen, und er will mir ein neues soziales Umfeld anbieten. Er findet, dass ich zu viel alleine bin und zu sehr zurückgezogen lebe, denn in seiner Vorstellung habe ich erst einmal ganz viel nachzuholen, was das Leben betrifft. Er meint, ich soll jetzt endlich mal richtig Gas geben, da ich so viel versäumt habe. Irritiert schaue ich ihn an. Ich soll mich freuen und frei fühlen. Schon wieder soll ich etwas fühlen, dabei bin ich froh, gerade einmal weniger zu fühlen. Und das, was er sich vorstellt, funktioniert bei mir nicht, weil ich nicht weiß, wie sich Freisein anfühlen kann. Viele Jahre habe ich davon geträumt, ich stelle mir darunter etwas Leichtes, Schwebendes vor, aber das empfinde ich gerade gar nicht. Zwar bin ich jetzt frei von der Versammlung, nicht aber von meinem ganzen inneren Glaubensgebäude. Meine Albträume aus der Kindheit sind zu mir zurückgekehrt, die alten schrecklichen Vernichtungsbilder aus dem Paradiesbuch, mit dem Rainer und ich so ausgesprochen „kindgerecht" erzogen wurden, fallen über mich her. Die 37 Jahre fast täglicher Schulung sind eingebrannt in jede Zelle meines Körpers,

meines Gehirns. Ich kann viele Bibelstellen und ganze Passagen in- und auswendig aufsagen, und genau diese Inhalte plagen meine Seele (die ich ja nicht habe!). Am besten geht es mir, wenn ich mich beim Sport auspowere oder an meinen Stein- und Tonskulpturen arbeite, denn dabei verschwindet das Denken. Sascha gibt sich so viel Mühe, trotzdem: Er kann sich nicht vorstellen, was in mir vorgeht, und ich bin nicht fähig, das zu kommunizieren. Ich bin also froh, dass seine Freunde eintreffen und die Gespräche einigermaßen harmlos für mich verlaufen. Natürlich fragen sie mich neugierig, was ich nun vorhabe. Es ist nett gemeint, aber der pure Stress. *„Leute, ihr habt keine Ahnung! Ich weiß nicht, wie lange ich noch leben werde, da ist es schwer, Pläne zu machen und über einen neuen Beruf nachzudenken."* Das zu sagen, wäre meine ehrlichste Antwort, aber ich unterlasse es lieber, denn was werden sie dann denken? Sie werden schlussfolgern, ich sei todsterbenskrank, denn „Harmagedon" kennen sie schließlich nur als witzigen Kinofilm. Also sage ich einfach, dass ich es nicht weiß.

Mein Grundgefühl ist am besten zu beschreiben mit dem Begriff „orientierungslos". Wo ist oben, wo unten, was ist richtig, was falsch, wem kann ich glauben, wem nicht? Da ich keine Idee habe, wie ich aus der Schwebe wieder auf den Füßen landen kann, beschließe ich, meinen Ausnahmezustand so zu akzeptieren, wie er nun mal ist, um meinen Stress nicht weiter zu erhöhen. Trotz alledem habe ich einen Plan: Da ich nicht weiß, wie viel Zeit mir noch bleibt, möchte ich gern an einem Ort sein, an dem es so weit wie möglich wilde ungezähmte Natur gibt, an einem Ort, der am anderen Ende der Welt (von Deutschland aus gesehen) liegt, und an dem eine Sprache gesprochen wird, die ich nicht verstehen kann. Nie wieder – für den Rest meines Lebens – will ich verstehen können, was Menschen auf mich einreden, um mich damit zu lenken, zu steuern und zu beeinflussen. Nach gezielten Suchaktionen stoße ich auf eine Organisation, die sich

„Experience" nennt. Sie ist weltweit tätig und vermittelt Menschen quer durch die Welt in Projekte und Jobs. Es gibt zwei Schwerpunkte. Der eine betrifft die Arbeit mit Menschen im sozialen Bereich, das kommt für mich nicht infrage, denn von Menschen habe ich wirklich die Nase voll. Außerdem kann ich mit Sicherheit behaupten, dass mein geleistetes Engagement im sozialen Bereich bereits für drei Leben reicht! Das andere betrifft Arbeiten in und für die Natur, man muss nur den Anweisungen der Ranger Folge leisten, ansonsten hat man seine Ruhe beim Schneisen-Schlagen im Urwald und nächtlichen Bewachen von Schildkröteneiern, damit die Wilderer sie nicht ausgraben und verkaufen. Das war genau mein Ding! In Costa Rica gibt es wilde Natur ohne Ende, man spricht Spanisch, ich verstehe kein Wort, und es liegt am anderen Ende meiner bekannten Welt. Ich werde also nach Costa Rica gehen. „Experience" vermittelt die Helfer zu einheimischen Familien, die gegen kleines Geld bereit sind, Fremde bei sich aufzunehmen. Man ist krankenversichert, verdient nichts, hat aber ein (noch unbekanntes) Dach über dem Kopf und wird das essen, was die Familie isst. Der Flug ist selbst zu zahlen, ich buche aber nur ein One-Way-Ticket, da ich nach meiner dreimonatigen Arbeit mit dem Bus weiterreisen möchte nach Ecuador, Nicaragua und Peru. Eine Rückkehr nach Deutschland habe ich wegen des mir unbekannten göttlichen Vernichtungszeitpunktes nicht vorgesehen. Randy und Markus sind eingeweiht und natürlich auch Sascha. Nur von meiner wirklich starken Vernichtungsangst sage ich nichts.

Es ist nun bereits August, ich soll noch in der Regenzeit Anfang Oktober dort eintreffen. Sascha äußert die Idee, dass ich die Zeit bis dahin in seiner Wohnung in Mallorca überbrücken kann und die möblierte Wohnung kündige, da ich hier wie dort genauso gut alleine sein werde. Außerdem ist die Tramuntana in Mallorca ein wunderbares Wandergebiet – es ist wirklich fantastisch! Ich kann dort nicht nur stundenlang menschenseelenallein durch das Gebirge wandern, sondern auch Randy mit seiner Freundin zu mir einladen. Wir verbringen so noch eine richtig schöne Zeit miteinander, ich weiß ja nicht, ob, wann und unter welchen Umständen wir uns wiedersehen werden. Sascha führt zu Hause seine Praxis weiter und trainiert jeden Abend sehr intensiv, weil er ab November ebenfalls Deutschland verlassen wird – allerdings mit Rückflugticket. Sein Ziel ist jedoch Argentinien, er möchte mit einem Freund den Aconcagua – mit fast 7.000 Metern der höchste Berg Südamerikas – besteigen, und dafür ist das harte Training. Diesen Plan verfolgt er schon seit zwei Jahren, ohne dass ich davon weiß, als ich selbst beginne, mich für den südamerikanischen Kontinent zu interessieren. Auch das Training läuft schon länger, und als ich mein Ziel im gleichen Kontinent auswähle, weiß ich von diesen Plänen gar nichts. Ich erzähle ihm von meiner neuen Idee auch erst, als er schon längst selbst gebucht hat.

Ich bekomme völlig überraschend einen Anruf auf meinem Mobiltelefon – aus Deutschland. Es ist der ehemalige vorsitzführende Aufseher der Versammlung – und Ehemann von Martha! –, der mir mitteilt, dass man mich exkommuniziert hat. Obwohl ich wusste, dass genau das passieren würde, bin ich doch geschockt, dass ausgerechnet er (!), der die Lügen seiner Frau gestärkt und gedeckelt hat, diese Aufgabe höchstpersönlich übernimmt. Ich höre mir alles an, was er zu sagen hat, und dann antworte ich: *„Und du weißt, dass wir nun im gleichen Boot sitzen, denn mein Blut wird auf dein Haupt kommen und auf das von Martha!“* Dann lege ich auf. Ich glaube wirklich immer noch alles! Ich bin ausgestiegen – habe meine Familie und die Versammlung verlassen – und glaube immer noch (!), dass ich die „Wahrheit“ verlassen habe. Als könne die „Wahrheit“ sich physisch „dort“ befinden. Es ist ja auch erst zwei Monate her seit meiner Entscheidung, alles hinter mir zu lassen. Ich habe nicht im Geringsten damit gerechnet, dass das, was „in mir" ist – Gedanken, Gefühle, Glauben –, zu jedem (!) Zeitpunkt mit mir reisen wird. Ich kann nicht davor wegrennen. Kurz vor meiner Abreise nach Costa Rica hilft mir Sascha dabei, meine Urwaldausrüstung – die richtigen Schuhe, Schlafsack und einen großen tauglichen Rucksack – auszusuchen. Da er schon länger mit diesem Thema vertraut ist, weil er solche Wanderungen in Nepal und Indien gemacht hat, ist er eine große Hilfe. Wir teilen beide eine Sorge und Unruhe um den jeweils anderen – er, weil es ihm unheimlich ist, nicht zu wissen, bei wem und wie ich untergebracht sein werde, und mir sind 7.000 Meter Höhe und riskante Wetterverhältnisse suspekt bei dem Gedanken an seinen Aufstieg. Kurz vor meiner Abreise hat mein Bruder noch die Idee, dass ich einen Ehevertrag mit Tim brauchen werde. Zwar kann ich das nicht nachvollziehen, da es für mich diese Ehe nicht mehr gibt, aber da wir auch nicht geschieden sind sowie keiner die Scheidung eingereicht hat, ist Rainer der Meinung, dass dies zu meinem Schutz sei. Tim findet die Idee gut, besorgt einen Notar und bestellt mich ein. Mir ist das alles egal, ich verstehe ohnehin nichts von dem Juristendeutsch, das auf mich zukommt. Ich will unbedingt so bald wie möglich wieder raus aus diesem Laden, setze meine Unterschrift unter ein vielseitiges Dokument und fliehe. Sascha hat zwar versucht, mir das auszureden, weil er es für eine Falle hält, doch ich glaube es ihm nicht, ich kann gar nicht so denken. Außerdem vertraue ich meinem Bruder und Tim. Es sind keine Räuber, aber Sascha sieht das anders. Leider täusche ich mich in allem, doch weil ich davon ausgehe, dass mein Leben sowieso sehr befristet ist, kann ich nicht dorthin denken, wo Sascha richtigerweise steht. Meinem Bruder, Randy und Sascha gebe ich die Adresse der Schule, die ich in den ersten Wochen besuchen werde, um ein spanisches Grundvokabular zu erlernen, ohne das ich nicht in der Lage bin, die Anweisungen der Ranger zu verstehen. Das Telefon der Schule und das Fax dort wird meine einzige Verbindung zur alten Heimat sein und bleibt Notfällen vorbehalten. Mobilfunk funktioniert dort nicht, und auch auf dem Aconcagua wird es keine Verbindung geben. Merkwürdig, wie parallel unsere Lebensgestaltung verläuft, ohne dass wir das gemeinsam geplant haben. Noch vor meinem Abflug nach Costa Rica kläre ich Sascha endlich über die Sache mit meinem-seinem Bild auf ..., und als ich meine Version erzählt habe, spricht er von seiner Geschichte des Bildes.

# Mein Bild? Sein Bild?

In den frühen Neunzigern wünschte sich Sascha für seine große leere Wohnzimmerwand ein Bild. Seine damalige Freundin kannte einen Maler, den sie unbedingt unterstützen wollte, und bestand darauf, dass Sascha ihn einbestellte, damit er Wand und Wohnung in Augenschein nehmen konnte. *„Hier soll es hin, denken Sie sich etwas aus, ich habe keine Ahnung, was hierher passt"*, lautete Saschas Aufforderung an den Künstler. Dieser klärte Sascha darüber auf, dass er für eine Ausführung noch viele Fragen an ihn habe, da er zwar nun die Räumlichkeiten kenne, aber nicht den Auftraggeber. Und im nächsten Augenblick unterzog er Sascha einem zweistündigen Interview, in dem er so viel wie möglich über Saschas Leben, seine Vorlieben und Weltanschauungen erfahren wollte. Zwar wunderte sich Sascha über diesen Aufwand für ein Bild, fand es aber auch interessant, wie dieser Künstler an einen Auftrag heranging. Der Maler machte sich viele Notizen und versprach dann, mit Entwürfen wiederzukommen. Sascha betrachtete die Entwürfe, fand diese auch recht spannend, konnte sich aber ein fertiges Bild nicht vorstellen. Er nickte es trotzdem ab. Einige Wochen später brachte der Künstler das fertige große Bild vorbei und hängte es auch gleich auf. Dann nahmen beide in einem Sessel Platz, betrachteten still das Werk, bis der Maler fragte: *„Und, gefällt es Ihnen?"* Sascha nickte: *„Ja, sehr! Vielen Dank!"* Der Künstler war zufrieden und erklärte, es wäre auch ein Wunder gewesen, wenn es ihm nicht gefallen hätte, da das, was auf dem Bild zu sehen sei, eine abstrahierte Form von Sascha selbst wäre. Es sei alles hineingeflossen, was an Gesprächsnotizen aus dem Interview gemacht worden war. Sascha staunte nicht schlecht! Diese Parallelität zwischen seiner Geschichte und meiner Vision im Traum ist so unfassbar, dass wir sie uns nicht einmal ausdenken könnten. Wir finden sie beide absolut unglaublich.

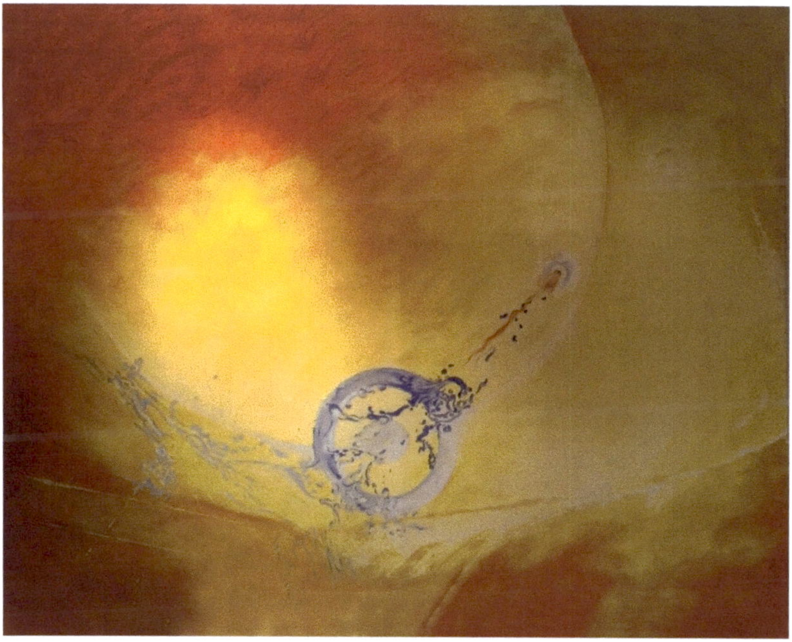

# Die Schweiz Lateinamerikas

Der Flug soll 16 Stunden dauern und einen Zwischenstopp in New York beinhalten, von dort geht es weiter mit einer kleineren Maschine der United Airlines. Aber es vergehen fast 20 Stunden, bis ich irgendwann hundemüde in San José lande. Und – mein Gepäck ist nicht da! Irgendwas muss in New York gründlich schiefgegangen sein. Am Flughafen werde ich von einem freundlichen Pärchen in meinem Alter abgeholt, ich muss mit Händen und Füßen erklären, dass ich kein Gepäck habe und dringend ein Bett brauche. Ein kleines altes, klappriges Auto bringt uns in das etwa drei Stunden (!) entfernte Alajuela, es liegt in einem Randbezirk Carrillo Bajo de Poás, zwischen Zuckerrohrfeldern und der bei Truckern beliebten Autostrada 118. Carmen, meine Hausmutter, leiht mir einen Slip und ein T-Shirt, Raffael ist schon auf dem Weg, um den Krämer in der Nacht zu wecken (was wohl nicht ungewöhnlich ist), da ich eine Zahnbürste brauche. Maria hat schon ihr Kinderzimmer geräumt und teilt sich nun, während meiner Anwesenheit, das andere Zimmer mit ihrem Bruder. Nun will ich nur noch schlafen. ... Zum Frühstück bin ich mit Carmen allein, es gibt das typische Gallo Pinto, Reis mit schwarzen Bohnen. Ein bisschen gewöhnungsbedürftig, aber zum Glück ohne Fleisch. Wir werden uns hier sehr gut organisieren müssen, denn es gibt nur ein kleines Bad mit einer abenteuerlichen Dusche und Toilette – die Kinder und ich müssen um acht Uhr in der Schule sein. Warmes Wasser gibt es nicht immer oder nicht immer ausreichend, wenn der Wassertank leer ist.

Mein Zimmer ist sehr klein, das Bett gleicht eher einer Hängematte, alles ist sehr einfach, aber sauber. Allerdings ist es nicht gerade ruhig hier, denn die Trucks sind so nah und laut, dass ich das Gefühl habe, sie fahren durch das Haus. Im kleinen Holzküchenschrank gibt es eine ordentliche Teilung zwischen dem von Menschen nutzbaren Bereich und dem der Ameisen. Nachdem ich im Duschraum nachts schon auf Riesenwürmer oder Minischlangen getroffen bin, schlage ich zum Glück die Decke in meinem Bett zurück, bevor ich mich reinlege. Das ist eine schlaue Idee, denn nicht selten wollen diese Tiere auch in meinem warmen Bett nächtigen. Es dauert ein paar Tage, bis ich mich an ihr Verhalten gewöhne. Raffael erklärt mir, sie seien harmlos, sodass ich sie einfach vor das Haus setze (was allerdings nicht sehr viel Sinn macht, denn sie kennen viele Eingänge). Meine Busch-Schule, das Instituto de Cultura y Lengua de Costarricense, liegt etwa 20 Fuß-Minuten entfernt, doch es ist recht abenteuerlich, da es keine Bürgersteige gibt und die LKWs den unzähligen Schlaglöchern ausweichend weitgehend zickzack fahren, sodass ich öfter in einen Graben springen muss, um zu warten, bis sie vorbei sind. Das Institut ist ein kleines Backsteinhaus mit Kiosk und Aufenthaltsraum, den man zum Essen nutzen kann. Gleichzeitig ist es der Zufluchtsort bei extrem starken Regenfällen, die es öfter gibt. Die Unterrichtsräume sind nur offene Holzhütten, die im Gras stehen.

Auf dem Gelände befinden sich einige Hängematten für die Mittagspause (wenn es mal nicht regnet). Manchmal lege ich mich hinein, um etwas auswendig zu lernen. Das gefällt mir ausgesprochen gut: keine geschlossenen Räume! Wir sind ein gemischtes Völkchen, zusammengewürfelt aus aller Welt: USA, Dänemark, Island, Schweden, Italien, Deutschland (nur ich!), Israel, Australien, Kanada … Es gibt ein

Pärchen, einen einzelnen Mann, der früher Berufssoldat war, ansonsten nur alleinreisende Frauen. 25 Frauen und zwei Männer – was für eine Quote! Natürlich versuchen wir, uns auf Englisch zu verständigen und auszutauschen, doch das wird sofort unterbunden. Wie sollen wir denn mit so vielen verschiedenen Muttersprachen Spanisch lernen? Wir sind alle von Englisch ausgegangen. Nun, wir haben uns eben geirrt, denn hier ist nur Spanisch zugelassen, alles in Spanisch-Spanisch, das ist unglaublich mühselig! Sogar in der Pause wachen die beiden profesoras wie die Aasgeier darüber, dass kein englisches Wort fällt. Auch unsere mitgebrachten Dictionaries dürfen wir nicht nutzen, sie werden eingesammelt und dafür Wörterbücher in Espaniol/Espaniol ausgeteilt. Diese Art des Lernens hat jedenfalls Vor- und Nachteile. Zum einen ist es sehr anstrengend. Andererseits muss ich zugeben, ohne Ausweichmanöver in eine bekannte Sprache verstehen wir in sehr kurzer Zeit wirklich viel, in meinem Fall viel mehr, als mir lieb ist, denn das durchkreuzt meinen Sicherheits-Plan, Menschen nicht verstehen zu müssen. Und dieser Plan ist mir wirklich wichtig.

Das Gallo Pinto kann ich als Frühstück ganz schnell wieder vergessen, denn Carmen will wissen, wie ich es geschafft habe, so eine gute, schlanke Figur zu halten, denn das will sie auch. Nichts lieber als das, denn mein Frühstück besteht aus Obst und Nüssen, ansonsten gibt es viel Gemüse, keine Softgetränke, wenig Alkohol, kaum Fleisch, keine Fertiggerichte, kein Toast und null Junkfood. Das ist recht schwierig für sie, denn es widerspricht der hiesigen guten Art, zu essen. In Costa Rica gibt es auf dem Markt die herrlichsten Früchte, und sie kosten fast nichts, aber leider schätzt man es nicht. Alles, was aus den USA kommt, wird hier als modern und erstrebenswert, gleichzeitig aber auch blind und höchst unkritisch übernommen. Die gammeligen Supermärkte sind gefüllt mit minderwertigem, amerikanischen Essen, alles in Plastik eingeschweißt oder als Konserve in Dosen abgefüllt. Lebensmittel ist aus meiner Sicht das falsche Wort für das, was hier angeboten wird. Außerdem gibt es Unmengen Schweinefleisch in allen Variationen. Zum Glück ist Carmen wild entschlossen, so zu essen wie ich, und so sitzen wir beide morgens bei köstlichem Kaffee aus einheimischem Anbau, dazu gibt es Ananas, Papayas und Mangos. Wir sitzen auf einer kleinen Holzveranda unter Bäumen, es ist herrlich. Die Familie akzeptiert, dass ich mir so auch mein Abendessen vorstelle und ihnen gern das Schwein überlasse, das ist sogar billiger für sie. Meine Hausmutter verliert schnell ihre Pfunde, Maria schließt sich sofort an, Raffael freut sich, dass seine Frau schlanker wird, und ich habe ein super leckeres Essen.

Mit Carmen unterhalte ich mich gern und oft, doch auch hier verstehe ich zu schnell ziemlich viel, beispielsweise dass sie als Kind viele Jahre von ihrem Stiefvater missbraucht wurde, obwohl ihre Mutter Bescheid darüber wusste. Dass dies auch in der Kirche bekannt war, die es aber stillschweigend duldete, finde ich ungeheuerlich, doch Carmen meint, dass es vielen Mädchen hier so ergeht. Sie erzählt mir noch einige andere gruselige Geschichten über den vielgestaltigen Machtmissbrauch der – ach, so heiligen – Katholischen Kirche des Landes, und dass sie inzwischen nur noch an die Natur glaubt. In die Kirche geht sie lediglich aus sozialen Gründen, weil es hierzulande keine Alternative gibt, aber mit Gott sei sie ein- für allemal fertig. Ihre Berichte sind so ziemlich das Letzte, was ich brauchen kann, es dauert auch nicht lange, bis ich darauf mit Fieber und Blutungen reagiere. Sascha faxt einen Brief in die Schule, bevor er nach Argentinien fliegt, um sich zu erkundigen, wie es mir geht. Meinen Gesundheitsbericht interpretiert er als alle möglichen schlimmen Infektionen, nicht wissend, dass dies meine übliche Reaktion auf stressige religiöse Themen ist. Er glaubt mir natürlich nicht, denn so etwas steht in keinem seiner Medizinbücher.

Die Forschung der Psycho-Neuroimmunologie steckt in Deutschland noch in den Babyschuhen. Als würden Carmens Horrorstories noch nicht genügen, entpuppen sich unsere beiden Lehrerinnen als Testigos de Jehova! Über meine Bewerbungspapiere, die ich für dieses Projekt ausgefüllt habe, müssen sie wohl herausgefunden haben, dass ich Ex-Mitglied bin. Jetzt geben sie sich pflichtgemäß große Mühe, mich wieder auf den Weg der „Wahrheit" zu bringen. Wie um die gar nicht komische Situation zu toppen, erscheint zu allem Überfluss auch noch ein neuer Mitschüler: ein anglikanischer Priester auf Sinnsuche – ein Anliegen, mit dem wir übrigens alle hier mehr oder weniger unterwegs sind. Nun ist ziemlich klar, welche Inhalte der Unterricht bekommen wird. Zwischen Fieber, großem Blutverlust und der neuen Sprache versuche ich, mein emotionales Gleichgewicht zu halten, doch es gelingt mir nicht besonders gut. Wie kann es denn bloß sein, dass ich so weit weggehe, nur um wieder genau auf diesen ganzen großen Mist zu stoßen?

Es gibt wirklich schöne Plätze auf Costa Rica, und zwar weitgehend in den vielen Nationalparks. Doch sobald man in die Nähe von Dörfern und Städten gelangt, wird es extrem schmutzig. Ölwechsel macht man überall auf den Straßen, zwischen den Häusern und Märkten. Müll aller Art wird dort entsorgt, wo gerade Platz ist, aus jedem Auto dröhnt irgendein ohrenbetäubender, quietschender Radiosender. Und ehrlich gesagt, nicht einmal in den USA habe ich so viele (!) Trucks gesehen. Allerdings sind diese hier in einem sehr schlechten Zustand, und das erklärt auch den unglaublichen Lärm, den sie machen. Die Schweiz Lateinamerikas habe ich mir anders vorgestellt. Es ist nun langsam an der Zeit, unsere Zuteilungen auszuwählen, wir fahren an einem Wochenende quer durch das Land, um die Projekte anzuschauen. Ich werde gebeten, in die Region Puerto Limon zu gehen, eine der heißesten, ärmsten und regenreichsten Gegenden mit weitgehend schwarzer Bevölkerung. Dort soll ein großes Gartenbauprojekt entstehen, das vielen Leuten Arbeit verschafft und der Stadt einen guten Ruf einbringt. Natürlich kann ich frei wählen, aber sie haben sonst niemanden, der das Projekt übernehmen möchte, meine Kenntnisse und Erfahrungen werden genau passen. Es ist schon total verrückt: Da kehre ich der Religion und der Gärtnerei den Rücken, fliege stundenlang über den großen Teich, um genau das Gleiche wieder vorzufinden? Was soll das eigentlich werden? Ich bitte um Bedenkzeit! Es ist kurz vor Weihnachten, und ich denke freudig an einige schulfreie Tage, denn ich möchte mir unbedingt noch ein paar Vulkane und Nationalparks anschauen. Hier zu reisen, heißt üblicherweise, viele Stunden einzuplanen, da es keine geordneten Busrouten gibt, man muss kreativ sein, um an ein Ziel zu kommen. Bei meiner Gastfamilie ist aber Weihnachten! Und so, wie sie sich kein Weihnachten ohne Weihnachten und Kirche vorstellen können, weil man das hier einfach so macht, wie morgens Kaffee zu trinken, so gibt es in meiner Welt kein Weihnachten zu Weihnachten. Als mich Carmen am Abend des 24. Dezember fragt, was ich zur Messe anziehen will, wird mir übel und wirklich echt angst und bange. Ich soll eine Kirche betreten? Nach all dem Mist, den sie mir erzählt hat? Auch, wenn ich aus meinem alten Verein ausgestiegen bin, in meinem Zellgedächtnis ist eine Kirche der übelste, schlimmste und kriminellste Platz auf der Erde. Gemäß den Lehren der Zeugen Jehovas steht sie an der Spitze des Feindbildes schlechthin, sie hat sich sogar den Ruf einer „Hure" eingehandelt und gehört mit absoluter Sicherheit zu den Ersten, die von göttlicher Hand vernichtet werden. Ich habe echt keinerlei Bedürfnis, in meinem geistigen Asyl zur Messe zu gehen und eine Kirche zu betreten. Es ist meiner liebenswürdigen Gastfamilie deutlich anzusehen, dass sie nie und nimmer auf die Idee gekommen sind, ich könnte nicht (!) mit ihnen zum Weihnachtsgottesdienst gehen. Was soll ich also machen? Ok, denke ich, auch das noch! Aber verkleiden werde ich mich nicht! Sie schlucken es und sind offensichtlich erleichtert. Carmens Mutter und Stiefvater sind auch dabei, was für ein verlogenes Affentheater! Religionen sind echt das Allerletzte auf diesem Planeten. Ich beschließe an diesem Abend, Gott für mich abzuschaffen. Zum Glück ist nach einer Stunde alles überstanden, die Leute sind freundlich, und die Inneneinrichtung gefällt mir besser als in den spartanischen Versammlungssälen. Nur die vielen Kreuze machen mir zu schaffen – selbstverständlich auch heidnische Symbole! Am nächsten Tag bin ich froh, endlich losdüsen zu können, um den Arenal Volcano Nationalpark und den Poas Volcano Nationalpark zu besichtigen. Mit anderen Schülern bilden wir eine kleine Reisegruppe und fahren gemeinsam. Mit niemandem habe ich Streit oder Konflikte, und da wir an den Feiertagen ohne unsere profesoras unterwegs sind, können wir endlich auch englisch sprechen, um zum Beispiel über die Arbeitsprojekte zu diskutieren. Ich bin für mich noch zu keiner endgültigen Entscheidung gekommen. Die Vorstellung, vielen Leuten bei der Arbeit vorzustehen, fühlt sich für mich an wie ein Sozialprojekt, das mich vielleicht an den Gartenbau in Deutschland erinnern könnte. Innerlich war ich lieber im Urwald oder am nächtlichen Strand bei den Schildkröten.

Mitten im Unterricht werde ich an das Schultelefon gerufen – das ist kein gutes Zeichen, es darf nur für Notfälle genutzt werden. Rainer, mein Bruder am anderen Ende macht es kurz: *„Pack deine Sachen und komm nach Deutschland zurück, unser Vater hat die Diagnose Krebs bekommen, die Eltern sind vollkommen kopflos und wollen ihr Haus verkaufen und reagieren unmöglich. Ich sitze mit der Familie auf gepackten Koffern, wir wandern aus nach Asien, ich habe hier schon alles verkauft, die Kinder sind von der Schule abgemeldet, und ein neues Haus habe ich auch schon gekauft. Also wir sind weg, bitte komm zurück und* *kümmere dich um Papa!"* Ich muss mich erst sammeln, bevor ich etwas sagen kann: *„Du weißt schon, dass sie mit mir keinen Kontakt mehr haben, wie soll da ein Kümmern aussehen?"* Er antwortet knapp, dass, wenn er mit seiner Familie erst weg sei, sich diese Frage nicht mehr stellen wird und dass mein Vater in dieser neuen Situation einlenken wird. *„Tschüss! Wir verlassen uns auf dich."* Nichts weiter. Ich lege auf und bin fix und fertig. Das Kopflose meiner Eltern kann ich mir nur zu gut vorstellen, also besorge ich mir ein Rückflugticket, die Entscheidung zwischen Gartenbau und Schildkröten ist hinfällig. Ich packe meine Sachen und fliege einige Tage später zurück nach Deutschland. Da ich hier keine Bleibe mehr habe und Sascha in Argentinien weilt, fahre ich in seine Wohnung. Er hat mir einen Schlüssel mitgegeben für den Fall, dass ich – aus welchem Grund auch immer – aus Costa Rica abhauen würde. Seine Weitsicht ist verblüffend und nun erneut sehr hilfreich.

Bevor ich mich bei meinen Eltern melde, will ich erst einmal ausschlafen, doch in der Nacht bekomme ich hohes Fieber und habe extreme Albträume. Ich spüre Sascha schwer krank in mir, neben mir. Wegen des Fiebers weiß ich nicht, wie und wo, spüre ihn aber in großer Lebensgefahr. Dieser Zustand hält zwei Tage an, danach senkt sich das Fieber, und das Gefühl der Todesgefahr ist vorbei. Kurz darauf meldet sich Sascha telefonisch, da er mich in Costa Rica nicht erreicht hat, aus Buenos Aires. Darüber bin ich erstaunt, denn er sollte eigentlich gerade auf dem Berg sein. Und natürlich will ich sofort wissen, ob er gesund ist und ob es ihm gut geht. Sascha berichtet mir, dass er die Tour abbrechen musste, weil er plötzlich sehr krank wurde. Trotz seines ausführlichen Trainings kam er nicht bis zum Gipfel, er litt unter der Höhenkrankheit und war dadurch nicht mehr ganz bei Bewusstsein. Da er mit seinem Freund alleine unterwegs war, musste dieser ihn auf eine andere Höhe nach unten bringen. Nachdem er sich wieder erholt hatte, konnten sie nach Buenos Aires zurückkehren. Auch er musste also – genau wie ich – sein geplantes Projekt abbrechen. Über diesen Umstand ärgern wir uns zwar, aber wir sind auch glücklich darüber, dass alles gut ausgegangen ist und wir jetzt gesund sind. Dass ich seinen Zustand so genau spüren konnte, bringe ich mit dem Bild in Zusammenhang, das uns so merkwürdig verbindet.

# Ein neues Leben organisieren

Nachdem ich Sascha in Sicherheit weiß, kann ich mich nun auf meine Eltern konzentrieren, allerdings nicht, ohne ein unangenehmes Bauchgefühl zu haben. Zwar ist es mir klar, dass es den religiösen Regeln entspricht, den Kontakt mit mir abzubrechen, dass sie mich ohne Verabschiedung nach Lateinamerika ziehen ließen, zeigt mir jedoch, wie absolut tot ich für sie bin. Insofern kann eine Kontaktaufnahme meinerseits auch ungemütlich enden. Da meine Eltern aber völlig überfordert sind und mit der Krebsdiagnose meines Vaters wirklich nicht umgehen können, lassen sie ein Telefonat mit mir zu, da ich in Aussicht stelle, dass Sascha – als Arzt – sich um ihn kümmern wird und er über gute Kollegen-Kontakte verfügt. Als ich sie besuche, ist unser erster Kontakt sehr holprig. Ich habe vor Ort jede Menge diffuse Gefühle wegen der starken Erinnerungen an das Leben, das ich früher hier führen musste, weil meine Mutter es so entschieden hatte. Mein Vater hatte sich nie richtig dagegen zur Wehr gesetzt und war irgendwann genauso gefangen wie Rainer und ich. Und nun leben wir in zwei verschiedenen Welten, die wir gegenseitig ablehnen, ja sogar verabscheuen. Gäbe es nicht diese Krankheit, hätten wir keinen Gesprächsstoff, der sich nicht in eine Explosion ergießen würde. Als Sascha wieder in Deutschland ist, organisiert er die notwendigen Dinge für meinen Vater, obwohl auch ihm das sehr schwerfällt, denn in seinen Augen ist es ein Verbrechen, die eigenen Kinder einer Sekte zuzuführen. Er hat also große Vorbehalte meinen Eltern gegenüber. Zwar funktionieren die Dinge auf einer pragmatischen Ebene, doch die Kluft zwischen meinen Eltern und mir ist unüberbrückbar. Da es sich sinnlos anfühlt, über echte und falsche Beweggründe zu verhandeln, versuche ich, die Dinge mit mir selbst auszumachen – wie immer. Meine Eltern akzeptieren Sascha als den Arzt, der ihnen hilft, aber sie halten ihn natürlich für den Grund meines Ausbruchs. Sie haben nicht verstanden, dass der Ausbruch nur mit mir zu tun hat und Sascha zu meinem großen Glück genau zum richtigen Zeitpunkt in mein Leben getreten ist. Von Anfang an ist er mein Anker in dieser neuen Welt, in der ich mich ängstlich und zögerlich bewege. Dass ich mich dabei so richtig und wohl fühle, liegt in ihrem Verständnis natürlich nur daran, dass sich der Teufel als ein „Engel des Lichts" ausgibt, eine Falle, um mich von Gott zu trennen. Da dieses Glaubenssystem noch in mir wirksam ist, liegen täglich zwei Kräfte in mir im Kampf: das harte Programm des Gehorsams und das zarte Gefühl für meinen inneren Weg. Da ich in Costa Rica beschlossen habe, Gott für mich abzuschaffen, hat sich das Problem mit dem Teufel erst einmal selbst erledigt.

Immer noch ist Sascha der Meinung, dass ich nun zu leben anfangen muss, wie es meinen Vorstellungen und Wünschen entspricht. Unsere Gespräche sind für uns beide anstrengend, da er immer wieder schwere Angriffe gegen meine alte Religion führt, indem er sie als faschistoide, ausbeuterische, unterdrückende und menschenverachtende Sekte beschreibt. Es ist immer wieder das Gleiche: Obwohl es genau das ist, was ich fühle, belastet es mich doch die ganze Zeit über, dass ich genau so fühle, denn ein anderer Teil in mir glaubt immer noch, dass ich die Einzige bin, die etwas völlig Falsches fühlt. Ich falle permanent in die Rolle der Verteidigerin zurück, obwohl ich das verlassen habe, was ich verteidige. Ich bin einfach nicht in der Lage, anders (!) darüber zu denken (!). Auch die Rolle der Verteidigung ist (!) ja ein

Automatismus und Teil des Programms in meinem Kopf, welches ich nicht bewusst und willentlich ausführe, es ist antrainiert, und ich finde nirgendwo den Knopf zum Ausschalten. Es ist das Kritischste von allem: Ich tue das, was ich selbst verwerflich finde. Es ist absurd und zum Verrücktwerden! Meine von klein auf eingehämmerten Überzeugungen haben zu falschem Denken und manipulierten Emotionen geführt, die meine Seele (die ich nicht habe!) weitgehend vergifteten. Unter diesen Voraussetzungen kann ich natürlich nicht erkennen, was ich für mich überhaupt wirklich will. Alles, was ich habe, ist eine unbestimmte Sehnsucht, dass irgendetwas anders sein muss, als es ist. Und diese (!) Sehnsucht liegt in einem dauerhaften Ringen gegen ein Sammelsurium fataler Vorstellungen und existenzieller Ängste. Mit einer Engelsgeduld und besonderem Kampfgeist versucht Sascha unendlich viele Male, mir begreiflich zu machen, dass jeder Mensch das Recht auf individuelles Glück hat und dass dies gleichbedeutend mit Selbstverwirklichung ist. Nur DAS (!) entspricht seiner Meinung nach der wahren göttlichen Natur. Wenn ich ihn höre, klingt es wunderschön. Gleichzeitig dröhnt in mir eine brutale Stimme: „Wer mir nachfolgen will, muss seinen eigenen Marterpfahl aufnehmen und mir beständig folgen!" Ich versuche mit eisernem Willen, die Worte „Marterpfahl", „Recht auf individuelles Glück" und „Selbstverwirklichung" irgendwie in einen Zusammenhang zu bringen, der meinen inneren Krieg beendet. Je mehr ich das versuche, umso mehr habe ich das Gefühl, daran verrückt zu werden oder es schon zu sein. Aber nicht einmal in diesem Gefühl kann ich einen Moment verweilen, denn selbst das wurde sozusagen „prophezeit", wer die „Wahrheit" verlässt, landet bei Drogen, Prostitution oder Geisteskrankheit. Ich kann nirgendwo einen Punkt in mir finden, an dem ich Ruhe haben kann. Es entsteht keine Lücke in meinem Gehirn oder Herzen, in die ich mit der fragilen Sehnsucht, die ich sehr wohl empfinde, hineinstoßen kann, um mich selbst zu erobern. Ich muss immer wieder daran denken, dass es eine der wirksamsten Foltermethoden ist, jemanden hundertprozentig zu überwachen, 24 Stunden am Tag bis in den intimsten Bereich hinein auszuleuchten, nicht schlafen zu lassen, zu kontrollieren und alles zu tun, dass der Gefolterte seine eigene Haut, sein Hirn und sein Herz nicht retten kann. Ich weiß nicht, ob und wie ich da jemals rauskommen werde. Aber all dies kommuniziere ich wiederum mit niemandem – auch nicht mit Sascha!

Nach außen versuche ich, so normal wie nur möglich zu wirken, habe inzwischen meine eigene kleine Wohnung ganz in seiner Nähe, treibe viel Sport und treffe mich mit dem neuen Freundeskreis, den Sascha mir anbietet. Die meisten dieser Menschen kommen aus einem völlig anderen sozialen Umfeld als ich, aus Akademiker-Kreisen. Es ist selbstverständlich, dass sie studieren durften und sich ihren Beruf ausgesucht haben, natürlich auch, dass sie ihr Umfeld selbst auswählen. Für sie ist es absolut exotisch, befremdlich und unverständlich, dass ich „freiwillig“ so eine lange Zeit solchen Blödsinn glauben konnte, das spricht in ihren Augen nicht gerade für meine Intelligenz. Niemand spricht das konkret so aus, und das brauchen sie auch nicht, ich spüre es umso deutlicher. Obwohl ich sehr schnell lerne und meterweise Bücher lese, um aufzuholen, was zur üblichen Allgemeinbildung gehört, empfinde ich jedes dieser Treffen als sehr anstrengend und teilweise auch als unaufrichtig. Auch in dieser Welt fühle ich mich wie ein Fremdkörper – schon wieder! Und erneut erinnere ich mich an mein sehr frühes Gefühl, eigentlich ein Zigeuner-Kind zu sein, das im Wald leben sollte. Mein Boot, mein Haus, mein Master oder Bachelor, die Adressen der besten Restaurants mit den ausgefallensten Speisen kann ich mir beim besten Willen auch nicht als Lebensinhalt vorstellen. In meiner Fantasie ist da immer noch das kleine Häuschen im Wald mit Ton und Steinen, Hammer und Meißel, dazwischen eine Leinwand und Farbtöpfe.

Zwischenzeitlich habe ich einen Job, bei dem ich einfach mache, was ich gut kann: Ich saniere alte Wohnungen, organisiere die Arbeiter, richte die Wohnungen komplett ein und vermiete einige davon als Bordinghäuser. Viel Arbeit und Sport überdecken nur zum Teil meine innere Zerrissenheit und das Gefühl, nirgends wirklich hinzugehören. Nach meinem Ausstieg ist ein riesiges Loch geblieben an dem Platz, wo sich ein Gefühl der Freiheit einstellen sollte, und das, obwohl ich nun keinen äußeren Beschränkungen mehr unterliege. Sascha's häufiges Nachfragen, ob ich nun glücklich sei und mich frei fühle, setzt mich sehr unter Druck, nun doch endlich das Richtige fühlen zu müssen. Mit Druck konnte ich noch nie gut umgehen, um nicht zu sagen, eigentlich gar nicht. Beim Autofahren sehe ich auf den Nummernschildern der Fahrzeuge jede Buchstabenkombination von JZ und ZJ, ob auf der Gegenspur, auf einer Autobahn oder auf Parkplätzen. Und jedes Mal aktiviert es in mir das dringende Bedürfnis, mit voll durchgetretenem Gaspedal in diese Autos zu fahren. Dieses neue Gefühl, das mich zu beherrschen droht, löst eine solch massive Angst in mir aus, dass ich mich endlich (!) Sascha anvertraue. Er ist geschockt: *„Jetzt reicht es!"*, sagt er entschieden. *„Das schaue ich nicht länger mit an. Meinst du, ich merke nicht, dass du dich nicht von dieser Sache freimachen kannst? Wieso empfindest du keine unglaubliche Wut auf diesen Laden? Das wäre wirklich hilfreich! Kannst du mal endlich in dich reinspüren? Wo ist deine Wut, dein Zorn, deine Abscheu? Alles Gefühle, die zu dem gehören müssten, was du erlebt hast! Du kannst mir doch nicht erzählen, dass du all das nicht fühlst?"* Er (!) ist auf jeden Fall sehr wütend, ich dagegen fühle nur Leere. Mein Inneres spult sofort und automatisch den Auszug aus einem sorgfältig erlernten Bibeltext ab: *„Die Früchte des Fleisches aber sind: Hurerei, Götzendienst, Zornausbrüche, Streit, Trunkenheit ..., und von diesen Dingen wendet Euch weg!"* Ich sage nichts. Meinem Nicht-Antworten entnehme ich, dass ich durch seine

Reaktion sehr gestresst sein muss, denn ich kann einfach nicht reden. Dies ist leider eine sehr unpraktische Reaktion, denn bei starken Emotionen nicht sprechen zu können, ist einfach nicht hilfreich, und nicht fühlen zu können, welcher Art die Emotionen sind, ist äußerst kontraproduktiv. Ich drehe mich im Kreis. Also nicke ich nur, denn zu sagen, dass ich nicht reden kann, gelingt mir auch nicht, kein einziges Wort kommt aus mir heraus. Sascha zögert jetzt keinen Augenblick mehr. Er geht dazu über, einfach zu bestimmen, was jetzt zu geschehen hat, da ich es ja offensichtlich selbst nicht kann: *„Es reicht, dass du all die Jahre bis heute dich selbst in Gefahr gebracht hast durch diesen Blödsinn. Ich werde nicht zuschauen, dass du nun auch andere gefährdest. Du brauchst sofort professionelle Hilfe!“* Wieder nicke ich nur, denn das (!) kann ich verstehen. Zwar weiß ich, dass einige meiner ehemaligen Glaubensbrüder diese Buchstabenkombination für ihr Fahrzeug wählen, aber es gab genug andere Menschen, die sich bei dieser Kombination überhaupt nichts denken oder etwas ganz anderes damit verbinden. Und ich spüre ja – immerhin – so viel selbst, dass ich in der Gefahr stehe, aggressiv und unkontrolliert zu werden. Sascha fängt sofort an zu telefonieren und sich Adressen geben zu lassen. Zwei Therapeuten suche ich auf. Die erste Spezialistin konzentriert sich auf Traumabewältigung, bei ihr habe ich nur einen Termin, an den ich mich inhaltlich sofort danach überhaupt nicht mehr erinnern kann. Sie lehnt eine Behandlung ab mit der Begründung, ich sei zu schwer traumatisiert, ich gehöre in eine Klinik. Nach meinem Empfinden ist das eine unmögliche Einschätzung, außerdem werde ich mich auf keinen Fall irgendwo einweisen lassen. Der zweite Therapeut ist ein Spezialist für „Sektenfälle“ mit den Schwerpunkten „Neuapostolische Kirche“ und „Zeugen Jehovas“. Das Gespräch ernüchtert mich sehr, da er ziemlich viele Dinge sagt, die eindeutig falsch sind, was die Lehrmeinung der Zeugen angeht. Ich bin wirklich entsetzt, wie wenig Tiefgang sein Wissen hat, und mich mit jemandem auseinanderzusetzen, der mir meine Welt erklärt, wie sie nicht war, macht mich ärgerlich. Zwischen dem, was in den Heftchen und Lehrbüchern steht, und dem, was zwischen den Zeilen gesprochen und gemeint ist, gibt es einfach zu viel explosiven Stoff, den ein Außenstehender gar nicht hören oder herauslesen kann. Ähnlich, wie es niemandem gelingt, die Witze oder Pointen einer Sprache aus einem uns fremden Kulturkreis zu verstehen, ohne viele Jahre dort mit diesen Menschen gelebt zu haben, um diesen Zugang zu bekommen. Natürlich kann er nicht wissen, wie es intern wirklich zugeht in dieser „Gemeinschaft", dazu muss man selbst lange genug richtig dabei gewesen sein. Aber, dass er so einfach behauptet zu wissen, wie es sei, finde ich schlichtweg entweder unverschämt oder größenwahnsinnig. Da ich ihm genau das sage, lehnt auch er die Arbeit mit mir ab mit der gleichen Begründung: *„Sie sind zu stark traumatisiert, das muss einige Monate stationär behandelt werden."* Sascha kann das verstehen und meint, das sei das Beste. Nach 37 Jahren Gehirnwäsche und Manipulation könne man nicht mit zwei, drei Stunden in der Woche etwas bewirken. Für mich kommt das absolut nicht infrage! Nie mehr, solange ich bei Bewusstsein bin und weglaufen kann, wird irgendjemand mich irgendwo jemals wieder einsperren! Ich sehe keinen Unterschied zwischen einem geistigen und einem physischen oder psychischen Gefängnis.

Zusammen mit einer befreundeten Ärztin findet Sascha folgende Lösung: Ich kann morgens in die Klinik zur Therapie und abends um 17 Uhr wieder nach Hause gehen. Nur für den Notfall steht die Option, über Nacht bei Sascha zu bleiben, sollte ich das Gefühl haben, das zu brauchen. Nach einiger Bedenkzeit und trotz großer innerer Widerstände stimme ich schließlich zu. Ich betone, dass ich sehr, sehr wachsam sein und alle Türen im Auge behalten werde!

# Drei Monate Klinik

Es war bestimmt von Anfang an so geplant, man hat es mir nur anders verkauft. Nach vier Wochen will man sehen, ob ich mehr Zeit brauchen werde und ich bin ganz sicher: bestimmt nicht! Ich finde vier Wochen schon lange. Hätten sie gesagt, ein Vierteljahr, wäre ich dieses Experiment bestimmt nicht eingegangen. Schon früh habe ich die Schulmedizin als für mich unbrauchbar erlebt, da sie Menschen einfach in Raster steckt und ständig Medikamente einsetzen will, und dagegen habe ich eine tiefe Abneigung, zudem hat sie bei mir selten funktioniert. (Als Ausnahmen empfinde ich die Operationen.) Eine Zusammenarbeit mit Psychologen und Psychotherapeuten auf so engem Raum und über eine so lange Zeit empfinde ich schnell als ein Ausgeliefertsein an schulmedizinische Ideen. In erster Linie wird dies nun bestärkt durch meinen persönlichen Therapeuten. Er ist zugewandt und freundlich, beobachtet aber sehr genau alle meine Regungen, besonders die Körpersprache. Er stellt immer wieder Testfragen, die er nur umformuliert, um zu schauen, ob ich die gleichen Antworten gebe. Ich fühle mich kontrolliert – dieses Mustern und Taxieren kenne ich einfach zu (!) gut. Aha, er hält sich für den großen, weisen Lehrer, der alles weiß und der nun so ein unterbelichtetes Dummerchen wie mich zu therapieren gedenkt. Das steht so offensichtlich auf seiner Stirn, dass er es auch gleich aussprechen könnte. Gleich beim zweiten

Termin bekomme ich erneut zu hören, mit mir sei so nicht zu arbeiten, ich sei zu schwer traumatisiert – schon wieder! In dem Zustand sei ich zu ungeschützt, aus mir könnten die heftigsten Reaktionen ausbrechen, wenn ich erst einmal Zugang zu dem bekäme, was da in mir traumatisiert sei. Wir könnten deshalb nur unter Medikamentengabe weiterarbeiten. *„Was genau meinen Sie? Welche Art Medikamente?"*, frage ich lauernd und alarmiert. *„Ein Standard-Medikament, das wir bei all solchen schweren Traumata einsetzen müssen, da der Patient das ansonsten nicht verkraftet. Sie brauchen keine Angst zu haben, das wird wirklich gut vertragen und Sie müssen es sich doch nicht unnötig schwer machen?"* Ich brauche keine Angst zu haben? So ein Blödsinn! Seit wann sucht man sich aus, wovor man Angst hat? Der kann sich mit meiner Mutter zusammentun. Wir brauchen keine Angst vor „Harmagedon" zu haben, wir überleben das, weil wir in der „Wahrheit" sind. All das denke ich still bei mir. Und dafür hat er nun studiert, um mir letztendlich einen ähnlichen Quatsch abzuverlangen? *„Sie brauchen mir dieses Zeug nicht schönzureden, ich nehme an, es geht um Psychopharmaka. Ich werde nichts schlucken, was erneut meine Sinne benebelt. Ich habe Schlimmeres erlebt, als über mein Leben befragt zu werden, das werde ich schon durchstehen."* Ich bin wild entschlossen, das nicht mit mir machen zu lassen. *„Dann lehne ich es ab, mit ihnen zu arbeiten, und meine Kollegen auch – Sie stehen das nicht durch."* Das meint er nun wirklich ernst. Ich fühle mich erpresst! Schon nach einer Stunde Gesprächstherapie weiß er also, dass ich das nicht durchstehe ohne seine Drogen. Und das, obwohl ich weder Gezeter noch Anklagen und Theater vorgebracht habe? Ich habe einfach ruhig seine Fragen beantwortet, ist ihm das zu unnatürlich? Dieser Mann merkt nicht, dass er selbst in einem Glaubenssystem gefangen ist, das er für die Wahrheit hält. Im Geiste hat er seine erlernten Raster durchkämmt, mich einsortiert und nun die Lösung ausgespuckt, alles klar. Er hat in mir eine ebenbürtige Partnerin gefunden. Mit Männern, die meinen, über mich bestimmen und ihre erdachte Machtposition ausleben zu können, habe ich mehr Erfahrung, als er sich jemals ausdenken kann. Eine Weile lasse ich noch seine medizinischen Erklärungen zu einem Fall wie mir über mich ergehen und ich willige ein. Er erklärt mir die Einnahme und sagt, dass dies unter Aufsicht in der Klinik erfolgen wird. Nur für das Wochenende wird man mir die Pillen mit nach Hause geben, aber da mein Freund Arzt sei, weiß er, dass das sicher kein Problem ist.

Sascha rät mir auch dazu, es ein paar Tage zu probieren: *„Ich habe keine Ahnung, was da so aufbrechen kann, ich kenne niemanden mit solch einer Geschichte. Da du nicht gerade sehr auskunftsfreudig bist bei diesem Thema, weiß ich nicht, was du so alles erlebt hast. Wir wissen es alle nicht, auch du nicht, da du zu vielen Emotionen keinen Zugang hast. Ich habe dich noch nie in Wut oder in Ausbrüchen erlebt, und das ist mir ehrlich gesagt sehr suspekt, das ist unnatürlich bei all dem, was du erlebt hast."* Hmm, das kommt mir jetzt bekannt vor und ich überlege, ob sie sich abgesprochen haben. Ich verstehe: Nicht zu explodieren und Ausbrüche zu bekommen, ist also ein Makel. Wirklich merkwürdig, ich (!) habe das ein Leben lang genau umgekehrt gelernt. Da ich Sascha aber vertraue, nehme ich dieses Medikament einige Tage lang ein, dabei fühle ich mich noch nebeliger als sowieso schon und habe zu allem Überfluss binnen einer Woche auch noch zwei Kilo mehr auf der Waage, ohne meine Essgewohnheiten verändert zu haben. Dies reicht mir, um neu zu entscheiden, dieses Zeug nicht weiter einzunehmen. Gleich am nächsten Tag kommuniziere ich das mit meinem behandelnden Therapeuten und sage ihm eindringlich, dass mich das extrem zusätzlich stresst. Das Gefühl einer klaren Wahrnehmung und ein waches Aufpassen-Können sind für mich ungeheuer wichtig geworden, seit ich die Entscheidung getroffen habe, ein selbstbestimmtes

Leben zu führen. Es reicht mir völlig, dass mein seit Kindertagen installiertes inneres Programm noch so mächtig ist. An Gewicht zuzulegen, ist für mich inakzeptabel. Der Arzt bleibt ruhig und meint gelassen: *„Sie werden sich daran gewöhnen, dieses Nebelgefühl legt sich bald, sie sind dann einfach nur entspannt, und ein paar Kilo mehr – das fällt doch bei ihrer Figur gar nicht auf, sie sind doch gertenschlank."* Doch ich will mich nicht in die Irre führen lassen: *„Ich fühle mich von Ihnen nicht ernst genommen! Ich fühle mich zusätzlich gestresst, verstehen Sie? Nicht entspannt! Und mit welchem Körpergewicht ich mich wohl oder unwohl fühle, ist mein, nicht ihr Gefühl. Ich möchte, dass sie dieses eklige Zeug von meinem Behandlungsplan streichen."* Wir streiten uns, und es endet erneut mit der Androhung, dass er die Behandlung ohne medikamentöse Unterstützung abbrechen wird. Erneut fühle ich mich erpresst und gebe nach.

Die nächsten elf Wochen sprechen wir nie wieder über meine Medikamenteneinstellung. Irgendwann fragt er noch einmal nach, ob ich mich noch so nebelig fühle, ich verneine, und er ist glücklich, recht behalten zu haben. Ich bin einfach sehr froh, jeden Abend nach Hause zu können und mit Sascha über mein Erleben zu reden. Ich bin mir ziemlich sicher, dass ich es alleine – ohne ihn – abbrechen würde. Dabei werde ich später nicht mehr wissen, über was wir jeden Abend reden, und das über einen Zeitraum von drei Monaten. Ich empfinde es als eine unglaublich liebevolle und geduldige Arbeit, die er da an mir leistet – nach (!) seiner Praxisarbeit. In meinem Gefühl sind die Gespräche mit ihm am Abend die eigentliche Therapie, denn diese Momente sind für mich weitgehend stressfrei, bei ihm spüre ich kein Raster, in das ich einsortiert werde. Viel eher ein Begreifen-Wollen. Dadurch muss ich versuchen, mein Erlebtes in seiner Sprache auszudrücken. Dies ist sehr schwer für mich, gleichzeitig baut es uns eine Brücke in die jeweils unzugänglichen Welten des anderen. Die Gruppenstunden in der Klinik empfinde ich als ganz besonders irre, zumal die Therapeutin der Meinung ist, man dürfe dabei nicht aufstehen, um auf die Toilette zu gehen. Da ich beim ersten Mal nicht einmal auf die Idee komme, dafür fragen zu müssen, gehe ich einfach raus und komme auch leise wieder rein. Dies interpretiert sie als eine ungeheuer rücksichtslose Handlung der Gruppe gegenüber. Mein Verhalten könnte jemanden aus seinem inneren Gleichgewicht gebracht haben. Ich muss lachen, aber sonst lacht niemand. Zornige Blicke treffen mich. Du meine Güte, die meinen das ernst! Einer der zu therapierenden Männer schreit mich an, ich ließe es an der nötigen Ernsthaftigkeit mangeln und hätte mich nun zu entschuldigen. *„Für was denn?"*, will ich verärgert wissen. *„Weil ich euch nicht um Erlaubnis gefragt habe, ob ich auf Toilette darf? Ja, habt ihr denn alle einen Knall, was ist das hier für ein Kindergarten?"* Oh, das ist ein ganz falscher Einwurf, nun habe ich die Gruppe und die Therapeutin gegen mich. Nun gut, die Gruppe kann ich noch durchgehen lassen, aber die Therapeutin benimmt sich wie ein machtgeiler männlicher Ältester der Zeugen Jehovas, der glücklich darüber ist, bei jemandem einen Fehler entdeckt zu haben, und nun seine Rolle als korrigierender Hirte einnehmen kann, der die anderen Schäfchen schützen muss, bevor sich solch ein Ungehorsam in die Gruppe ausbreitet. Ich empfehle dieser Frau, ihre Machtgelüste in dem Club auszuleben, aus dem ich gerade ausgetreten bin, vorausgesetzt sie schafft es, sich als Mann zu tarnen, denn als Frau steht sie dort unter jedem männlichen Kind, und diese (!) Rolle wird ihr bestimmt nicht zusagen. Das kommt erst recht nicht gut an, fortan sprechen wir nie wieder ein Wort miteinander. Vielleicht fragt sie sich, ob meine Medikamentendosis nicht verdoppelt werden sollte. Überhaupt, ich kann mit all den diskutierten Problemen hier wenig anfangen. Die meisten haben partnerschaftliche Themen, haben eine Trennung vor oder hinter sich, einer hat seinen Arbeitsplatz verloren. Ich denke nur, die vielen Stunden, in denen er das hier immer wiederkäut, könnte er da draußen schon wieder einsetzen, um drei neue Arbeitstellen zu finden. Mir fehlen hier die Gespräche zur Lösung der empfundenen Probleme, es wird nur im Kreis herumgeredet, was alles passiert ist, und dann kommt diese immer gleichlautende Frage: *„Was macht das mit dir?"* Wir sind bestimmt zwölf Leute, da würden doch jede Menge brauchbare Ideen bei herauskommen, würde nur mal jemand ein ordentliches Brainstorming organisieren. Man erklärt mir, das sei kein geeigneter Therapieansatz, aber ich verstehe es nicht, denn ich finde das einfach an einer Lebenstauglichkeit vorbeigearbeitet. Das wiederum – so die Erklärung – liege an meinem Trauma, ich hätte eben nur gelernt, absolut rücksichtslos mit mir umzugehen, und diese Leute hier seien immerhin noch in der Lage, ihre Bedürfnisse überhaupt wahrzunehmen. Das (!) wiederum ist für mich schwer zu verstehen, denn die Geschichte mit dem Bedürfnis, auf die Toilette zu gehen, wird ja schon einmal ganz anders interpretiert, oder irre ich mich? Aber es stimmt natürlich, in meinem alten Leben galten private persönliche Bedürfnisse nicht, im Gegenteil, es galt, sie explizit abzutrainieren. Aber solche Dramen zu erleben wie hier und wochenlang in einer Handlungsunfähigkeit zu stecken, weil alles so furchtbar ist, das ist für mich das andere Ende der Extreme. Zum ersten Mal kann ich meinem erlernten Drill ein bisschen abgewinnen. Nicht, dass ich ihn nun richtig finde, aber es ist eben auch nicht mehr alles (!) falsch, denn dieses Theater, welches hier erlebt und dramatisiert wird, finde ich genauso unbrauchbar.

In meiner Wahrnehmung gibt es, während ich in dieser Abteilung bin, nur einen echten Patienten. Er ist immer dunkel gekleidet, spricht mit fast niemandem, gibt auch sehr selten Antworten, wenn er in den Therapiestunden einbezogen werden soll. Er malt nur mit schwarzer und grauer Farbe auf das Papier in unseren Malstunden, er ist schon zum dritten Mal hier. Schon einige Tage beobachte ich ihn, denn ich verstehe nicht, warum er hier ist. Ich wehre mich bei allem, was ich als übergriffig empfinde, aber er boykottiert fast alles in unaufgeregtem Trotz, dem niemand etwas entgegensetzen kann. In einer unserer Pausen gehe ich zu ihm und frage: *„Weshalb tust du dir das hier an?"* Da ich nicht wirklich eine Antwort erwarte, bin ich umso erstaunter, als er mir sehr freundlich und offen antwortet: *„Weshalb interessiert dich das?" „Du wirkst auf mich wie jemand, der mit dem Leben abgeschlossen hat, und den das hier noch viel mehr nervt als mich. Ich hoffe, dass das eine oder andere für mich hier doch nützlich ist, denn ich habe viel aufzuräumen, aber du hast schon abgeschlossen, du willst auch nicht aufräumen, du willst gar nicht mehr hier sein. Also, was hält dich hier fest, diese aufgebauschten Dramen anzuschauen?"* Statt meine Frage zu beantworten, sagt er nur: *„Du wirst es schaffen, du hast richtig viel Kraft in dir." „Danke, aber mir fehlt deine Antwort"*, erwidere ich. Er schaut mich an: *„Ich habe es meiner Lebensgefährtin versprochen. Sie will, dass ich lebe, und sie verspricht sich wahnsinnig viel von dieser Therapie. Obwohl sie bereits zwei gescheiterte Versuche mit mir erlebt hat, glaubt sie immer noch, dass es funktionieren wird. Ich halte einfach mein Versprechen, noch etwa zwei Wochen, dann habe ich das Ganze überstanden."* Deutlich kann ich fühlen, dass er eigentlich nur an das Ende dieser zwei Wochen denkt. *„Du meinst, du gehst für immer?"*, frage ich gerade heraus. *„Ja"*, antwortet er leise. *„Freust du dich darauf?"*, frage ich weiter. *„Nicht mehr hier zu sein? Aber ja, nur für meine Freundin tut es mir leid, sie hat so viel probiert und zu mir gehalten. Sie wird etwas Zeit brauchen, aber dann darüber hinwegkommen, dann kann sie endlich ihr eigenes Leben richtig anfangen. Ich habe mir schon meinen Baum ausgesucht, ich besuche ihn regelmäßig." „Ich hoffe, er steht nicht direkt am Weg, wegen der Kinder"*, überlege ich laut. Er beruhigt mich ganz ernst: *„Nein, man wird mich nicht sofort finden."* Seit diesem Gespräch reden wir in jeder Pause miteinander, obwohl sich während der offiziellen Therapiestunden sein Verhalten nicht ändert. Es ist deutlich zu fühlen, dass sich sein persönlicher Plan auch nicht ändern wird. Die Tage, die noch bleiben, erzählen wir uns gegenseitig aus unserem Leben, als wären wir schon ewig Freunde, es gibt nichts zu verbergen, nichts zu verraten. Von diesen Gesprächen erzähle ich Sascha nichts am Abend. Ich habe die Befürchtung, damit vielleicht den Arzt in ihm zu aktivieren. Mich macht das sehr nachdenklich, denn als ich vor Jahren dieses Gefühl hatte, lag es daran, dass ich mein Leben zu 90 Prozent fremdbestimmt empfand, es war gar nicht mein (!) Leben, darum wollte ich es nicht mehr. Es war zu schmerzhaft, etwas zu leben, das nichts mit mir zu tun hatte. Aber er, er hat sein Leben so gestaltet, wie er es wollte, träumte davon, ein Künstler zu werden. Er konnte diesen Weg auch gehen – nicht erfolglos. Zwar gab es nicht den sehr großen Erfolg, aber er hatte eine Arbeit, die ihm Freude machte und die ihn ernähren konnte. Er kann nur diesen großen kollektiven Weltschmerz, den er fühlt, nicht länger ertragen. Ich verstehe, dass dieser Grund allein nicht so wichtig ist, denn es ist in Wirklichkeit die Größe (!) des Schmerzes verbunden mit der Abwesenheit jeder (!) Hoffnung, dass es sich jemals ändern kann. … Zu keiner Gelegenheit versuche ich ihm seinen Plan auszureden, dafür verstehe ich seine Gefühle einfach zu gut.

In den Malstunden gelingt es mir wesentlich besser, eine Ordnung und eine Erkenntnis zu gewinnen, als in den Gesprächsstunden. Es ist zu einfach für mich, mein Gegenüber zu durchschauen und seine Manipulationsversuche zu erkennen. Es gibt nur eine Ausnahme, bei der ich vorher nicht erkennen kann, was gewünscht ist, nämlich als der Chefarzt mich fragt, ob er mit mir eine EMDR-Arbeit (Eye Movement Desensitization and Reprocessing) ausprobieren darf. Er erklärt mir, dass darüber ein Zugang zu Unbewusstem, Verdrängtem erreicht werden kann, also habe ich nichts dagegen, ich kenne es ja auch nicht. Mit meinen Augenbewegungen folge ich seinem Finger – wie lange, weiß ich nicht –, aber plötzlich finde ich mich in einer Situation als Kind wieder, in der ich einen Übergriff erlebte. Mir wird speiübel und mein Herz rast in einer Weise, wie ich es noch nie erlebt habe. Mir geht es hundeelend, doch leider sind genau jetzt gerade die 45 Minuten um, damit ist die Sitzung beendet. Mühsam und langsam wie eine Schildkröte schleppe ich mich die Treppe auf meine Station hoch und will nur noch liegen. Eine Krankenschwester ist sofort zur Stelle und misst einen Blutdruck, der auf einmal sehr hoch war, etwas was noch nie vorkam. Es gibt zu dieser Art der Arbeit weder jemanden, der mir das erklärt hat, was passiert, noch ein Auffangen des ausgelösten Stresses. Man kommt nur zu dem Schluss, dass ich für diese Methode nicht geeignet sei – ohne jede Erklärung. Was ich mit den Bildern tun soll, die ich nun zusätzlich im Kopf habe, sagt keiner. So fühle ich mich also wie ein Versuchskaninchen. Es ärgert mich enorm, weil ich es als absolut unprofessionell einstufe.

Das Thema der nicht vorhandenen Wut kann ich erstaunlicherweise mit einer Trommel aktivieren. Jeder soll sich ein Instrument seiner Wahl greifen und damit tun, was er will. Da ich mir das als fürchterliche Strapaze für mein ästhetisches Klangbedürfnis vorstelle, wähle ich die Trommel, um selbst nicht auch schiefe Töne erzeugen zu müssen. Und je länger ich die Trommel bearbeite, umso wütender werde ich, ich denke echt, dass ich das schuldlose Instrument ermorden werde. Nun war sie auferstanden – meine Wut! Sie begleitet mich bis heute, und ich finde sie wirklich nützlich. Es passiert nicht oft, dass ich wütend werde, aber Sascha freut sich jedes Mal. Kurz bevor die drei Monate um sind, werden wir davon unterrichtet, dass der (mein Freund), der die schwarzen Bilder gemalt hat, tot sei. Er hat sich wie geplant erhängt. Nun bin ich stinkwütend auf ihn, denn er hat seinen Zeitplan um eine

Woche verkürzt, sodass die gesamte Gruppe darin involviert wird. Dennoch, ich bin froh, überhaupt wütend sein zu können. Ich denke, dass sein Schmerz einfach zu groß war und er diese eine Woche nicht mehr ertragen konnte. Vor meiner Entlassung gibt es ein Abschlussgespräch mit dem Therapeuten, der die Einzelbetreuung führt. Bei dieser Gelegenheit übergebe ich ihm all meine vielen gesammelten Pillen, von denen ich, seit seiner zweiten Androhung, meine Therapie nicht weiter zu begleiten, keine einzige eingenommen habe. Als ich die große Menge beim Einpacken zum ersten Mal sehe – ich hatte sie einfach immer in einen Karton geworfen, ohne mich darum zu kümmern – bin ich doppelt froh, so entschieden zu haben. Er ist ziemlich verärgert und betrachtet dies als schweren Vertrauensbruch. Er versteht nicht, dass gemäß meinem Empfinden er das Vertrauen zuerst gebrochen hat, als er mich nicht ernst nahm und mich durch seine Verweigerung erpresst hat. Zu diesem Punkt können wir uns wirklich nicht einigen, aber das ist mir auch nicht wichtig. Später werde ich anders darüber denken, die Methoden, die mir dann bekannt sein werden, werde ich für wesentlich zielführender halten. Und das Zusammensein mit vielen anderen, die den ganzen Tag lang über ihre schrecklichen Probleme reden, wird in meiner Wahrnehmung als eine Form der Zementierung der eigenen Opferhaltung gewertet werden, als sehr anstrengend für diejenigen, die nicht auf Jammern stehen.

Auf der anderen Seite weiß ich gerade nicht, wie es ausgegangen wäre, hätte ich diese Therapie nicht gemacht. Es gibt mir die Gelegenheit, mich von Anfang an gegen alles zur Wehr zu setzen, was in diesem therapeutischen System als Anordnung ausgegeben wird, weil auch dort ein interner Wahrheitsanspruch besteht, den keiner anzweifeln soll. Da dies aber nicht mit einer Todesstrafe belegt ist, empfinde ich das vergleichsweise als eine sehr einfache „Komplikation“. Insofern habe ich drei Monate Gelegenheit gehabt, ein neues System genau zu betrachten und zu schauen, ob das Angebotene oder auch das dort Eingeforderte zu mir passt oder nicht – und dann auch entsprechend anzunehmen oder eben abzulehnen. Auch hier gelte ich eindeutig als Rebellin, sogar bei den anderen Patienten – aber im Ernst: Es gibt wirklich Schlimmeres!

Mein Bedürfnis, mit Vollgas in Autos zu krachen, die ein Nummernschild mit JZ oder ZJ haben, ist nun wirklich verschwunden. Stattdessen bin ich nun gefühlt zornig und wütend auf diesen „Verein" und meine Eltern.

# Freie Bahn für den neuen Geist

Mein Wunsch zu malen, der seit meiner Kindheit besteht, kann nun umgesetzt werden. Mit Sascha's Unterstützung finde ich ein wunderbares Atelier, das ich mir mit einer Künstlerin teile, die Malerei beruflich ausübt. Es gibt auch eine große Außenterrasse, und ich kann Steinarbeiten im Freien durchführen. Die Wohnungssanierungen kann ich zeitlich gut damit kombinieren, ich besuche die Kunst-Abendschule und gehe am Wochenende ins Atelier. Das kreative Arbeiten begreife ich bald weitgehend als hilfreichsten Zugang zu allem, was ich sprachlich bisher weder ausdrücken noch sortieren kann. Immer tiefer tauche ich ein in die Welt der einst verbotenen Bücher, die ich zunehmend besser verstehe. Nun bin ich in der Lage, das erste Buch, welches ich von Sascha bereits 1999 erhielt, um es in Costa Rica zu lesen, neu zu erarbeiten, ohne dabei in Angst und Schrecken zu stürzen. „Schicksal als Chance" und „Krankheit als Weg" von Thorwald Dethlefsen konnte ich direkt nach meinem Ausstieg wegen des noch zu gut funktionierenden inneren Programms überhaupt nicht verstehen, geschweige denn verwerten. Sascha versuchte mir damit neue Türen zu anderen Ideen und Konzepten zu öffnen, doch damals konnte ich nicht hindurchgehen. Die Inhalte, wie Hochpotenz-Homöopathie, Astrologie und Reinkarnation waren allesamt für mich „dämonisch" belegt. Jetzt, ein paar Jahre später, lassen die nicht nachlassenden Auseinandersetzungen mit den Lehren und Wahrheiten der Vergangenheit mein Weitergehen auf neuen Pfaden immer mehr zu. Langsam wächst mein Verständnis davon, weshalb ich überhaupt so lange in einem System funktioniert habe, obwohl es nach meiner eigenen inneren Empfindung niemals zu mir gepasst hat.

Gerade durch das Buch „Krankheit als Weg" kann ich meine eigene, seit meiner Kindheit bestehende Kette von Krankengeschichten aller Art, nun klar verstehen. Das Beste daran ist: Die meisten dieser Krankheiten haben sich inzwischen erledigt. Sie müssen nicht mehr als „Boten" fungieren, um mich auf eine für mich unpassende Gangart hinzuweisen. Besonders die Bücher von Arno Gruen, einem Psychologen und Psychoanalytiker, haben es mir angetan, sie sind extrem hilfreich. Die kurze, aber prägnante Geschichte, die er selbst als Kind erlebte und die den Weg ebnete dafür, sich ein ganzes Leben lang mit der Schwierigkeit der menschlichen Anpassung zu befassen, macht ihn mir sympathisch und erleichtert mir den Einstieg in seine Arbeit: Als Sohn jüdischer Eltern in einer Berliner Schule erlebte er als Sechsjähriger nicht nur das „Anders-Sein", sondern auch ein exzellentes Beispiel für „den Verrat am Selbst" (späterer Titel eines der mir wichtigsten Arbeitsbücher in meiner „Aufräumphase"): Seine Klassenlehrerin empfand die Klasse als zu undiszipliniert und ungehorsam und beschloss deshalb, einen Rohrstock zu kaufen, um die Abweichler mit Züchtigung zu bestrafen. Sie nahm Geld aus ihrem Portemonnaie und fragte, welcher Schüler bereit sei, den Rohrstock kaufen zu gehen. 29 Schüler meldeten sich sofort, nur Arno nicht. Mit seinen sechs Jahren fand er es einfach verrückt, freiwillig und selbst einen Rohrstock zu kaufen, mit dem er dann geschlagen werden sollte. Bravo! Von diesem Mann will ich gerne lernen.

Im Laufe der Zeit und meiner Auseinandersetzungen erkenne ich viele Dinge, und die Wut auf meine Eltern legt sich deutlich, auch die

Sicht auf mich selbst verändert sich, dass ich ein Opfer dieses Familienplans gewesen war. Allerdings muss ich in meinem Fall klar ausdrücken, dass zwischen verstandener Theorie und auszuübender Praxis noch eine große Lücke klafft. Es sind einfach die ersten Erkenntnisschritte. Unter Druck und im praktischen Alltag fällt es mir sehr schwer, zu jeder Zeit präsent genug zu sein, um diese Erkenntnis auch sofort parat zu haben und dementsprechend gelassen zu reagieren. Beim Durcharbeiten der Bücher „Das Drama des begabten Kindes" und „Die Suche nach dem wahren Selbst" von Alice Miller spült natürlich viel Erlebtes nach oben, gleichzeitig öffnet sich aber auch der Blick dafür, dass auch meine Eltern solche verletzten, verbogenen Kinder waren. Dass dies über Generationen hinweg so geschehen ist und keiner perfekte Eltern hat, so wie ich auch keine perfekte Mutter sein kann. Aber ich darf mit all diesen Erkenntnissen bewusster und achtsamer sein, denn ich habe in meinem Kind eine ganz andere Persönlichkeit vor mir. Ich verstehe es immer besser und kann meine eigenen Erlebnisse anders einordnen. Beispielsweise war es mir schon als Kind sehr wichtig, wie ich mich anzog und zurechtmachte. Das Thema „Kleidung" war wie das Thema „Essen" ein ständiger Reibungspunkt, besonders zwischen meiner Mutter und mir. Sie empfand sich selbst als sehr modern, ich empfand sie jedoch als sehr konservativ. Erschwerend kam die religiöse Vorgabe nach „schicklicher Kleidung" hinzu. Ich nahm mir also vor, sollte ich einmal Kinder haben, dürften sie sich immer so kleiden, dass sie sich wohlfühlen. Das Leben bot mir Gelegenheit, dies später bei meinem kleinen Sohn in die Tat umzusetzen. Er war etwa vier bis fünf Jahre alt, bewunderte die Krawatten seines Vaters und wollte unbedingt auch eine tragen. Ich selbst war ein Krawattengegner, vielleicht weil es in der Versammlung erwartet wurde, und bei einem kleinen Jungen war dies für mich erst recht ein Unding! Doch ich ging mit ihm einkaufen, gemäß meinem Vorsatz durfte er sich alles mit in die Umkleide nehmen, was er sich von den Ständern aussuchte. Schon bei seiner Vorauswahl hat es meiner Ästhetik alle Chips verbogen, und da hatte er noch nicht die Krawatte an. Strahlend trat er aus der Kabine mit leuchtend roter Breitcordhose, einem orange-ockerfarbenen Wollsakko und einem blauen Hemd. *„Schau mal, Mama, ist das nicht schön?"* Ich musste dringend Zeit gewinnen, um das zu verdauen. So fragte ich: *„Das gefällt dir so gut, dass wir es kaufen sollen, oder hast du noch etwas anderes gefunden?" „Findest du es nicht auch schön?"*, fragte er zurück. *„Ohne Krawatte und Sakko, ja, aber wenn es dir genau so gefällt, dann kaufen wir es, du musst dich damit wohlfühlen."* Und so machten wir es auch. Ich fand mich ungeheuer tapfer und dachte dauernd daran, dass es genau das gewesen wäre, was ich als Kind gewollt hätte – frei wählen zu können. Viele Jahre später, er war vielleicht 18 Jahre alt, schauten wir zusammen alte Fotos durch, und er bekam eines in die Hand, auf dem er genau diese heiß geliebte Kombination trägt. Ein schrilles *„Iiiiih!"* ließ mich zusammenzucken. *„Hast du mir das gekauft?"*, fragte er zutiefst entsetzt. *„Ja, das hattest du dir ausgesucht und warst damit ganz glücklich"*, erklärte ich, immer noch stolz auf meine Heldentat. *„Ja, spinnst du denn, wie kannst du denn ein kleines Kind die Klamotten selbst aussuchen lassen? Dafür wärest du verantwortlich gewesen, da muss ich mich ja im Nachhinein noch schämen."* Er war stinksauer und fand mein Verhalten unmöglich. Heute können wir beide darüber lachen. Der Kern der Geschichte zeigt aber, dass es oft genauso falsch sein kann, das Erlebte, welches wir als schlimm empfunden haben, auf andere zu übertragen. Sie hätten vielleicht damit gar kein Thema?

Meine Mutter wurde als Kind atheistisch erzogen, trug aber eine tiefe Gottes-Sehnsucht in sich. Sie beneidete alle Kinder, die in die Kirche gehen durften und bei denen es eine Bibel im Haus gab. Sie hatte solche Freundinnen und versuchte, möglichst oft bei diesen Familien zu Besuch zu sein, um von diesem „Segen" etwas abzubekommen.

Als sie dann mit Anfang 20 auf die Zeugen Jehovas stieß, war das für sie die absolute Offenbarung. Mit Haut und Haaren stürzte sie sich in diese Organisation, es gab nichts anderes mehr, nichts war so wichtig wie das, was von dort kam. Verblendet und ihre Sehnsucht auslebend, musste dies zu unser aller Lebensmittelpunkt werden. Dabei glaubte sie leider auch, dass ihre Kinder ihr ewig dankbar sein würden für dieses Geschenk der absoluten „Wahrheit". Leider war eines ihrer Kinder ein Freigeist, der daran fast erstickt ist.

# Scheiden tut gut

Es war klar, dass es irgendwann so kommen musste: Tim reicht nun die Scheidung ein. Da ich meine Scheidung schon im Juni 1999 selbst ausgesprochen habe, gebe ich mir keine Mühe, den juristischen Weg zu beschreiten, da wir nun einige Jahre getrennt lebten und er keinen Kontakt mit mir will. Sehr naiv denke ich, da die gesetzliche Trennungsfrist eingehalten ist, werden wir einfach in gegenseitigem Einverständnis unsere Unterschrift auf ein Papier setzen, doch leider nein. Der Ehevertrag, den wir noch auf seinen Wunsch hin abgeschlossen haben, bevor ich nach Costa Rica ging, und dem ich leider keine Bedeutung beimaß, kommt nun gerichtlich zum Tragen. Da ich damals meine Unterschrift auf ein Dokument setzte, bei dem ich nach unserer knapp 25-jährigen Ehe auf wirklich alles in Vergangenheit und Zukunft verzichtete, wird der Prozess sehr lang. Meine Anwältin ist der Meinung, diesen Vertrag wegen Sittenwidrigkeit anfechten zu wollen, zumal ich damals in einem Zustand war, in dem ich kein Dokument hätte unterschreiben sollen. Leider lassen ja genau diese „Zustände“ solche Überlegungen nicht zu, sonst würde man nicht am Ende von 25 Jahren rückwirkende Eheverträge erstellen lassen. Es gibt psychologische Gutachten und Gegengutachten, die aber beide zu demselben Ergebnis kommen: Ich war in dieser Zeit des Ausstiegs, der Trennung und meiner Flucht nach Costa Rica eindeutig nicht geschäftsfähig.

Meine Anwältin versucht, dem Richter klarzumachen, dass durch meinen Glauben an eine Vernichtung, als ich die „Wahrheit" verließ, eine normale geschäftsmäßige Handlung nicht möglich war – auch die Gutachten bestätigen dies. Interessanterweise ist dies dem Richter völlig egal, er will es weder hören noch sind die beiden Gutachten für ihn Bestandteil der Verhandlung. Sie werden unter den Tisch gefegt. Er unterstellt mir allerlei Böswilligkeiten, obwohl ich für den ganzen Prozess keine Zeugen bringe, denn mein soziales Umfeld aus dieser Zeit gibt es nicht mehr. Weder meine Anwältin noch ich können die offensichtliche Feindschaft mir gegenüber von diesem Mann verstehen. An einem Wochenende treffe ich mich mit einer meiner Mal-Kolleginnen aus der Kunstschule und mache meiner Empörung Luft. Zwar weiß ich theoretisch, dass ein Gericht einer der letzten Orte ist, die mit dem Thema Recht oder Gerechtigkeit in der praktischen Ausführung zu tun haben, aber dieses Verhalten ist eine ganz offene Feindschaft mir gegenüber. Irgendwann fragt sie nach dem Namen des Richters, da sie durch ihre ehemalige Arbeit einige von ihnen kennt. Als ich den Namen nenne und ihn beschreiben soll, ist sie entsetzt. Sie kennt ihn und auch seine Geschichte. Er ist gerade frisch geschieden worden, nachdem ihn seine Frau wegen eines anderen verlassen hat. Auch Tim stellt meine Trennung von ihm so dar, als habe ich ihn wegen Sascha verlassen, die ganze Religionsgeschichte hat er dabei unter den Tisch gefegt. Menschlich ist vielleicht sein Hass auf Frauen nachvollziehbar, dass er das aber Kraft seines Amtes dann in Rache abarbeitet, finden wir sehr unfair und unprofessionell. Ich erlebe einen erneuten männlichen Machtmissbrauch, so, wie all die Jahre in der religiösen Gemeinschaft. Dies macht mir emotional sehr zu schaffen!

Richtig schwer wird es für mich, nachdem Tim sich von seiner Anwältin getrennt hat und mit einem männlichen Anwalt der Zeugen Jehovas ankommt. Dieser Mann behauptet, außer Anwalt auch ein

Ältester der Zeugen Jehovas zu sein, und als solcher kennt er sich natürlich mit den Lehren aus. Weitgehend alles, was ich geglaubt und erlebt habe, was auch in genügend Publikationen nachzulesen und in Internet-Aussteiger-Foren zu hören gewesen wäre, gibt es nämlich nicht. Er bestreitet, dass ich gearbeitet habe all die Jahre, in seiner Version habe ich meinen Mann über Jahre hinweg ausgebeutet und nachträglich noch beraubt. Dies muss auch nicht dokumentiert werden, es genügt, es in den Schriftstücken zu behaupten. Dazu Stellung zu nehmen, lässt der Herr Richter nicht zu, und die Bankbelege meiner Anwältin, die das Gegenteil beweisen können, heftet er – ohne sie anzusehen – einfach ab. Aus der Zeit meiner Arbeitstätigkeit in der Gärtnerei habe ich natürlich nur die Kontakte zu der Glaubensgemeinschaft, von ihnen kommt aber niemand als Zeuge infrage, auch meine Eltern wollen das nicht tun. Dieses Spiel ist kaum noch zu ertragen, mein Ekel vor den Vertretern der einzigen „Wahrheit" kann nicht schlimmer sein. Nach den Tagen bei Gericht bin ich fast jedes Mal krank. Ein noch nicht ausgespieltes Ass im Ärmel kann ich in einem Gespräch mit meinem Schwager Armin anbringen und mit seiner Unterstützung den Wahnsinn vor Gericht beenden. Tim und ich einigen uns glücklicherweise jetzt außergerichtlich.

# Stufen

Viele Lebens-Räume habe ich nun durchschritten, sie waren bunt wie die Farben dieser Welt. Auch glaube ich, keine Emotion ausgelassen zu haben und fühle deutliche Dankbarkeit für alles Erlebte, hat mich dies doch *„Stuf' um Stuf'"* in eine vollkommen neue Welt gesetzt, ohne (!) dass ich wirklich gestorben bin, obwohl es sich tatsächlich genau so anfühlt, vollkommen gestorben zu sein in Bezug auf mein altes Leben. Genau genommen, könnte ich nicht weiter von ihm entfernt sein. Für mich ist es immer noch ein Wunder, dass sich ein und dieselbe Person in einem Leben in zwei so unterschiedlichen Welten wiederfindet. Das, was ich einmal durch intensive Erziehung und Beeinflussung geglaubt habe, hat sich weitgehend ins Gegenteil verkehrt, obwohl ich fast vierzig Jahre meines Lebens damit zugebracht habe, danach zu leben. Nun ist der Ausspruch *„Die Wahrheit wird Euch freimachen!"* wahr geworden, und ich fühle mich nicht mehr wie eine Gefangene der Freiheit. Allerdings ist diese befreiende Wahrheit weitgehend das Gegenteil von allem, was ich einmal gelernt habe. Ich glaube, es kann niemanden besonders wundern, dass ausgerechnet das Gedicht „Stufen" von Hermann Hesse zu meinem Lieblingsgedicht geworden ist. Natürlich begegnet mir dieser Dichter recht bald schon in meiner neuen Lebensschule. In den schier unüberschaubaren Mengen „Allgemeinbildung" leuchtet das Gedicht auf und brennt sich schnell in meine Seele ein. (Vielleicht habe ich ja doch eine?)

*Wie jede Blüte welkt und jede Jugend*
*Dem Alter weicht, blüht jede Lebensstufe,*
*Blüht jede Weisheit auch und jede Tugend*
*Zu ihrer Zeit und darf nicht ewig dauern.*
*Es muss das Herz bei jedem Lebensrufe*
*Bereit zum Abschied sein und Neubeginne,*
*Um sich in Tapferkeit und ohne Trauern*
*In andre, neue Bindungen zu geben.*
*Und jedem Anfang wohnt ein Zauber inne,*
*Der uns beschützt und der uns hilft zu leben.*
*Wir sollen heiter Raum um Raum durchschreiten,*
*An keinem wie an einer Heimat hängen,*
*Der Weltgeist will nicht fesseln uns und engen,*
*Er will uns Stuf' um Stufe heben, weiten.*
*Kaum sind wir heimisch einem Lebenskreise*
*Und traulich eingewohnt, so droht Erschlaffen,*
*Nur wer bereit zu Aufbruch ist und Reise,*
*Mag lähmender Gewöhnung sich entraffen.*
*Es wird vielleicht auch noch die Todesstunde*
*Uns neuen Räumen jung entgegen senden,*
*Des Lebens Ruf an uns wird niemals enden....*
*Wohlan denn, Herz, nimm Abschied und gesunde!*

Zu meinem eigenen großen Erstaunen fällt es mir nicht leicht, diese vielen Entwicklungsstufen rückwärts betrachtet zusammenzufügen. Bei Menschen mit intensiven Nahtoderfahrungen sind tief greifende Erlebnisse kompakter – und wahrscheinlich auch schneller – in das neu geschenkte Leben zu integrieren. Bei mir kommen die Erkenntnisse Stufe für Stufe, werden immer wieder unterbrochen und analysiert von dem Verstand, der damit nicht gut umgehen kann und sich häufig als oberste Instanz einmischen will. Seit ich ihm aber öfter sage, „Du musst nicht alles glauben, was du denkst“, ist er nicht mehr so dominant. Ich will mehr zulassen und einfach nur schauen.

Krampfhaft versucht mein Verstand, den alten Ausspruch des Philosophen Rene Descartes am Leben zu erhalten: „Ich denke, also bin ich.“ Ich erfahre, dass mein Bewusstsein nur etwa zehn Prozent ausmacht, und zu diesem gehört auch mein Verstand. Dagegen stehen 90 Prozent Unterbewusstsein. Wenn ich berücksichtige, dass diese Hochrechnung in Wirklichkeit noch eingeschränkter ist, da mir nur bewusst ist, auf was ich im Moment meine Wahrnehmung richte, hätte ich schon früher verstehen müssen, dass es so einiges gibt, was nicht mit dem Verstand erklärbar ist. Viele dieser logischen Erklärungen aus der Psychologie beispielsweise helfen mir, meine Schwierigkeiten so einzuordnen, dass sich daraus für mich Handlungsoptionen ergeben. Das bedeutet zunächst, wenn es vorkommt, dass meine zehn Prozent Bewusstsein bemerken, dass mir mein Leben so nicht gefällt, wirken die anderen 90 Prozent mit viel größerer Kraft und halten mein System am Laufen. Außerdem ist in meinem Verstand alles angesiedelt, was ich gelernt habe: das kulturelle Umfeld, die Konditionierung, die „Wahrheiten“ der Religion usw. Für mich ist also vieles von dem, was meinem Verstand beigebracht wurde, nicht brauchbar. Da es in sehr frühem Lebensalter installiert wurde und damit die Möglichkeit hatte, in meinem Unterbewusstsein als innere Glaubenssätze fest verankert zu werden, kann es nun auch so unglaublich lange wirken! Dies ist übrigens bei allen Menschen so, deshalb gibt es so viele Menschen, die mit ihrem Leben wirklich auch nicht zufrieden – oder sogar unglücklich – sind. Auch bei ihnen ist das früh Erlernte, Übergestülpte, als Ritual Vorgelebte, ständig Wiederholte tief im Unterbewusstsein verankert worden. Das kennen ja wohl die meisten – innere Mantras: *„Das darf ich nicht, das kann ich nicht, das macht man nicht, ich verdiene das nicht, mich liebt keiner."* Nach und nach wird mir klar, wie alles zusammenhängt. Ich stelle auch fest, und das ist wohltuend für mich, dass das, was mir geschehen ist und geschieht, „normale" Menschen genauso betrifft, nur eben nicht so extrem vielleicht. Doch im Grunde wirken in mir genau dieselben Mechanismen wie in jedem anderen Menschen auch. Das entspannt mich in gewisser Weise. Und es macht es mir leichter, mich dem zuzuwenden, was sich konkret für mich daraus ergibt … Ich bin auf meinem Weg.

# Neue Entwicklungen

Angeregt durch eine Malkollegin, die von meinem umfangreichen Wissen zum Thema „Ernährung und Zahngesundheit" beeindruckt ist, möchte ich ihren Rat befolgen, Ausbildungen in diesem Sektor zu absolvieren, zumal es in die Praxisarbeit von Sascha passt. Und so beginne ich – Schritt für Schritt – mit den unterschiedlichsten, meist medizinischen Ausbildungen. Das Lernen gefällt mir schon immer, und mit dem medizinischen Fundus von Sascha kann ich das Ganze noch viel schneller in mich aufnehmen. Wir arbeiten jetzt immer enger zusammen, und irgendwann muss ich leider das Atelier aufgeben, da ich keine Zeit mehr zum Malen habe. Dafür besuche ich aber noch einige Sommer-Kunst-Akademien, denn dies ist immer auf einige Wochen begrenzt und überschaubar. So gelingt es mir, einen Anschluss an diese Leidenschaft zu halten.

Dann passiert etwas Erstaunliches: Eine Astrologin – Patientin von Sascha – arbeitet für ihn ein Horoskop aus. Sie hat all ihre Erkenntnisse, die sie aufgrund seiner Geburtszeit und des Geburtsortes ermittelt hat, auf ein Band gesprochen, das wir uns nun anhören können. Es ist einfach nicht zu fassen, was sie aus diesen wenigen Daten für ein Profil erarbeitet hat, es gibt viel zu viel, was sie unmöglich (!) wissen kann. Sascha schlägt mir ein solches Horoskop auch für mich vor, doch ich bin skeptisch. Schließlich stimme ich aber zu. Die Frau erhält also nun auch meine Geburtsdaten, nimmt sich einige Wochen Zeit, und dann bestellt sie mich zu einer Besprechung. Bevor sie mit ihren Ausführungen beginnt, sagt sie, es gebe für sie in der Sache eine Ungereimtheit, die sie sich nicht erklären könne: In der Zeit zwischen Mai und Juni 1999 sei ich „über den Tod gegangen", aber danach verzeichnet sie jede Menge aktive Informationen. Da ich nun einmal lebendig vor ihr sitze, fragt sie mich, ob ich vielleicht in dem damaligen Zeitraum im Koma gelegen hätte. ... Koma, das ist ein interessantes Wort, und irgendwie entspricht es tatsächlich meiner damaligen Verfassung, tief in etwas versenkt, das mit Denken wenig zu tun hatte. Ich merke auch, dass es größere Erinnerungslücken gibt. Natürlich kann ich ihr diesen Punkt gut erklären, alle darauffolgenden Ausführungen, die sie hinzufügt, sind gespenstisch genau. An diesem Tag verstehe ich, dass ein sauber ausgearbeitetes Profi-Horoskop nichts zu tun hat mit dem Hokuspokus in Frauen-Magazinen.

Es scheint, als sei ich in meinem „ersten Leben" weitgehend schlafwandlerisch, funktionierend und ohne echten Kontakt mit mir selbst unterwegs gewesen. Es gab Ausnahmen, aber diese fühlten sich immer so an, als würde ich eine Schwelle in einen Nebel überschreiten. Zwar waren diese Momente für mich immer richtig, aber sie hatten herzlich wenig mit meinem Bewusstsein zu tun, sondern eher mit etwas ganz Unbekanntem in mir, zu dem ich keinen bewussten Zugang hatte, dafür aber eine massive Sehnsucht, mich danach auszurichten – wie eine Blume nach dem Licht. Ich erinnere mich immer wieder an meine erste tiefe Erfahrung als Kind: Ich liege auf der Wiese und bin verbunden mit allem – alles ist göttlich und reine Liebe! Wie konnte ich so eine frühe, eine so tiefe Erfahrung nur so lange verdrängen oder als Einbildung abtun? Jetzt sauge ich diese Erinnerung in tiefen Atemzügen in mich hinein und genieße mein frühes Glück nachträglich noch einmal sehr intensiv.

Ich bin froh über diese Begegnung mit der Astrologin, die ihre Begabungen und intuitiven Möglichkeiten in einer so wunderbaren, wertvollen Arbeit lebt. Es war mir selbst bisher im Leben nicht vergönnt, meine eigenen Fähigkeiten zu verstehen, zu bestaunen, zu bewundern und mit Dankbarkeit anzunehmen. Teilweise sah ich sie nicht, andere suchte ich zu verbergen, um nicht aufzufallen, und noch andere, wie das Fühlen des Todes bei einem anderen Menschen, lehnte ich sogar in mir selbst ab, weil ich sie für dämonisch hielt. Aber auch meine kreativen Talente, die ich jetzt erst entfalten kann, haben lange warten müssen. Schon lange vor meiner Schulzeit konnte ich recht gut malen, und zwar mit einem kleinen Farbkasten, der Wasserfarben enthielt. Alle Tiere meines Tierbuches brachte ich damit auf Papier. Es war völlig selbstverständlich, dass ich jede Farbe, die ich benötigte, selbst aus den Grundfarben plus Schwarz und Weiß mischen konnte, ohne dass es mir jemand erklärte. Ich wäre auch nie auf die Idee gekommen, jemanden zu fragen, wie das geht, denn ich wusste es einfach, und ich dachte auch, dass das bei jedem so sei. Dass es nicht so ist, merkte ich erst viele Jahre später, wenn ich Sätze sagte, wie: „Diese Farben passen in ihrem Klang nicht zusammen“ oder „Das Rot spricht zu arg aus dem Violett, es verschluckt das Gelb nebenan ...“ Außer meinem Kunstlehrer verstand mich niemand, und da bemerkte ich erst, dass dies ein Wissen anderer Art war, ich hatte es von niemandem erlernt. Wollte ich einen schwierigen Rechenweg aus der Algebra lösen, beschäftigte ich mich vor dem Schlafengehen mit der Aufgabe, wohl wissend, dass ich am anderen Morgen die Aufgabe würde lösen können, denn ich träumte Rechenwege. Genau so ging ich vor, wenn ich ein Kleidungsstück nähen wollte. Ich setzte mich am Abend gedanklich damit auseinander, sodass ich am anderen Morgen die Reihenfolge der Arbeitsschritte einfach nur aufschreiben musste. Ganz selbstverständlich nutzte ich das Träumen, um Antworten zu erhalten – leider setzte ich es nur für praktische Dinge ein.

Dass diese Erfahrungen nicht zum Standard gehören, wird mir erst jetzt – nach der Horoskop-Besprechung – klar, und das macht es mir möglich, mich noch weiter zu öffnen für den Teil in mir, den mein Verstand nicht erfassen kann. Den ständig wiederkehrenden Traum von dem großen orangefarbenen Bild, welches in Sascha's Wohnzimmer hängt, ordne ich heute meinem Überbewusstsein oder höheren Selbst zu. Wenn ich über all das nachdenke, empfinde ich eine sehr große Dankbarkeit für meine neu gewonnene Freiheit und die tiefen Einsichten. Allerdings gibt es wirklich viel zu lernen, Altes über Bord zu werfen und auch manches loszulassen. Um ganz frei zu werden, muss ich Stück für Stück alte Glaubensansichten, Werte und falsches Wissen und und und ... zur Tür hinausbegleiten und verabschieden. Und nicht selten passiert es, dass mein Kopf sie einfach wieder durch ein Fenster reinlässt. Solange so viel von dem alten geprägten Denken in mir ist, bin ich gar nicht frei oder leer genug, um vorbehaltlos Neues aufzunehmen und anzuschauen. Im Bruchteil von Sekunden bewerte ich immer noch nach alt erlerntem Programm, und meine emotionale Ablehnung ist häufig schneller, als ich ausreichend Gelegenheit habe, mir ein neues Konzept in Ruhe anzuschauen. Es bleibt mir nur eins: präsent sein und bemerken, wann genau das passiert, um nicht auf die überholten Gedanken und Gefühle hereinzufallen.

Was mir enorm hilft, diese Momente immer wieder als eine willkommene Gelegenheit zu begreifen, ist ein Buch von Eckhart Tolle, es heißt „Jetzt! Die Kraft der Gegenwart". Ganz willig, mich neuen Ideen zu öffnen, beginne ich darin zu lesen bis zu der Aussage, dass die *„völlige Hingabe an eine Situation"* erforderlich sei, um ganz frei zu werden. Dieser Satz ist der kürzeste und sicherste Weg, um mich aus dem Stand heraus wütend zu erleben. Das Buch landet mit Schwung irgendwo in der Ecke. Ich halte den Autor für einen Spinner. Hingabe? Danke, das kenne ich schon! Ich weiß es besser als er: Hingabe macht nicht (!) frei, ganz im Gegenteil, Hingabe macht abhängig! Tagelang rege ich mich auf über diesen Schwachsinn, trotzdem nehme ich das Buch wieder in die Hand und versuche es immer wieder bis zu dieser Stelle, da ein Teil von mir weiß: *„Hier geht es weiter, du verstehst es nur nicht."* Dann – beim sechsten oder siebenten Mal erreicht mich an genau dieser Hingabe-Stelle im Buch plötzlich und unerwartet die Einsicht: „Ja, genau so ist es, genau das hast du gemacht, ohne zu wissen, dass es die Freiheit bedeuten wird." Meine Angst vor dem göttlichen Racheakt der Vernichtung hat mich zwar die vielen Jahre in dem totalitären System bleiben lassen, aber als ich beschloss, genau diese Vernichtungsstrafe zu riskieren, öffnete sich die Zellentür meines Gefängnisses. Das (!) war Hingabe, ich war bereit, den Preis zu zahlen, den es kosten würde! Dies war die vollständige Auslieferung an alle Konsequenzen, aber das habe ich bis hierher noch nie so gesehen. Das Wort Hingabe ist gedanklich für mich verknüpft mit meiner Taufe und dem daran gebundenen „Gelübde" – allein schon das löst enorm starke Wut in mir aus. Dennoch, Hingabe ist trotzdem genau das richtige Wort für das, was ich getan habe. Auf keinen Fall konnte ich damals sehen, wo das hinführen, in welche Kraft mich das noch bringen wird. Insofern war es der Sprung in das Unbekannte. Ich frage mich, womit ich eigentlich heute noch zu erschrecken bin? Mehr als Tod und ewige Verdammnis? Das ist mein Vorteil: Wovor kann ich heute noch Angst haben? An dem Punkt genieße ich es, eine andere, viel weitreichendere Einsicht mit Leichtigkeit verfolgen zu können: Angst ist das Gegenteil von Liebe. Da ich mit der Angst nicht mehr zu kriegen bin, steht mir der Weg der Liebe mehr als nur frei. Doch ganz so einfach ist es natürlich nicht ... Selbstliebe will gelernt sein: Über einen anderen Hinweis beschäftige ich mich erneut mit meinen Erlebnissen damals auf Mallorca, als ich in dem wunderschönen Gebirge Tramuntana wanderte. Eines Tages, nach einigen Stunden, als ich noch keinem Menschen begegnet war, erreichte ich eine sehr stille Region – keine Geräusche, außer dem fröhlichen, bunten Vogelgezwitscher und in weiter Ferne die Glocken der Ziegen, die weit verteilt in den Hängen herumkletterten. Ich ließ mich nieder, die nächsten Stunden würde hier keiner vorbeikommen, so abgeschieden und abseits des Weges war ich gelandet. Wieder erlebte ich diesen einzigartigen Zustand wie damals, als ich auf der Blumenwiese im Schwarzwald lag. Ich war konzentriert auf die mich umgebende Natur, auf die Schönheit ihrer Klänge, das flimmernde Licht und die Erhabenheit, die immer von großer, natürlicher Schönheit ausgeht. Und dann war ich von einem Augenblick zum anderen wieder Teil von allem. Ich fühlte mich nicht wirklich aufgelöst als Person, aber ich war irgendwie mehr, auch Teil der Blumen, ich war (!) die Sträucher und Berge, die Luft und das Grenzenlose, der Wind, einfach alles! Und erneut spürte ich – wie damals als Mädchen – diese tiefe Liebe, die in allem liegt ... Irgendwann – ich weiß nicht, wie viel Zeit vergangen war – fühlte ich mich wieder als Beobachter in der Landschaft, ich war wieder ausgestiegen aus diesem Einheitsgefühl und hatte meine betrachtende Perspektive wieder eingenommen. Nicht die Landschaft war verändert, aber ich war es: deutlich ruhiger! Jede Vernichtungsangst war wie weggeblasen, ich konnte mir diesen ganzen göttlichen Rachefeldzug an den Bösen und Ungehorsamen gar nicht mehr vorstellen. Dieses Bild passte mit dem soeben Erlebten nicht zusammen. Das war eine sehr wertvolle Öffnung, ein kurzer Blick durch das Fenster meiner indoktrinierten Ansichten in eine Sphäre, die eindeutig wahrhaftiger für mich schien. Jedenfalls tat dieser Zustand der Erweiterung meiner Sehnsucht gut. Ich spürte, in die richtige Richtung unterwegs zu sein. Leider hielt auch dieser erkenntnisreiche Zustand und die damit verbundene friedliche Verfassung nur einige Tage an, meine alte Konditionierung übernahm schon bald wieder das Kommando. Doch jetzt: Diese lebhafte Erinnerung hilft mir sehr, sie ist der Schlüssel zu diesem unbeschreiblichen Gefühl der Liebe, die ich selbst bin, auch wenn ich häufig das Gefühl habe, dass die Sprache und meine Worte nicht reichen, um das zu vermitteln, was sich in meinem Inneren und Äußeren abspielt.

Es gehört zu meinen Gewohnheiten, fast täglich wenigstens eine Stunde im Wald oder über Felder zu laufen. Natürlich habe ich im Wald meine Lieblingswege, weil ich an diesen die Bäume besonders schön finde oder aber, weil sie an Weihern vorbeiführen. Es ist für mich eine Zeit des Nachsinnens, in der ich gern mit mir alleine bin, ich genieße das sehr. Als ich wieder einmal unterwegs bin, sehe ich vor mir ein Kind – schon von Weitem winkt es mir zu. Das finde ich ungewöhnlich und winke zurück. Da es so weit weg ist, kann ich nicht erkennen, ob es ein Mädchen oder ein Junge ist und ob eine erwachsene Person in der Nähe ist. Meinen Weg weiter verfolgend, winkt das Kind wieder und ich denke: Na, dem Kleinen scheint das aber Spaß zu machen. Ich winke zurück und will um die Ecke biegen, doch etwas in mir gibt mir eine Anweisung: *„Geh zu dem Kind!“* Mein Verstand schaltet sich sofort ein: *„Warum solltest du dahin gehen? Es ist nicht der Weg, den du gehen wolltest.“* Klar, da will ich nicht hin, es gefällt mir irgendwie nicht. *„Kehr um und geh zu dem Kind!“*, höre ich es in mir wieder deutlich sagen. Dies ist keine Stimme in meinem Kopf, auch nicht im Bauch, auch kein Gefühl, ich kann es einfach nicht beschreiben, es ist einfach nur – ein Wissen. Also ändere ich meine Richtung und laufe zu dem Kind. Dort angekommen, strahlt mich ein etwa vierjähriger Junge an, der so tut, als würden wir uns kennen, was ich allerdings nicht verstehe. Ich kenne ihn wirklich nicht. Wie sich herausstellt, ist seine Mutter bei ihm, eine Asiatin, sie sammelt Pilze. Ich schaue in ihr Körbchen, denn es muss ja einen Grund haben, dass ich meine Laufrichtung geändert habe. Unglaublich! Dicke, fette, wunderschöne Knollenblätterpilze hat sie gesammelt. Ohne zu fragen, greife ich schimpfend in ihren Korb, werfe die giftigen Pilze auf die Erde und zertrete sie. Entsetzt hält sie mir ein deutsches Pilz-Buch unter die Nase, aber es enthält schlechte vergilbte Fotografien. Die Abbildungen zeigen Champignons, doch sie kann kein Deutsch lesen und sprechen. Mit Zeichen gebe ich ihr zu verstehen, dass sie sich und ihr Kind umbringt, wenn sie diese Pilze isst. Sie hat es verstanden – der Junge strahlt mich immer noch an und umarmt mich. Als ich gehe, winkt er mir nach, bis ich ihn nicht mehr sehen kann. Erschütterung, Entsetzen, Dankbarkeit, Freude, Betroffenheit, Ungläubigkeit – alle diese Gefühle sind nun in mir wach und beschäftigen mich auch noch den ganzen Abend lang. Wer hat das initiiert? Na, mein Verstand bestimmt nicht. Der Verstand der Mutter? Bestimmt nicht, sonst hätte sie diese Pilze nicht gepflückt. Vielleicht der Junge, aber der war zu klein. Wessen Überbewusstsein hat mit mir auf diese Weise kommuniziert und keine Ruhe gegeben? … Kann es sein, das doch wirklich alles miteinander verbunden ist?

# Von etwas weg oder zu etwas hin?

In der folgenden Zeit meines neuen Lebens ist es mein Bestreben, so weit wie möglich wegzukommen von den Erinnerungen an mein altes Leben, weg von den Zeugen Jehovas. Im Laufe der Zeit wird mir jedoch klar, dass dieses Weg-von-etwas eine Bewegung ist, die meine Aufmerksamkeit eher an das bindet, wo ich nicht mehr sein will. Anfangs versuche ich, mich in Internet-Foren mit Gleichgesinnten – sogenannte Sektenopfer – auszutauschen, gebe aber sehr schnell wieder auf. Es deprimiert und ermüdet mich. Allein das Wort „Opfer" hält mich unangenehm in meiner Machtlosigkeit und Ohnmacht fest. Auch wird in all den Diskussionen nicht darüber gesprochen, dass Täter und Opfer sich gegenseitig bedingen. Es war schließlich meine (!) Angst, mein (!) Glaube, und ich (!) wollte die Anerkennung meiner Eltern, meines Partners, meiner Glaubensbrüder. Solange ich meinen eigenen Anteil nicht sehen kann, werde ich gefangen bleiben. Natürlich sehe ich auch, weshalb das Opfer-Verhalten überhaupt eine Option ist. Es würde diese Strategie nicht geben, wenn sie nicht auch Vorteile hätte für die Opfer selbst. Nur ist das nicht so leicht zu durchschauen, und meistens ist sich das Opfer dessen ja auch nicht bewusst, sondern hat früh gelernt, sich so zu verhalten. Doch bei näherem Hinsehen wird erkennbar, dass eine Opferhaltung die Aufmerksamkeit und das Mitleid anderer

Menschen sichert, nicht selten eine Befreiung von einem unleidigen Arbeitsverhältnis bedeutet, davor bewahrt, schwierige Entscheidungen treffen zu müssen … In der Medizin nennt man diese vermeintlichen Vorteile „den sekundären Lustgewinn aus Erkrankung". Wenn das der Fall ist, können Therapeuten und Ärzte meist gar nichts ausrichten, weil das Unterbewusstsein – die 90 Prozent – es nicht zulassen kann. Es gefällt mir sehr gut, dass Sascha in seiner Praxis diesen Aspekt in seine Behandlungen mit einbezieht und nur noch mit Patienten arbeiten möchte, die sich auch diesem Teil ihrer Geschichte stellen. So, wie er damals beim MRT zu mir sagte: *„Du bist nicht auf deinem Lebensweg, sonst würde dein Knie so nicht aussehen"*, so spricht er bei allen seinen Patienten die inneren Ebenen an, um sich dem Kranken mit einer ganzheitlichen Behandlung zuwenden zu können.

Dieses Weg-von-etwas mag für einen Neustart hilfreich sein, aber dann macht es mehr Sinn, den Fokus auf ein Hin-zu-etwas zu richten. Wo liegt der Unterschied? Ich stelle mir das so vor: Ich befinde mich in einem großen öffentlichen Gebäude, auf einmal höre ich eine Sirene, ich rieche Rauch und sehe Flammen. Es brennt also im Gebäude und ich versuche, vor dem Rauch und den Flammen wegzurennen. Doch jedes Mal, wenn ich von einem Feuerherd weglaufe, treffe ich auf einen anderen und muss die Richtung wechseln, um auch von diesem wegzukommen. Meine Taktik hilft mir nicht wirklich weiter. Aber dann fange ich an, nach einem Ausgang zu suchen, um zu diesem hinzurennen. Es ist zielführender, mich der Lösung meines Problems zuzuwenden, als mich von meinem Problem abwenden zu wollen. Von außen mag beides auf den ersten Blick wie eine ähnliche Bewegung aussehen, aber bei genauerer Betrachtung wird klar, dass es sich um den Unterschied zwischen einer abstoßenden und einer anziehenden Kraft handelt. Deshalb liegt in einem Hin-zu-etwas die größere Chance.

Noch gut erinnere ich mich an meine Anfänge auf dem neuen Weg und die ersten – für mich schwierigen – Gespräche mit Sascha. Wenn ich ihm erzähle, was mir so alles stinkt, was ich nicht mehr will und was wer wieder Blödes gemacht hat ..., ist seine Antwort immer die Gleiche: *„Es ist überhaupt nicht interessant, was du nicht (!) willst, sondern das, was du willst (!). Denke darüber nach, finde es heraus und dann tue es auch – und zwar sofort!"* Es ist so richtig, was er sagt. Die einfach gestrickte Logik darin ist verblüffend attraktiv, und dennoch fühle ich mich damit total überfordert. Es ist einfacher für mich, erst einmal genau zu benennen, was ich in meinem Leben nicht mehr will, weil es mich unglücklich sein lässt, wie ein Stein, der auf mir draufliegt, den ich abwerfen will, damit ich mich bewegen kann. Dann aber, wenn ich von diesem Stein befreit bin, kann und muss ich mich fragen: *„Und was will ich stattdessen?"* Das ist die Reihenfolge, in der es funktioniert. Die Frage nach dem, was ich will, muss sich langsam entfalten. Es ist wie das Training eines jahrelang nicht benutzten Muskels, der sich eingerostet anfühlt und keine Kraft hat. Außerdem steht immer das viele Aber! und Wie-denn? im Weg. Aber es gibt so viel, was dagegen spricht! Wie soll mir das denn möglich sein? Doch um das Wie muss ich mich später kümmern. Ich habe nicht gleich den kompletten großen, neuen Lebensentwurf im Ärmel, sondern stelle mir zunächst nur kleine entlastende Veränderungen vor, und es ist klar, dass es auch leichter für mich ist, wirklich auf etwas zuzugehen, wenn ich kleine Schritte mache, die mir machbar erscheinen und die ich mich überhaupt traue. Ich kann jede kleine neue Erfahrung genießen und feststellen, dass ein neues Ergebnis viel besser für mich ist. Und das gibt mir wiederum neuen Mut, dann den nächsten, vielleicht jetzt einen größeren Schritt zu wagen. So taste ich mich in mein neues Leben vor... Auf jeden Fall steht für mich fest, dass der ganz große Sprung am Beginn genau das Richtige für mich war. Auch – oder gerade – weil es ein Sprung ins

Unbekannte war und ich mich an der anderen Uferseite nicht mehr auskannte. Das andere Ufer ist meine nächste Herausforderung.

Um nun herauszufinden, wie es weitergeht, was ich will und wie ich mein Leben und die Welt von jetzt an sehen möchte, nutze ich das Prinzip, altes Gedankengut durch neue Ansichten und Inhalte zu ersetzen, die mir besser gefallen und meinem Befinden zuträglicher sind. Diese „Neuheiten" zu integrieren, erfordert eine Art mentale Gedankenhygiene. Immer dann, wenn die alten Gedanken und Glaubenssätze wiederkommen, sage ich „Stopp!" und tausche die Inhalte bewusst gegeneinander aus. Ich bin auf diese Weise aktiv an meinem Denken beteiligt, und es ist hilfreich, einen Ersatzplan im Sinn zu haben, an den ich stattdessen denken kann, wenn mich stimulierte Konzepte einholen. Nicht an einen rosa Elefanten zu denken, gelingt nur, wenn ich mir vornehme, stattdessen an einen blauen Hasen zu denken. Ein gelbes Känguru tut es natürlich auch, aber wie die letztliche Wahl ausfallen wird, ist eben erst die nächste Frage. So gehe ich also vor: Ich setze den Fokus ganz klar auf neue Erfahrungen und Gedanken und trainiere diese auch. Dadurch werden den bestehenden „alten" synaptischen Verschaltungen im Gehirn, die durch Wiederholung immer wieder befeuert und bestärkt werden, langsam die Energie entzogen. Mein Körper benutzt das sparsame Modell „use it, or lose it" – das gilt übrigens nicht nur bei der Muskulatur, sondern auch bei den Wegen und Verschaltungen im Gehirn. Wie ein Pfad, der jahrelang nicht mehr benutzt wurde, von Pflanzen aller Art überwuchert und ungangbar gemacht wird, verkümmern die nicht mehr genutzten und nun unbrauchbaren Pfade meines Gehirns. Die neuronalen Verbindungen lösen sich wieder, es wachsen neue Verschaltungen, weil ich meinen „ver-rückten" Zustand trainiere und weiter beibehalte. Außerdem bleibe ich neugierig, muss immer wieder neu den Mut aufbringen, wenn ich etwas Spannendes entdecke, erneut den sicheren

Boden meines Wissens und der Erfahrung zu verlassen. Nur so kann etwas Neues in mein Leben ziehen. Einfach, weil es prickelnd ist, mir immer wieder neue Sichtweisen liefert und frische Verschaltungen im Gehirn legt. Überhaupt hilft es mir zu begreifen, dass Veränderungen nun mal den größeren Teil des Lebens darstellen – nicht nur für mich. Niemals gibt es zwei gleiche Tage, Monate, Jahreszeiten, Menschen, Tiere, nicht einmal zwei gleiche Schneeflocken. Der Natur tut dieser ständige Wechsel offensichtlich gut, ansonsten gäbe es ihn nicht – und ich bin ein Teil dieser Natur!

# Abschied

Dass Krankheiten ein starker Ausdruck dafür sind, den eigenen Weg nicht zu gehen, nicht so zu leben, wie es für einen selbst stimmig ist, gemäß der eigenen Wahrheit, habe ich in meinem Leben beeindruckend erfahren. Denn nachdem ich nun die nötigen Änderungen vorgenommen habe und viel besser darauf achte, ob das, was ich tue, zu mir passt, verschwinden meine seit fast 20 Jahren bestehenden Rückenbeschwerden und Bandscheibenvorfälle. Die etwa zwölf verschiedenen Unfälle (die meisten mit dem Auto) gehören schlagartig der Vergangenheit an, nichts Derartiges passiert mehr. Für mich gibt es keinen Zweifel daran, dass ich krank geworden und verunfallt war, weil ich ein Leben führte, das nicht mein Selbstgewähltes war, mindestens war es von unzähligen Ängsten gesteuert. Obwohl ich mich sehr um eine gesunde Ernährung und viel Bewegung bemüht habe, vernachlässigte ich doch gerade mein emotionales Wohlbefinden, und das war der stärkste Faktor, der meinen Körper in die falsche Richtung trieb. Besser gesagt, in die richtige Richtung, denn mit der Entwicklung von Krankheiten aller Arten informierte er mich ja hervorragend über das Ungleichgewicht in meiner Seele (die ich tatsächlich habe und die eine ganz eigene Stimme und Kraft besitzt). Nur wusste ich nicht darüber Bescheid, dass er zu mir sprach, um mir zu helfen, mich genau an diese – meine – Seele zu erinnern.

Den einzigartigen Ausdruck der Schöpfung zu leben, das hatte auch mein Vater nie gelernt. Schon als Kind fühlte ich mich ihm sehr verbunden und verstand die meisten seiner Gefühle und Gefühlsausbrüche. Er konnte explodieren und schreien, und nie ängstigte mich das, obwohl es zu laut war für mich. Stark konnte ich den Hintergrund seiner Wut spüren, eine ständige Überforderung und Müdigkeit, gepaart mit einem Unvermögen, die eigenen Interessen wahrzunehmen. Das fand ich einfach immer sehr traurig. Ohne den Willen meiner Mutter wäre er niemals in diese Religion konvertiert. Solche Ansichten äußerte er aber erst zu einem Zeitpunkt, als ich schon lange verheiratet war, und das auch nur, wenn wir beide alleine waren und es keine anderen Zuhörer gab.

Sein unglückliches Leben führt schließlich zu einem schweren Schlaganfall. Er ist sofort vollständig gelähmt, auch kann er nicht mehr sprechen, sondern nur noch die Augen bewegen. Ich fahre sofort zu ihm in die Spezialklinik. Meine Mutter ist dort und einige ihrer Glaubensbrüder. Sie ist komplett überfordert und hält es nicht lange aus in der Wachstation, in der mein Vater untergebracht ist. Er liegt da, an Monitore und Infusionen angeschlossen, nicht bei Bewusstsein und mit hohem Fieber – vollkommen und allem ausgeliefert, finde ich ihn vor. Da meine Mutter diesen Anblick nicht ertragen kann, lässt sie sich von ihren Freunden nach Hause fahren, nachdem ich ihr versprochen habe, in der Klinik zu bleiben und bei meinem Vater zu wachen. Deutlich kann ich spüren, wie seine Lebensenergie sinkt und nur noch an einem kleinen Faden hängt. So schlimm es auch ist, ich wünsche ihm sehr, dass er bald „gehen" kann, um diesem Zustand zu entkommen. Ich bleibe einfach in dem Raum, um ihn zu begleiten. Nach 22 Uhr kommt ein junger Assistenzarzt mit einem Medikament. Ich frage nach, was er vorhabe, und er sagt mir, wenn mein Vater dieses Substrat nicht bekäme, werde er diese Nacht nicht überleben. Das weiß ich selbst, da es gut zu spüren ist, und ich will, dass man ihn würdevoll sterben lässt. Er hat mittels einer Patientenverfügung, die genau dies verlangt, für einen solchen Fall vorgesorgt. *„Ich bin neu hier und habe meine klaren Vorschriften, was ich in diesem Fall zu tun habe"*, sagt der Arzt. *„Ein Zuwiderhandeln hätte sehr unerfreuliche Konsequenzen für mich zur Folge."* Er injiziert das Medikament in den Infusionsschlauch. Weder die Patientenverfügung noch ich kann ihn von seinem Plan abbringen, die Order der Klinikleitung hat für ihn das Sagen. Nach ein paar Stunden sinkt das Fieber und ich merke, wie mein Vater wieder näher an das Leben angebunden ist. Normalerweise ist das ein Grund zur Freude, nicht aber, wenn man weiß, dass dieser Mensch schon seit Jahren dem Tod näher sein wollte als dem Leben. Außerdem kenne ich das MRT vom Schädel und weiß bereits, welche großen Regionen seines Gehirns betroffen sind – außer seiner Augenbewegung wird nichts bleiben. Und ich weiß auch, dass man ihn mit allen Mitteln der Technik am Atmen halten wird. Sogar Reha-Maßnahmen werden mit diesem zu 100 Prozent gelähmten Menschen gemacht werden. Grausamer kann es nicht kommen.

Meine Mutter und ich sprechen nicht mehr miteinander, ich kann nicht akzeptieren, dass sie diese Qualen zulässt und seinen Willen in der Patientenverfügung so missachtet. Sie (!) will den Ärzten glauben, die ihr erzählen, er könne wieder gesund werden (obwohl sie genau weiß, dass ihr Mann schon lange keine Lust zu leben mehr hat). Weder meinen noch Sascha's Erklärungen will sie glauben. Dass dieser unwürdige und qualvolle Zustand aufrechterhalten wird, um die betriebswirtschaftliche Seite einer Klinik zu bedienen, liegt außerhalb ihrer Vorstellungskraft. Sie kann nur sehen, dass die Ärzte „helfen" wollen, ich dagegen meinem Vater den Tod „wünsche". Obwohl ich in den Monaten seines Siechtums – er bekommt zusätzlich eine Lungenentzündung und andere Infekte, hat eine Magensonde und einen Katheter

– nicht mehr mit ihm sprechen kann, bin ich oft bei ihm. Wir können uns nur ansehen und die Hand halten, wobei ich in der Regel schnell in Tränen aufgelöst bin. Durch meine Dünnhäutigkeit und Sensitivität spüre ich all seine großen Schmerzen und Qualen. Die behandelnden Ärzte verweigern die Gespräche mit mir und berufen sich auf meine Mutter.

Einmal ergibt sich die Gelegenheit, dass ich mit einer dieser Ärztinnen alleine im Aufzug stehe. Ich versperre ihr von innen den Aufzugs-Ausgang und frage sehr drohend: *„Würden Sie das, was sie hier tun, mit ihrem eigenen Vater tun? Würden Sie es mit ihrem Kind oder Mann tun? Sie wissen genau, dass sie ihn leiden lassen, um abzurechnen und dabei die Hoffnung und Unwissenheit meiner Mutter ausnutzen."* Anscheinend wirke ich so bedrohlich, dass sie zurückweicht und meine Frage verneint. Mit der nächsten Möglichkeit verlässt sie den Aufzug. Zitternd vor Wut und mit einer großen Übelkeit im Bauch renne ich aus der Klinik. Mir ist klar, dass ein Teil dieser Wut nicht alleine die Qualen sind, die meinem Vater zugemutet werden. Es ist die Systemhörigkeit und der absolute Gehorsam der Ärzteschaft gegenüber den Klinikregeln. Die Order zählt mehr als der Mensch. Es ist meine eigene Geschichte, meine Vergangenheit und die meiner Eltern. Es überschneiden sich ähnliche Strukturen, die nur andere Namen tragen. Es ist das erneute Ausgeliefert-Sein an ein System mit Wahrheitsanspruch! Es dauert Monate (!), bis meine Mutter akzeptiert, dass die versprochene Heilung nicht eintreten wird, und ihren Mann mit der Unterstützung eines Pflegedienstes endlich nach Hause bringen lässt. Nach langer Zeit stehen wir uns am „Gitterbett" meines Vaters gegenüber, nachdem wir im Krankenhaus beide darauf geachtet haben, dass wir uns nicht oft begegnen, da wir nicht miteinander sprechen (sie war meist in Begleitung von Glaubensbrüdern). Eine traurige Situation, die uns sicherlich beide sehr schmerzt. Nun bin ich froh, dass meine Mutter mich überhaupt in das Haus lässt. Es würde mich aber auch nicht wundern, wenn ich die 100 Kilometer wieder zurückfahren müsste, ohne meinen Vater gesehen zu haben. Doch an diesem Tag kehrt ein bisschen Frieden zwischen uns ein, wir trinken sogar einen Kaffee miteinander. Ich fühle, es ist unglaublich wichtig für meinen Vater, dass sie und ich wieder aufeinander zugehen, nachdem er und ich uns wortlos ausgesöhnt haben – schon in der Klinik.

Einige Tage später, in den sehr frühen Morgenstunden, steht plötzlich mein Vater in sehr hellem Licht neben meinem Bett: jung und gesund, so wie ich ihn kannte, als wir noch in Freiburg lebten. Ich bin schockiert und stammele: *„Papa! Was machst du hier, wie kommst du hierher in mein Schlafzimmer? Wo sind deine ganzen Schläuche? Du kannst doch gar nicht aufstehen, du bist schwer krank! Weshalb bist du wieder jung? Und was ist das für ein Licht?"* Alles frage ich auf einmal, es ist mir nicht möglich, den Gefühlscocktail zu beschreiben, der mich durchflutet. Ich empfinde mich als glockenhell wach. Ich sehe alles ganz klar, und dennoch denke ich: Das geht doch gar nicht, so etwas gibt es nicht! Noch nie war ich so verstört und aufgewühlt. *„Ich bin hier, weil ich mich von dir verabschieden möchte. Ich möchte dir sagen, dass du alles richtig gemacht hast, dein Weg ist richtig. Es geht mir sehr gut. Ich bin gesund und habe keinerlei Schmerzen. Es geht mir wirklich sehr, sehr gut. Und ich freue mich, dass es auch dir gut geht."* Ich kann es nicht gleich begreifen. Wir wechseln die gleichen Fragen und Antworten wiederholt, bis es halbwegs bei mir ankommt. Dann entfernt er sich langsam und ich sehe ihn durch eine strahlende Tür in dieses helle, gleißende Licht gehen. Wie in einer Lichtschleuse verschwindet er langsam aus meiner Wahrnehmung. Ich kann nicht sagen, ob ich die ganze Zeit über wach bin oder ob ich in dem Moment, als dieses übernatürliche Licht weg ist, schlagartig erwache. Zumindest fühle ich mich die ganze Zeit wach. Ich gehe in die Küche, um etwas zu trinken, mein Blick fällt auf die Uhr, und ich sehe, dass es halb drei ist. Das Wort „Dankbarkeit“ reicht nicht aus, um das zu beschreiben, was ich empfinde: Der Tod ist eine Transformation – ein Übergang –, bei der der Körper zurückgelassen wird. Dieser hat meinem Vater gedient, er konnte sich durch ihn ausdrücken in dieser dreidimensionalen Welt. Doch der Tod ist keineswegs das Ende, denn Energie löst sich nicht einfach auf, sondern wechselt lediglich den Zustand, ähnlich wie Wasser, das so viele eindrucksvolle Formen annehmen kann: Tropfen, Nebel, Eis, Ströme, Dampf …

Als meine Mutter mich am nächsten Morgen anruft, um mir mitzuteilen, dass mein Vater in dieser Nacht um halb drei verstorben sei, danke ich ihr für diese Nachricht, ohne von seinem Abschied zu berichten. Wäre sie nicht in ihrem Glaubenssystem gefangen, könnte diese Geschichte, dieses Wissen, sehr tröstlich für sie sein. Aber so, wie es ist, würde sie es nur als dämonische Botschaft verstehen, und das (!) in Verbindung mit meinem Vater würde sie nicht verkraften. Auch ich hätte solche Geschichten früher nicht geglaubt. Berichte über Nahtoderfahrungen gibt es ja schon länger, und so mussten sich auch die Zeugen Jehovas irgendwann eine Erklärung dazu einfallen lassen, denn ein solches Erleben würde den Gedanken der Ewigkeit und vor allem einer Seele, die weiterlebt, stützen. So fand man medizinische Berichte von Ärzten, die dies als völligen Unsinn darstellten und das Ganze mit Fehlschaltungen des Gehirns erklärten. Mithilfe der gängigen Schulmedizin und deren Überzeugung brauchten sie also nicht einmal die Dämonen zu bemühen.

Nach diesem nächtlichen Erlebnis lese ich viele Arbeiten von Elisabeth Kübler-Ross. Es ist das erste Mal, dass ich mich mit dem Thema des Todes und der Nahtoderfahrungen auf diese Weise beschäftige, und so bin ich sehr erstaunt, wie ähnlich die Berichte der Menschen in diesem Buch sind, die wieder in dieses Leben zurückfanden – aber eben einige Zeit in der anderen Dimension verbracht haben. Die Beschreibungen sind zum großen Teil so, wie ich es in der Nacht selbst erlebte, allerdings als Beobachterin, nicht als Sterbende – und es ist das Eindrucksvollste und Nachhaltigste, was mir in diesem Leben begegnet ist. Es wird mich bis zu meinem Ende auf dieser Welt begleiten. Ich lerne auch die Geschichte eines bekannten amerikanischen Harvard-Hirnexperten und Neurochirurgen, Dr. Eben Alexander kennen. Er durfte genau solch eine Nahtoderfahrung machen. Seine wirklich extreme Krankengeschichte und sein Erleben, nachdem er bereits klinisch tot war, hat er in dem Buch „Blick in die Ewigkeit" berichtet. Das Besondere an seinem Erlebnis war, dass er bis zum eigenen Hirntod die gleiche Meinung vertrat wie die Zeugen Jehovas und wahrscheinlich auch viele andere Menschen. Eine andere wunderbare Arbeit stammt von Dr. Pim van Lommel, ein holländischer Kardiologe, der umfangreiche Studien zu diesem Thema erstellt hat und in seinem Buch „Endloses Bewusstsein" beeindruckend darüber schreibt. Die Darlegungen Dr. Lommels werde ich einige Jahre später in einer tiefen Meditation selbst erfahren. Und beide Erfahrungen werden mich unwiderruflich verändern. Es bedarf dann keines Glaubens oder eines Beweises mehr, denn das Selbsterlebte ist unglaublich viel stärker. Keine andere Situation, kein anderes Ereignis oder irgendeine Maßnahme hat so viel von meinem alten Glaubenssystem unwiderruflich zerschmettert wie dieses Geschenk meines Vaters. Es hat diesen riesigen Geröllhaufen aus Angst, Bedrohung und Vernichtung, den ich seit Kindertagen mit mir herumschleppe, gesprengt und zerfetzt! Es hat mir den Weg bereitet zu meiner späteren Arbeit. In all den vielen Jahren, in denen ich mit Menschen und ihren Problemen arbeiten werde, wird mich nur ein Einziger fragen: *„Mit welcher Energie arbeiten sie eigentlich?"* Es wird sich herausstellen, dass er Quantenphysiker ist. Er wird es wortlos verstehen und nicken. Ganz sicher, ohne dieses Erlebnis werde ich meine neue Arbeit weder erlernen noch ausüben können, weil es die Gewissheit dieser großen anderen Dimension dafür braucht und die Gewissheit, dass jeder Mensch den Zugang dazu haben kann, wenn er es will. All dies hat sich für mich geöffnet durch das große Abschiedsgeschenk meines Vaters. Nur durch dieses Erleben habe ich nun ein sicheres inneres Wissen bezüglich anderer Dimensionen und Kräfte in diesem großartigen Universum. Mit meiner alten Konditionierung wäre dieser Zugang niemals möglich gewesen. Welch ungeheure Liebe und Weisheit sind hier am Werk! Mein Vater, der aus Liebe zu meiner Mutter einen Weg mitgegangen ist, den er selbst nicht wirklich bejahen konnte, und der sein Leben mehr ertragen als gelebt hat, öffnete für mich die größte Tür, damit ich aus diesem geistigen Gefängnis wieder entfliehen und gesunden konnte. *„Ihr werdet die Wahrheit erkennen, und die Wahrheit wird Euch frei machen!"* Das ist der Satz, der mich mein Leben lang beherrscht und unterdrückt hat. Nun ist es soweit: Da ist sie! Die Freiheit! Außerhalb dieser „Wahrheit"! Sie ist in mir selbst, und das schon immer! Mit dieser (!) Wahrheit fühle ich mich endlich frei! Aus tiefstem Herzen: Danke!

# Liebe ist eine Tätigkeit

Eins der zehn Gebote des Alten Testamentes lautet: *„Du sollst Vater und Mutter ehren, wer Vater und Mutter flucht, soll des Todes sterben."* In meiner religiösen Erziehung ist das Wort „ehren" hundertprozentig mit dem Begriff „gehorchen" übersetzt worden. Wir Kinder hatten wirklich ungünstige Karten. Die Eltern ihrerseits waren ja ebenfall absolut gehorsam, Gott und der Institution der Zeugen Jehovas gegenüber, und auch hier galt es in erster Linie, die Todesstrafe zu vermeiden. Es gab praktisch keine Missverständnisse darüber. Allein diese Praktik der Zeugen Jehovas ist vielleicht ein extremes Vorgehen, wobei ich einfach zu wenig Einblicke in andere, stark geprägte Religions- und Kulturkreise habe, um einen Vergleich anstellen zu können. Aber das ist auch nicht das, was mich interessiert. Vielmehr beschäftigt mich die Frage, dass es doch unzweifelhaft noch andere – geeignetere und weniger monströse – Instrumente geben muss, um Menschen von klein auf so zu unterstützen, dass sie ihrem eigenen Inneren Gehör schenken und ein Leben führen, welches allen dienlich ist, einfach, weil es sie schlicht glücklich macht. Was macht Eltern denn glücklicher als ein Kind, das aus freien Stücken liebt? Jeder Mensch strebt, sofern er psychisch gesund ist, nach Autonomie! Die Erziehungsmodelle, auch die der Schulen, haben in aller Regel das Ziel einer Unterwerfung unter sogenannte Autoritäten. Dies können Eltern, der Familienklan, Religion,

Arbeitgeber, das kulturelle Umfeld mit seinen Erwartungen, Behörden, politische Entscheidungsträger oder auch die nicht anfechtbaren „wissenschaftlichen Erkenntnisse“ sein. Die hohe Unzufriedenheit der Menschen in den Ländern, die sich frei und demokratisch nennen, zeigt, dass diese Begriffe nicht wirklich gelebt werden. Auch wenn manche Systeme von außen nicht als totalitär erkannt und betrachtet werden, so lernen doch die meisten Kinder von klein auf, dass sie besser daran sind, ihre eigenen Gefühle zu unterdrücken und fremde Gefühle zu adaptieren. Wie häufig beobachten sie, dass sie gelobt und angenommen werden, wenn sie bestimmte Fähigkeiten oder Verhalten zeigen, die den anderen (!) angenehm sind. Dass sie mit Nichtbeachtung, Bestrafung oder anderen Maßnahmen konfrontiert sind, wenn sie sich so verhalten, wie sie sich wirklich fühlen? Wenn sie ihre Eltern oder das soziale Umfeld beobachten, in dem vorgelebt wird, auf sich selbst keine Rücksicht zu nehmen und eigenes Leid wegen der bösen anderen auszuhalten, dann gehen sie davon aus, dass das zum Leben dazugehören muss! Sagen wir nicht zu Recht: Die Kinder tun das, was die Eltern tun, nicht das, was die Eltern sagen. Welche Lügen werden ihnen vorgelebt, dass sie sich später auch für ein unglückliches Leben entscheiden, weil man das halt so macht? So lernen wir von klein auf, dass es normal ist, die eigene Macht abzugeben. Wenn wir es früh genug lernen, wissen wir gar nicht, dass die Macht jemals bei uns gelegen hat und wir sie nur auf andere übertragen haben. Allerdings hat diese Haltung einen nicht zu unterschätzenden „Vorteil“, der jedoch selbst nicht leicht zu durchschauen ist: Wir sind nie selbst schuld, und wir können auch nie etwas ändern. Dies erlaubt und begründet letztlich noch mehr Leid, nur dass wir es in Klagen, Schimpfen und Jammern verstecken. Leider übersehen wir bei dieser meist unbewussten Strategie, dass wir uns bis zur Unkenntlichkeit entmachten.

„Lasset uns Menschen machen in unserem Bilde und Gleichnis." Diesen Spruch aus der Bibel kennen wohl die meisten Menschen. Wenn es zu jemandes Glaubensgebäude gehört, an einen Schöpfer zu glauben, dann sind gemäß der obigen Aussage auch die Menschen aufgefordert, Schöpfer und Gestalter zu sein, und zwar am besten ihres eigenen Lebens. Ich kann auch einfach an die Natur glauben, weil ich sie sehen und direkter erleben kann, dann bleibt das entzweiende Thema „Religion" außen vor. Dann erkenne ich aber dasselbe, nur über einen anderen Weg: Die Natur ist ein ständig auf's Neue schöpferischer Prozess mit unglaublicher Fantasie und Vielfalt, ohne ein Besser und Schlechter. Auch das zu betrachten, kann lehrreich sein und inspirieren. Niemand müsste darüber streiten, wer nun recht hat oder welche Religion, wenn überhaupt, die richtige ist. Die Betrachtung des Universums zeigt den schöpferischen Prozess in vollem Ausmaß, es fehlt ihm an nichts. Die Grundlage einer jeden Religion, ist sie erst einmal von allen Ausschmückungen, Interpretationen und Machtansprüchen befreit, kann – zumindest theoretisch – nur eines sein: die Liebe! Aus dieser Beobachtung ergibt sich ein wirklich sinnvoller Handlungsrahmen. Erstens, im eigenen Leben selbst gestaltend (schöpferisch) tätig zu sein, und zweitens, sich selbst zu lieben. Ich glaube zutiefst, damit wären die beiden größten, sinnvollsten und unbedingt zu vollziehenden Entwicklungsschritte getan. Solange wir auf diesem Planeten ein unterdrückendes, manipulatives System von Lohn und Strafe, von Bewertung und Ausgrenzung nutzen, dies von Religionen, Kulturkreisen und politischen Systemen benutzt wird, ist jeder Einzelne, der dies erkennt, aufgefordert, es anders und somit neu „einzuüben", sich innerlich zu wandeln. Das mag anstrengend und unbequem sein, ja! Sich selbst zu verleugnen und zu boykottieren, ist anfangs auch anstrengend und oft sehr schmerzhaft, aber irgendwann können wir es fast alle. Wenn es also erlernbar ist, können wir es auch wieder abtrainieren. Leider denken wir dabei oft daran, was uns dann so alles an Unannehmlichkeiten ins Haus steht, welche Auseinandersetzungen wir aushalten müssen, welche Freunde sich vielleicht von uns abwenden. Und erneut stimme ich zu: Ja, all das wird wahrscheinlich passieren. Für Alle, die diese Rechnung noch nicht wirklich überprüft haben: Wir zahlen immer (!) einen Preis, ob wir uns verleugnen und ein adaptiertes Leben führen, das mit uns wenig zu tun hat, oder ob wir erforschen, welche Wege wirklich zu uns gehören, und diese gehen. Unbequem ist beides. Der einzige Unterschied ist der, dass wir das erlernte Elend schon kennen. Eine Änderung kann also gar nicht schlimmer werden. Viele Dinge, die wir uns vorher ausdenken, treten gar nicht ein, denn es sind hauptsächlich Drohungen, die uns in Funktion halten sollen.

Das Erlebnis in Verbindung mit dem Tod meines Vaters stand nicht am Beginn meines neuen selbst gewählten Lebens – zum Glück! Ich glaube nicht, dass ich dafür reif und stark genug gewesen wäre. Auch kann man nicht davon ausgehen, dass jeder, der einen solchen Schritt wagt, ebenfalls ähnliche Erfahrungen macht, denn es unterlag nicht meinem eigenen Gestaltungsbereich – es war ein Geschenk. Auch die Begegnung mit Sascha war ein solches Geschenk und kann von daher nicht als Strategieschritt gesehen werden. Es zeigt aber doch, dass es von unschätzbarem Wert ist, einen oder mehrere Menschen an der Seite zu haben, die versuchen, den Prozess zu verstehen und zu unterstützen. Zu spüren, dass Sascha mich wirklich verstehen wollte, obwohl das (!) für ihn von seiner Welt aus gesehen so schwer war, empfand ich als das Hilfreichste überhaupt unmittelbar nach dem Verlassen meiner alten Welt. In erster Linie deshalb, weil ich meine eigene Vergangenheit selbst nicht mehr verstand, die Gegenwart aber auch (noch) nicht. Die neue Gegenwart ergab sich aus der völligen Hingabe in eine unbekannte innere Führung, die noch nicht an den Verstand gekoppelt war. Und natürlich war ich „ver-rückt" und kannte mich in der neuen Position noch nicht aus. Auch war das „Ver-rückt-Sein" noch mit dem alten Denkmuster negativ belegt und mit Angst umwickelt.

„Unsere tiefste Angst ist nicht, dass wir unzulänglich sind, unsere tiefste Angst ist, dass wir unermesslich machtvoll sind. Unser Licht, nicht unsere Dunkelheit, ängstigt uns am meisten. Wir fragen uns: Wer bin ich, dass ich so brillant sein soll? Aber wer bist du, es nicht zu sein? Du bist ein Kind Gottes. Es dient der Welt nicht, wenn du dich klein machst. Sich klein zu machen, nur damit sich andere um dich herum nicht unsicher fühlen, hat nichts Erleuchtetes. Wir wurden geboren, um die Herrlichkeit Gottes, der in uns ist, zu manifestieren. Er ist nicht nur in einigen von uns, er ist in jedem Einzelnen. Und wenn wir unser Licht scheinen lassen, geben wir damit unbewusst anderen die Erlaubnis, es auch zu tun. Wenn wir von unserer eigenen Angst befreit sind, befreit unsere Gegenwart automatisch die anderen."[2] Diese bekannten Worte von Nelson Mandela bilden den Kern dessen, was mich zu meinem neuen Beruf – in meine Berufung – geführt hat. Ich habe mir selbst geholfen, die zu werden, die ich bin. Heute helfe ich vielen anderen Menschen, das Gleiche zu wagen und zu vollbringen. Es ist die größte Freude meines Lebens! Daher ist es mir ein Herzensbedürfnis, Ihnen, liebe Leserin, lieber Leser, einige hilfreiche Mittel und Wege zur Verfügung zu stellen, um – in welcher Lage Sie auch immer sich befinden – den Ausgang in die Freiheit zu finden und sich dort zurechtzufinden. So möchte ich im folgenden Kapitel aufzählen, welche der verschiedenen Maßnahmen mir unmittelbar nach meinem Ausstieg geholfen haben, um eine Grundstabilität zu entwickeln und zu erhalten sowie eine neue Sicht auf mich und die Welt zu gewinnen.

---

2 Zitiert im Jahre 1994 aus dem Buch: „A Return to Love"
bei seiner Antrittsrede zum Präsidenten.

# Hilfreiches für den Leser

Erinnern Sie sich noch an das, wovon Sie als Kind träumten? Was waren Ihre Sehnsüchte, was wollten Sie unbedingt tun, das Ihnen aber verwehrt war? Holen Sie das wieder aus dem inneren Keller und leiten Sie passende und wirkungsvolle Schritte ein, um es jetzt (!) umzusetzen. In meinem Fall war es die Sehnsucht nach dem Kreativen, ich wollte zeichnen und malen. Also umgab ich mich mit Farben und Gestaltungsmaterialien. Ich suchte mir ein Atelier, besuchte Zeichen-Kurse, Ausstellungen und Museen, verschlang Kunstbücher, arbeitete mit Ton und Stein. Das Ausüben eines lang ersehnten Herzenswunsches bringt Sie in einen aktiven Flow, und das (!) hindert Sie am Grübeln. Beides zusammen geht nicht, und deshalb kann sich Ihr geschundener, manipulierter, ständig auf Kontrolle gepeitschter Geist endlich erholen. Auch mit einer Sportart, die viel Konzentration erfordert, sollte Ihnen das gelingen. Der Aufenthalt in der Natur – am besten allein – stärkt Ihre Instinkte, knüpft stärkere Bande zu Ihrer inneren Führung. Wenn Sie das Zusammensein mit anderen Menschen nur in sehr kleinen Portionen vertragen, richten Sie sich auch danach, um nicht unnötig gestresst zu sein. Zu stark ist wohl der oft gut gemeinte Wunsch in den anderen, Ihnen als dem „verirrten Menschen" den richtigen Weg zu zeigen. Aber die richtigen Wege der anderen sind eben nicht mehr richtig für Sie. Es gilt, den eigenen Weg zu entdecken, alles

Zeigen und Erklären der Welt weckt womöglich sofort Ihr Misstrauen – respektieren Sie das!

Das Erlernen verschiedener Meditationsmethoden war für mich selbst sehr stabilisierend. Eine gute Voraussetzung war, diese alleine und spielerisch auszuprobieren und nach meinem Belieben zu kombinieren, wie es gerade zu mir passte. Reflexion, Fortschritte und tiefe Lebenseinsichten kommen dann ganz von alleine im Laufe der Zeit, vertrauen Sie darauf. Bis heute finde ich die Meditation immer wieder hilfreich und wichtig für mich – ich empfehle sie sehr. Eine Ausnahme bildet die sogenannte „Transzendentale Meditation". Nutzen Sie diese besser nicht, wenn Sie gerade aus einem radikalen religiösen Milieu ausgestiegen sind. Sowohl die Lehre als auch die Vermittlung und der Wirkungs-Wahrheitsanspruch, verbunden mit ständigen Überprüfungen empfinde ich wegen der vielen gefühlten Ähnlichkeiten als zu restimulierend.

Eine große und wichtige Unterstützung sind Bücher! Bücher und noch einmal Bücher! Dies möchte ich wirklich ausführlich erklären, denn egal, aus welchem bedrückenden System Sie ausgestiegen sind (oder aussteigen wollen), Sie brauchen unbedingt Impulse neuer Sichtweisen, um Ihre alten, unbrauchbaren Glaubenssätze zu „überschreiben". Zweitens brauchen Sie Erklärungen für sich selbst. Schließlich möchten Sie ja all Ihre dringenden Fragen beantworten können: Weshalb haben Sie so lange und so perfekt etwas gemacht, was Sie nicht wollten? Weshalb haben Sie funktioniert, obwohl Sie innerlich gar nicht in Ihrer Balance waren? Wieso sind Sie nicht für sich eingetreten? Warum haben Sie sich nicht gewehrt? Warum ist Ihnen das überhaupt passiert? Warum gerade Sie? … Glauben Sie mir, Bücher helfen Ihnen, zu Erkenntnissen zu kommen, die sehr wichtig sind, damit Sie nicht in Schuldgefühlen versacken oder sich gänzlich unfähig fühlen. Brauchbare Themen sind unter anderem:

**Psychologie** : Arno Gruen, Alice Miller und Erich Fromm sind Autoren, die ich selbst sehr gern gelesen habe. Deren Entwicklungsschritte lernte ich auch über Filme, Dokus oder Interviews auf Youtube kennen. Beispielsweise Erich Fromm (mit seinen jüdisch-orthodoxen Wurzeln), der sich später in das „Freud'sche System" begab und es als Wahrheit gelehrt bekam, erkennt es einige Jahre später eben als Idee, nicht als Wahrheit, und befreit sich auch daraus wieder.

**Hirnforschung und Neurobiologie**: Die Bücher, Vorträge und Filme von Prof. Dr. Gerald Hüther und Prof. Dr. Bruce Lipton empfehle ich sehr. Die Auseinandersetzung mit der Forschung von Bruce Lipton führte zu meiner heutigen Berufung. Die Arbeiten von Prof. Hüther zeigen die großen Einflüsse früher Erfahrungen auf die Hirnentwicklung, die Auswirkungen von Angst und Stress auf unsere emotionalen Reaktionen und die neurobiologischen Verankerungen von Erfahrungen. Gemäß seiner Forschung sind die wichtigsten Erfahrungen, die Menschen machen und die in Form komplexer Vernetzungsstrukturen im Hirn verankert werden, die sozialen Erfahrungen. In seinem Buch „Was wir sind und was wir sein könnten" werden u. a. Gruppen und Gesellschaften analysiert, die sich hauptsächlich durch Trennung, Ausgrenzung und Abwertung anderer definieren. Er beschreibt das Verhalten von Kindern, die in solchen Gemeinschaften aufwachsen. Diesen Kindern fällt es besonders schwer, über den Tellerrand ihrer engen Gemeinschaft hinauszusehen, geschweige denn, sich damit verbunden zu fühlen. Hüther's Ansicht nach muss – hirntechnisch gesehen – ein Destabilisierungsprozess der bisherigen Überzeugungen stattfinden und dringend danach ein Auflösungsprozess. Das kann ich nur bestätigen! Denn die „Aussteiger", die nicht in diese aktiven Prozesse gehen, rutschen nach meiner Beobachtung nach einigen Jahren wieder in das System zurück oder begeben sich in ein ähnliches, bei dem sie die fest verankerten „Datenautobahnen" ihres Gehirns erneut nutzen, schließlich sind diese stark angelegt und meist jahrzehntelang genutzt worden. Mit diesem Wissen verstehen Sie vielleicht auch besser die Auflage, mit der eigenen Gruppe ständig, am besten mehrfach wöchentlich, in aktiver Verbindung zu bleiben – die neurobiologische Verankerung in Form von Vernetzungsstrukturen im Gehirn wird dadurch nämlich ständig gestärkt und die Gefahr eines Ausbrechens immer weiter minimiert.

**Psycho-Neuroimmunologie**: Viele sehr gute Sachbücher von Prof. Dr. Jürgen Bauer erklären die Zusammenhänge zwischen dem Erlebten und der Auswirkung auf den Gesundheits- bzw. Krankheitszustand wissenschaftlich fundiert.

**Quantenphysik**: Bücher, Filme und Vorträge von Prof. Hans-Peter Dürr und Prof. Dr. Amit Goswami vermitteln eine Verbindung von Quantenphysik und Spiritualität. Auch diese Auseinandersetzungen und Sichtweisen sind hilfreich, wenn Sie aus einem sehr materiell geprägten, einseitigen Erziehungsprogramm – welcher Couleur auch immer – kommen. Ohne die Integration des Unfassbaren, des Unerklärbaren und doch spürbar Vorhandenen fallen Sie schnell wieder in ein anderes Muster, das sich hinter einem neuen Namen versteckt.

**Bewusstseinsforschung**: Dr. Pim van Lommel, David Hawkins, Dr. Joe Dispenza, Dr. Deepak Chopra und – besonders wichtig für mich – die beiden Bücher von Eckhart Tolle initiieren und fördern eine aktive Auseinandersetzung mit der Tatsache, dass das Ringen um die Vereinbarkeit der eigenen und der Fremderfahrung sowie dem natürlicherweise offenen Diskurs über die Beschaffenheit des schöpferischen Universums ein Prozess ist, dem sich niemand – auch Sie nicht – entziehen kann. Eckhart Tolle's Buch „Jetzt – die Kraft der Gegenwart" habe ich selbst anfangs so oft wütend in die Ecke geworfen, dass gerade meine Wut mir klarmachte, wie sehr (!) der Inhalt einfach mit mir zu tun hatte und dass es viel Unbequemes zu lernen gab.

Gerne möchte ich begründen, weshalb gerade diese Themenauswahl der Bücher so hilfreich war. Wenn Sie die „Wahrheit" der Zeugen Jehovas oder ein anderes beliebiges totalitäres System verlassen, kennen Sie in der Regel keine oder nur wenige andere Weltbilder. Die Gepflogenheiten, die Sprache und „da draußen übliche non-verbale Übereinkünfte" sind Ihnen womöglich zum großen Teil unbekannt. Fragen aus Ihrem neuen sozialen Umfeld: „Wie kann man als halbwegs intelligenter Mensch solch einen Schwachsinn glauben?", „Wieso bist du nicht einfach gegangen?" usw. werden Sie sicher zunächst verunsichern und stressen. Diese Fragen sind auf keinen Fall hilfreich, denn sie untergraben das zarte neue Pflänzchen Ihres zaghaft wachsenden Selbstwertgefühls. Deshalb sind psychologische Bücher so wertvoll, sie erklären Ihnen nämlich diese Fragen für sich selbst und erklären auch, dass Sie keineswegs dumm und blöd sind oder jemals waren! Sie müssen von heute auf morgen mit der eigenen Nicht-Existenz zurechtkommen, denn der Ausstieg aus der „Wahrheit" oder auch anderen fest gefügten Gemeinschaften fordert den Preis des Abbruches der sozialen Kontakte, der Freunde und Familie. Das Wissen, dass „Abtrünnige" die „Schlimmsten der Schlimmen" sind, bedient Gefühle von Schuld und Verrat. Das Warten auf die Vernichtung, die damit verbundene Orientierungslosigkeit, verknüpft mit Misstrauen und Vertrauensverlust in andere Menschen bedeutet in den meisten Fällen eine vollständige Bodenlosigkeit. Die wenigsten Menschen werden bei einem radikalen „Schnitt" auf ihre Vernichtung warten, aber eine Trennung, verbunden mit dem Verlust der sicheren Bleibe und einer materiellen Versorgung, eines hochdotierten, aber versklavenden Arbeitsplatz kann ähnlich empfunden werden. Der hohe Energieaufwand, der betrieben werden muss, um das Horrorszenario „Harmagedon“ täglich zu verdrängen, ist eine enorme Belastung. Ich kann mir vorstellen, dass z. B. diejenigen mutigen Mediziner, die sich trauen, ein verlogenes Gesundheitssystem und die manipulierenden Aktionen einer Pharma- und Ernährungsindustrie aufzudecken, mit ähnlichen Ängsten fertig werden müssen. Denn auch sie zahlen oft einen Preis: die Vernichtung ihrer Arbeit oder das Lächerlich-Machen derselben, damit verbunden der Verlust ihres guten Namens sowie der Ausschluss aus medizinischen Verbänden etc. … Auch wenn ich durch die Bücher, Filme, Vorträge und später auch in Diskussionen mit anderen Menschen viel verstanden habe und neu einsortieren konnte, gab es in meinem Inneren noch lange viel Unsicherheit und spürbare Verletzungen, die mit Wut verbunden waren. Es braucht alles seine Zeit, und Sie können viel für sich gewinnen, wenn Sie Geduld haben und die Fähigkeit entwickeln, sich über „try and error“ in der neuen Welt, in Ihrem (!) neuen Leben zurechtzufinden – durch Erfahrungen. Das bleibt Ihnen nicht erspart, denn „da draußen“ ist ja auch nicht alles Gold, was glänzt, im Gegenteil.

Nun kennen Sie die Gründe, weshalb ich genau diese Themen und Bücher als so hilfreich empfinde. Ich möchte diese wirklich allen Menschen, die in Veränderungsprozesse einsteigen und aktiv ihr eigenes Leben gestalten wollen, empfehlen. Seien Sie darauf vorbereitet, dass Ihr soziales Umfeld Ihren neuen Weg nicht unterstützen möchte (!) und kann (!), denn es würde bedeuten, die eigene Situation ebenfalls betrachten zu müssen. Dabei kann die Erkenntnis aufkeimen, dass einiges zu verbessern, zu verändern oder sogar vollständig aufzugeben wäre – und nun sind Sie (!) in der Rolle eines „Spiegels“, der Ihrem eigenen Umfeld zeigt, dass genau das (!) machbar ist. Damit führen Sie diesen Menschen wahrscheinlich deren eigene Unfähigkeiten oder Machtlosigkeit vor Augen. Dafür will Sie natürlich keiner loben, ermuntern oder Sie sogar unterstützen. Man wird große Bemühungen starten, Sie in der alten Position zu halten, Sie dürfen womöglich nicht den öffentlichen Beweis erbringen, dass Sie Erfolg haben, dass Sie gar nicht so viel zu leiden haben, obwohl Sie mutig und bereit sind, einen vermeintlich hohen Preis zu bezahlen.

Im Anhang seines Buches „Intelligente Zellen" erwähnt Bruce Lipton verschiedene Methoden, um die tiefen Verletzungen, die im Laufe eines Lebens – und besonders durch Prägungen in den ersten sechs Lebensjahren – entstehen, zu transformieren. Er selbst bevorzugte die Methode „Psych-K", die von Robert Williams entwickelt wurde, weil er damit für sich wunderbare Erfahrungen machen durfte. Dies reichte mir als Ansporn, und so suchte und fand ich eine Möglichkeit, diese Psych-K-Ausbildung zu absolvieren. Die ersten Module machte Sascha auch mit, da er als Arzt die Art der Arbeit und deren Wirkung selbst überprüfen wollte. Wir beide waren begeistert, und ich vollendete alle Ausbildungsmodule. Ich bin zutiefst dankbar, diese Arbeiten zu meiner eigenen Heilung kennengelernt und angewandt zu haben. Bis heute nutze ich diese Methode in meiner Coaching-Arbeit, dabei wird mir immer wieder klar, wie nützlich alle meine schwierigen, früheren Herausforderungen waren. Nun kann ich wirklich „Danke" sagen, denn alles hatte einen tiefen Sinn, die Summe alles Erlebten und die Wahl der Mittel zur Veränderung machten mich zu der Person, die ich heute bin. Und ich bin stolz auf mich, als einzigartiger Ausdruck des Göttlichen im Hier und Jetzt! Das Ziel meiner Arbeit ist genau dies! Ich wünsche mir, dass jeder Mensch seinen Wert, seine Einmaligkeit und seinen einzigartigen Ausdruck des Göttlichen kennen, annehmen und leben kann. 37 Jahre lang habe ich versucht, das Ziel der Freiheit zu erreichen – ohne Erfolg. Erst, als ich bereit war, die Regeln zu brechen, von denen ich vermeintlich selbst überzeugt war, und stattdessen meiner unbestimmten Sehnsucht zu folgen, war der Weg dahin, wirklich frei zu sein, offen. Ich bin jeden Tag glücklich, meinen Fuß daraufzusetzen. Jeder Schritt ist ein glücklicher Schritt.

Ich wünsche Ihnen, lieber Leser, liebe Leserin, vor allem Mut, Kraft, Humor und die richtigen Helfer an Ihrer Seite.

# Nachwort

An Gott zu glauben, klingt für die meisten aufgeklärten Menschen naiv oder absurd. Und diejenigen, die glauben, kennen zusätzlich das Problem, eine bestimmte Vorstellung von dem haben zu wollen, was Gott ist. Natürlich kursieren in der Gegenwart sehr moderne, abstrakte und komplexe Ideen von dem, was man früher schlicht den Schöpfer nannte. Was wiederum die Frage nach der Existenz eines universalen Prinzips neu anfeuert. Wer sich damit selbst auseinandersetzt, bringt normalerweise eigene Erfahrungen und Beobachtungen in Beziehung zu argumentativer Logik und gelerntem Wissen über die Welt. Auf diese Weise bleibt die Frage nach dem Glauben im Menschen in Bewegung. Es geht auch gar nicht um ein Ende oder eine abschließende Antwort auf die Frage nach Gott, denn sie erneuert sich mit allen weltlichen Ereignissen und persönlichen Veränderungen ständig mit.

Wenn aber diese beiden Fragen – ob man glaubt und was man glaubt – zusammengepfercht und fixiert werden, bedeutet das auch eine totale Unbeweglichkeit für den Glaubenden. Die besondere Tragik, aber auch die explizite Herausforderung, besteht dann in dem Dilemma, dass der Glaubende keine Freiheit mehr empfindet, möglicherweise auch nicht zu glauben oder überhaupt etwas ganz anderes zu glauben. Die Kopplung von Gottes Bild, Gottes Willen und Gottes Existenz ist so fatal, wie es sich kaum vorstellen lässt.

Eine so berührende und direkte Erfahrung der liebenden Einheit, wie sie die Autorin als Kind erlebt hatte, führt dann nämlich nicht sanft auf den Weg der eigenen Persönlichkeit und fördert nicht behutsam die immer konkreter werdende Wahrnehmung der schöpferischen Umgebung, sondern mündet automatisch und zwanghaft in ein schlechtes Gewissen, und warum? Weil einerseits überhaupt etwas gefühlt und andererseits etwas vermeintlich Falsches gefühlt wird. Bestünde ein grundsätzlicher Respekt gegenüber der tiefsten Menschlichkeit eines jeden Gefühls, bestünde auch die Möglichkeit, vor dem Hintergrund dieses Respekts die eigenen Gefühle in Ruhe und Geborgenheit zu erkunden und einzuordnen, damit fertigzuwerden, sie zu verarbeiten, zu durchleben – die schönen wie die grausamen. Ohne diesen Respekt aber ist der vorrangigste Eindruck der, dass etwas in einem selbst stattfindet, was nicht sein darf. Und das bedeutet puren Stress, nicht selten bricht Panik aus und der Kontakt zu sich selbst völlig zusammen. Was dann bleibt, ist ein Programm, von dem nicht mehr sichtbar ist, wie es zustandekam. Jedes totalitäre System ist ein geschlossenes System, ein Kreis ohne Anfang und Ende. Es gibt für alles ein Argument, auf alles eine Antwort, immer eine Lösung – gerade das ist so verdächtig: Wenn keine Frage nach oder an Gott mehr offenbleibt, kann und muss der Einzelne letztlich völlig abschalten, damit das, was sein wunderbares sprudelndes Herz, sein unglaublich produktives Gehirn hervorbringt, nicht getötet und begraben werden muss.

Im Fall der Autorin bedeutete der Umstand, in einer radikalen Glaubensgemeinschaft gelebt zu haben, ein ewiges Kämpfen auf allen Seiten: ein Ringen gegen sich selbst, gegen das Außen und ein Hadern mit Gott. Wohin konnte sie sich zurückziehen? Worauf sich berufen? Auf welche Stimmen durfte sie hören? Welchen Impulsen vertrauen, folgen? Wäre die Wirksamkeit ihrer eigenen kindlichen Erfahrung von Liebe und Einheit nicht so ursächlich und grundlegend gewesen – und zwar natürlicherweise – hätte der erlebte Eindruck stimmiger Innigkeit sich nicht mit dieser Vehemenz durch Jahrzehnte hindurchgesetzt, bis der erste Schritt nach draußen getan werden konnte. Es sind nämlich nicht die rufenden Stimmen von draußen, die einen Menschen aus dem Gefängnis einer totalitären Überzeugung herausholen, sondern es ist die stets neu hinterfragende Innerlichkeit des Gefangenen, wegen der er hinauswollen muss, um selbst zu sehen, wie die Welt beschaffen ist.

Ina Kleinod

# Literatur

Nachfolgend eine kleine Auswahl der Bücher, die ich als besonders hilfreich und wichtig empfinde, weil diese mir neue Einsichten und Entwicklungen ermöglicht haben.


Arno Gruen: ***Der Wahnsinn der Normalität***, Deutscher Taschenbuch Verlag 1998

Arno Gruen: ***Der Verrat am Selbst***, Deutscher Taschenbuchverlag 2002

Arno Gruen: ***Verratene Liebe, falsche Götter***, Klett-Kotta Verlag 2015

Eckhart Tolle: ***Eine neue Erde***, Arkana Verlag 2005

Eckhart Tolle: ***Jetzt! Die Kraft der Gegenwart***, J. Kamphausen Verlag 2000

Thorwald Dethlefsen: ***Schicksal als Chance***, Goldmann Verlag 1998

Thorwald Dethlefsen: ***Krankheit als Weg***, Bassermann Verlag 2008

Joachim Bauer: ***Warum ich fühle, was du fühlst***, Heyne Verlag 2006

Joachim Bauer: ***Das Gedächtnis des Körpers***, Eichhorn AG 2010

Erich Fromm: ***Leben zwischen Haben und Sein***, Verlag Herder 1993

Erich Fromm: ***Wege aus einer kranken Gesellschaft***, dtv Verlag 2006

Bruce Lipton: ***Intelligente Zellen***, Koha Verlag 2006

Bruce Lipton: ***Wie wir werden, was wir sind***, DVD Koha Verlag

Bruce Lipton: ***Spontane Evolution***, Koha Verlag 2009

Gerald Hüther: ***Was wir sind und was wir sein könnten***, Fischer Tb 2013

Gerald Hüther: ***Biologie der Angst***, Vandenhoeck und Ruprecht 2014

Gerald Hüther: ***Bedienungsanleitung für ein menschliches Gehirn***, Vandenhoeck und Ruprecht 2001

Hans-Peter Dürr: ***Geist, Kosmos und Physik***, Crotona Verlag 2010

Hans-Peter Dürr: ***Physik und Transzendenz***, Driediger Verlag 2010

Pim van Lommel: ***Endloses Bewusstsein***, Knaur Verlag 2013

Deepak Chopra: ***Wer Gott sucht, wird sich selbst finden***, Koha Verlag 2012

James Redfield: ***Die Prophezeiungen der Celestine***, Nicol Verlag 2013

Dr. med. Eben Alexander: ***Blick in die Ewigkeit***, Ansata Verlag 2013

W. Arntz, B. Chasse, M. Vicente: ***Bleep***, Buch bei VAK Verlag 2007, DVD bei Heyne Verlag 2011

Dr. Joe Dispenza: ***Ein neues Ich***, Koha Verlag 2012

Dr. Joe Dispenza: ***Schöpfer der Wirklichkeit***, Koha Verlag 2010

Dr. Joe Dispenza: ***Du bist das Placebo***, Koha Verlag 2014

Brunhild Hofmann: ***Finde dein inneres Gleichgewicht***, Koha Verlag 2010

Dr. med. Ingfried Hobert: ***Körperbewusstsein und Zellintelligenz***, Crotona Verlag 2011

Amit Goswami: ***Das Bewusste Universum***, Lüchow Verlag 2007

Ron Smothermon: ***Drehbuch für Meisterschaft im Leben***, J. Kamphausen Verlag 1986

David R. Hawkins: ***Die Ebenen des Bewusstseins***, VAK Verlag 2008

Marshall B. Rosenberg: ***Gewaltfreie Kommunikation***, Junfermann Verlag 2010

Hermann Hesse: ***Mit der Reife wird man immer jünger***, Suhrkamp Verlag 2003

Jürgen Schäfer: ***Die Kunst des Querdenkens***, DuMont Verlag 2012

Jörg Starkmuth: ***Die Entstehung der Realität***, Goldmann Verlag 2010

Prof. Dr. Dieter Strecker: ***Leben und geliebt werden***, Selbstverlag 2003

Dr. Rüdiger Dahlke: ***Krankheit als Sprache der Seele***, Goldmann Verlag 2008

Dr. Rüdiger Dahlke: ***Die Schicksalsgesetze***, Arkana Verlag 2009

# Dank

An Ina Kleinod, meine wunderbare Lektorin, die mit ihrer Art der Unterstützung gewährleistet hat, dass ich bei diesem „Rückwärts-Sehen“ meines Lebens entspannt und konzentriert schreiben konnte. Ich hätte mir keine bessere Hilfe für dieses Unterfangen vorstellen können – einfach perfekt.

Prof. Dr. Dieter Strecker danke ich von Herzen für seine Ermunterungen, mit meiner Geschichte an die Öffentlichkeit zu gehen, und besonders für das Vorwort. Seine Fachrichtungen der Psychologie, Pädagogik und Theologie machten die Gespräche mit ihm zu spannenden Auseinandersetzungen für mich.

Zu meiner großen Freude konnte ich am Ende dieser Niederschrift den Maler treffen, der vor genau 20 Jahren das Bild gemalt hatte, das mich in die Freiheit begleitete und meinen Mann und mich zusammenführte. Ein ganz herzliches Danke an Frank Pompè! Ich weiß, es werden dazu viele forschende Gespräche zwischen uns stattfinden, und auch darauf freue ich mich.

Danke an den Schriftsteller Rainer Weckwerth für seine praktischen Antworten auf die Frage: „Wie schreibe ich ein Buch?“ Er hat meine ersten, sehr wackeligen Schritte begleitet, und seine Erläuterungen des Verlagswesens waren sehr hilfreich.

Meinem ungewöhnlichen, fordernden und lösungsorientierten Mann Alexander, der neben meinem Sohn die größte Bereicherung in meinem Leben ist. Danke für 16 gemeinsame Jahre, die sich anfühlen wie ewig!

An alle Menschen, die mich in meinem Leben begleitet haben, gewollt oder ungewollt, freundschaftlich oder feindlich, klug oder unwissend. Danke! Jede Begegnung hatte ihren Sinn auf meinem Weg, ich habe von allen gelernt.

*Lernen ist wie Rudern gegen den Strom,*

*sobald man aufhört,*

*treibt man zurück.*

Lao-tse

# Die Autorin

Ana Lorena, Jahrgang 1957, geboren in Freiburg i. Breisgau, arbeitet heute in Kooperation mit der Arztpraxis ihres Mannes. Im Alter von 42 Jahren entschied sie sich, bedingt durch tiefe Glaubensüberzeugungen, für ihren Tod – der ausgeführt werden sollte durch einen göttlichen Vernichtungsakt. Während der Wartezeit auf die Vernichtung rutschte sie ganz ungeplant in ein völlig anderes Leben. Die Autorin erlebte eine Nahtoderfahrung im völligen Wachzustand. Durch dieses tief einschneidende Erlebnis und die darauffolgende Metamorphose gelang es ihr, die seit frühester Kindheit ersehnte Freiheit endlich zu (er-) leben. Heute begleitet sie andere Menschen, die sich im Zuge einer Anpassung an die verschiedensten Systeme selbst verloren haben und nun zu ihrem eigenen, individuellen Leben zurückkehren möchten.

**mutzurfreiheit2015@gmail.com**

**Rechtshinweis:**

Um die Privatsphäre aller in diesem Bericht genannten Personen zu schützen, wurden alle Namen und Orte anonymisiert.